Schlage die Trommel und fürchte dich nicht

Das Buch

Eine Frau wie ein Kerl: Courage, Intelligenz, Witz, Kühnheit – eine Hasardeurin, nur »in Zahnsachen feige«.
Maria Gräfin von Maltzans Heimat war auf Schloß Militsch. Als der Vater 1921 stirbt, ist sie erst zwölf Jahre alt. Der Tod des Vaters ist das Ende einer märchenhaft glücklichen Kindheit. Die Mutter hat keine Beziehung zu der intelligenten, rebellischen Tochter, die Drill, Bigotterie und leere Konventionen verachtet. Gegen den Widerstand der Mutter: Abitur, naturwissenschaftliches Studium, Promotion zum Dr. rer. nat, Afrikareise in einem klapprigen Chevrolet. Nach der Kurzehe mit dem Kabarettisten Walter Hillbring Studium der Veterinärmedizin. Sie engagiert sich im Widerstand, wohnt in möblierten Zimmern, verdient sich mit populärwissenschaftlichen Artikeln und »Tränendrüsenquatsch« für Zeitungen Geld, sie riskiert unzählige Male ihr Leben. Den jüdischen Lebensgefährten Hans Hirschel meldet sie 1942 als tot und versteckt ihn bis zur Kapitulation in einer extra konstruierten Bettcouch.
So wie sie ist, schreibt sie: unprätentiös, lakonisch, verblüffend freimütig, trocken und spöttisch. Das Rebellische war Grundgeste ihres Lebens, ein kantiger Charakter, immer mitfühlend, manchmal despotisch.

Die Autorin

Maria Gräfin von Maltzan wurde als jüngstes von sieben Geschwistern in der schlesischen Herrschaft Militsch geboren. Sie studierte 1928 in München Naturwissenschaften und promovierte 1933 zum Dr. rer. nat. 1939 lernte sie den jüdischen Schriftsteller Hans Hirschel kennen; von 1942 an versteckte sie ihn in ihrer kleinen Ladenwohnung und verhalf weiteren untergetauchten Juden mit tollkühnen Aktionen zur Flucht. Die Ehe, die sie nach Kriegsende mit Hans Hirschel schließen konnte, zerbrach allerdings bald. Die Gräfin reiste als Tierärztin mit diversen Zirkusunternehmen durch die Lande, bis sie eine eigene Praxis in Berlin-Kreuzberg eröffnete. Maria Gräfin von Maltzan starb 1997 in Berlin.

Maria Gräfin von Maltzan

Schlage die Trommel und fürchte dich nicht

Erinnerungen

List Taschenbuch

Besuchen Sie uns im Internet:
www.list-taschenbuch.de

MIX
Papier aus verantwortungsvollen Quellen
FSC® C083411

Ungekürzte Ausgabe im List Taschenbuch
List ist ein Verlag der Ullstein Buchverlage GmbH, Berlin.
1. Auflage März 2009
3. Auflage 2013

Umschlaggestaltung und Konzeption:
RME Roland Eschlbeck und Kornelia Rumberg
(nach einer Vorlage von Simone Fischer & Christof Berndt, Berlin)
Titelabbildung: Ute Schendel
Papier: Munkenprint von Arctic Paper Munkedals AB, Schweden
Druck und Bindearbeiten: CPI books GmbH, Leck
Printed in Germany
ISBN 978-3-548-60877-8

Inhaltsverzeichnis

Prolog

In den alten Chroniken wird berichtet, daß der erste Maltzan im frühen 16. Jahrhundert durch seine Heirat mit Eva-Popelia Gräfin von Lobkowitz in die Regierung der Standesherrschaft Militsch gelangte. Der letzte Besitzer, ihr Großvater Freiherr von Kurzbach, wollte unbedingt seine Besitzungen diesem jungen Mann anvertrauen, da er ihn allein für fähig hielt, Militsch in dieser äußerst schwierigen wirtschaftlichen Lage zu übernehmen. Es war die Zeit kriegerischer Einfälle und Brandschatzungen, unter denen ganz Schlesien zu leiden hatte.

Als die junge Eva-Popelia mit ihrem ersten Kind schwanger ging, erschien ihr im Traum ein Zwerg; er erzählte ihr, daß im Zwergenreich unter der Burg auch die Zwergenprinzessin ein Kind erwarte und daß das Tropfen der Öllampe sie störe – man möge die Lampe doch an einen anderen Ort stellen. Die junge Frau schenkte dem keine Beachtung. Als sie aber in der zweiten Nacht den gleichen Traum hatte, befahl sie ihren Kammerfrauen, die Öllampe von ihrem Platz zu entfernen; und siehe, in der dritten Nacht erschien der Zwerg erneut und sagte: »Morgen früh werdet Ihr auf Eurem Nachttischchen eine Reihe Perlen finden, Perlen aus dem Zwergenreiche. Niemals darf versucht werden festzustellen, aus welchem Material sie sind; sie sollen stets von der Herrin des Hauses getragen und niemals aus Militsch entfernt werden – dann wird auch dem Schloß nichts zustoßen.«

Am nächsten Morgen lag tatsächlich eine Perlenkette auf dem Nachttischchen. Sie blieb in der Familie, und auch meine Mutter hat sie noch getragen.

Die Perlen hatten die merkwürdige Eigenschaft, sich von Zeit zu Zeit zu verfärben, und jedesmal, wenn ein Maltzan starb, wurde eine Perle schwarz. So geschah es auch zur Zeit meines Vaters. Seine Nachforschungen in Deutschland, ob und wo ein Maltzan verstorben sei, blieben erfolglos. Später erfuhr er dann, daß in dem Monat, in dem sich die Perle verfärbte, ein verarmter Maltzan in New York gestorben war.

Das Verfärben der Perle hatte nichts Beängstigendes, denn nach einigen Wochen wurde sie wieder gelblich oder rosa wie die anderen. Eine Perle hatte einen Riß. Dazu wird berichtet, daß ein Maltzan einmal bei einem Zechgelage versuchte, eine Perle auseinanderzubrechen, um das Geheimnis ihres Materials zu erforschen. Im selben Moment sei der Blitz in das Schloß eingeschlagen, und es habe angefangen zu brennen, so daß der Ahn erschreckt sein Vorhaben aufgab. Seitdem wurde stets darauf geachtet, daß die Perlen getragen wurden und immer auf Militsch blieben – und dort sind sie auch noch heute.

Durch die Kriegsereignisse von 1945 sind fast alle Schlösser in der näheren und weiteren Umgebung zerstört worden – aber Militsch steht.

Exzellenz müssen sich noch mal bemühen

Meine Entstehung verdanke ich einer Katastrophe. An einem Herbstabend des Jahres 1906 ging meine Mutter in großer Abendtoilette vom Arbeitszimmer meines Vaters, das unter der westlichen Kuppel von Schloß Militsch lag, durch die Galerie in Richtung Speisesaal, als ihr ein Diener mit einer Petroleumlampe entgegeneilte, um ihr zu leuchten, und auf einer kleinen Brücke ausrutschte. Auslaufendes Petroleum setzte in Sekundenschnelle das Kleid meiner Mutter in Brand, während der Diener vor Entsetzen wie gelähmt dastand und den ganzen Inhalt des Lampentanks weiter in die Flammen goß. Die panischen Schreie meiner Mutter alarmierten meinen Vater und den Haushofmeister, die herbeistürzten und mit ihren Fräcken die Flammen erstickten. Meine Mutter raste daraufhin die Treppe zu ihrem Boudoir hinauf und rief noch dem englischen Kinderfräulein zu: »Miss, Miss, man hat mich verbrannt!« Als sie ihr die Seidenstrümpfe auszog, ging an den Beinen die gesamte Haut mit ab.

Für die medizinische Betreuung des Zweieinhalbtausend-Einwohner-Städtchens Militsch und der angrenzenden riesigen Landbezirke waren damals zwei Ärzte zuständig, ein jüdischer Arzt und ein gewisser Dr. Trotschmann, der bei Kinderkrankheiten wie Masern und dergleichen zugezogen wurde, zumal bei schwereren Erkrankungen die

Kinder ohnehin nach Breslau gebracht wurden. Weil er eben am Ort war, ließ mein Vater Dr. Trotschmann sofort ins Schloß holen, wo er zusammen mit einem Gehilfen und einer Krankenschwester viele Stunden benötigte, um die schweren Verbrennungen meiner Mutter einigermaßen zu versorgen.

Bei den damaligen medizinischen Möglichkeiten dauerte es Monate um Monate, bis die Verletzungen meiner Mutter oberflächlich zugeheilt waren, und an den Narben, die sie zurückbehielt, konnte man sehen, wie die Flammen geleckt hatten. Meine Mutter durfte nur weiße Kleidung tragen, da dies die einzige war, die steril ausgekocht werden konnte. Und dann kam die Zeit, da sie mit Hilfe eines Gehapparates das Laufen wieder mühsam erlernen mußte. Wenn sie ihre Übungen beendet hatte, war ihre Kleidung blutrot gefärbt, denn überall an Beinen und Gelenken spannte die Haut, und die alten Wunden platzten zum Teil wieder auf. Wegen der Schmerzen überstand sie die Tage nur noch mit einer Flasche Champagner. Die Sorgen, die sich mein Vater wegen ihrer Gesundheit und dem Ausbleiben einer sichtbaren Besserung machte, wurden nicht weniger, und so bat er Dr. Trotschmann zu einer Unterredung. Diese muß einen denkwürdigen Verlauf genommen haben, da der gute Militscher Doktor nur drei Therapien kannte: Rizinus – Aspirin – oder ein Kind. Meine älteren Geschwister behaupteten, er habe dem Vater geraten: »Exzellenz müssen sich noch mal bemühen.« Das Kind dieser Bemühung bin ich. Zur Welt gebracht wurde ich von der Hebamme Hippe, deren Sohn dann im Ersten Weltkrieg ein Bein verlor und deshalb eine Prothese tragen mußte. In diese biß später mal mein Foxterrier Maschka, und mein kindlicher Tröstungsversuch »Ist ja nicht so schlimm, ist ja nur Holz« konfrontierte mich zum ersten Mal in meinem Leben mit dem Vorwurf, taktlos zu sein.

Wir Kinder waren mit unseren Kinderfrauen und Gouvernanten im schönsten Teil des Schlosses untergebracht, und zwar in der ersten Etage des Altbaus zwischen der mittleren und äußeren Kuppel, die kupfergedeckt und mit Patina überzogen war. In alten Zeiten war Militsch eine Burg gewesen, von der aus sich einer der wenigen durch das Sumpfland der Bartsch führenden Übergänge zum polnischen Osten kontrollieren ließ. Meine Ahnen gaben dann später die baufällig gewordene Burg auf und bauten die Orangerie aus. Die endgültigen Erweiterungsbauten, denen Militsch sein heutiges Erscheinungsbild verdankt, hat dann erst mein Vater vornehmen lassen. Ein derart umfangreiches wie kostspieliges Unterfangen konnte nicht allein von dem finanziert werden, was der Besitz abwarf. Ermöglicht wurde ihm dieses durch eine seiner Großtanten, die in England gelebt hatte, zweimal mit englischen Lords verheiratet und kinderlos geblieben war. Von ihr erbte er ein großes Vermögen.

Einen Tag bevor diese Tante starb, hatte mein Vater einen merkwürdigen Traum, in dem ein völlig mit weißen Blumen bedeckter Sarg vorkam. Am nächsten Morgen erhielt er ein Telegramm, in dem ihm ihr Tod mitgeteilt wurde. Er reiste sofort nach London, um sich um die Formalitäten der Beisetzung zu kümmern. Als er die Blumen für die Beisetzung bestellen wollte, erkundigte sich die Verkäuferin sehr eingehend nach dem genauen Personenstand der Verstorbenen. Mein Vater war darüber etwas überrascht und fragte nach, warum sie das denn unbedingt genau wissen wolle, worauf er zur Antwort bekam: »In England werden kinderlose Witwen nur mit weißen Blumen bestattet.«

Die Herrschaft Militsch umfaßte insgesamt achtundvierzigtausend Morgen. Auf zwölf Gütern, für die der Landwirtschaftsdirektor verantwortlich war und dem die Inspektoren unterstanden, wurde Ackerbau und Viehzucht betrieben, und auch ein kleines Gestüt fehlte nicht. Ein weiterer großer Teil des Besitzes war der Forstwirtschaft vorbehalten. Militsch hatte zudem sein eigenes Sägewerk, eine eigene Molkerei und auch eine Brennerei. Etwa vierzehntausend Morgen waren mit Wasser bespannt. Davon dienten neuntausend Morgen der Teichwirtschaft, die in Schlesien seit der Zeit des nach Osten vordringenden Deutschordens sehr verbreitet war. Damals wurde der Karpfen, der eigentlich auf dem Balkan beheimatet ist, zu Zuchtzwecken nach Schlesien, Böhmen und Mähren gebracht, um die freitägliche Versorgung mit Fleisch zu gewährleisten. Für die großen Güter bildete bis 1945 die Karpfenzucht eine der wesentlichen Einnahmequellen.

Zu den beeindruckendsten Erlebnissen meiner frühen Kindheit gehört das Abfischen unseres größten Teiches, der Krabownitze. Erst wurde das Wasser abgelassen, und dann begann gegen Mittag der große Fischzug unserer Teichwärter und Fischereiangestellten, alle angetan mit hohen Watstiefeln und langen Gummischürzen. Fünfundzwanzig Mann hoch zogen auf jeder Seite des großen Netzes und holten die Karpfen gleich zentnerweise heraus, die dann sofort auf den Sortiertischen landeten und anschließend in Tonnen verladen nach Berlin auf den Fischmarkt geschickt und verkauft wurden. Die Fische, die dort völlig unlädiert vom Transport eintrafen, wurden als erste Ware und sehr teuer verkauft. Ihre Artgenossen, die vielleicht schon ein paar Schuppen eingebüßt hatten und nicht mehr ganz so ansehnlich waren, wurden als »Raubritter« bezeichnet und waren entsprechend billiger zu haben. Der kleine traurige Rest endete als »Katzenkonfekt«. Den krönenden Abschluß des Abfischens bildete für alle daran Beteiligten ein Festessen im Gasthof des Ortes, der von einem früheren Kammerdiener meines Vaters bewirtschaftet wurde. Die größten Karpfen des Fangs wurden »blau« serviert, und mein Vater war jahrelang stolz darauf, daß sein jüngstes Kind immer leichter war als der jeweilig schwerste

Karpfen. Mit mir als achtem Kind hatte dann allerdings dieser Spaß sein Ende. Den ersten sogenannten Hock bildeten meine drei ältesten Schwestern Huberta, Alix und Gabriele. Ein Sohn, Andreas, war als Kleinkind gestorben. Der zweite Hock setzte sich aus meinen Schwestern Eva, Asta und meinem Bruder Carlos zusammen, der als einziger Junge natürlich enorm verwöhnt wurde, besonders von meiner Mutter.

Auf Militsch war es Sitte, daß alle Kinder ab vier an der Familientafel aßen. Als ich dies dann auch endlich durfte, genoß ich es sehr, die Mahlzeiten mit den Erwachsenen einnehmen zu dürfen. Nur hatte die Sache einen Haken, unter dem ich zu leiden hatte. Es wurde nämlich bei uns – wie am kaiserlichen Hof in Berlin, wohin meine Eltern oft eingeladen wurden – sehr schnell serviert, und sobald Vater und Mutter das Besteck niederlegten, wurden sofort sämtliche Teller abgeräumt und der nächste Gang aufgetragen. Da ich die Jüngste war, wurde mir das Essen natürlich ganz zuletzt gereicht, wodurch ich immer zu kurz kam und bei dem Serviertempo nie richtig satt wurde. Eines Tages ertappte mich mein Vater dabei, wie ich noch nach Tisch stark vor mich hin kaute. Er zog mich in eine Fensternische und beförderte wortlos acht Scheiben Rehbraten aus meinen Backentaschen. Irgendwie hegte aber mein Vater eine ganz besondere Zuneigung zu mir, und ich habe mich von klein auf nie vor ihm gefürchtet, im Gegensatz zu all meinen Geschwistern, die den fast zwei Meter großen Mann mit grauem Spitzbart in seiner Strenge beängstigend fanden.

Ich erinnere mich noch ganz gut, wie wir alle, einschließlich der Gäste, deren wir immer viele gehabt haben, eines Tages bereits für das kleine Diner umgezogen waren, das allabendlich bei uns im Schloß serviert wurde, und unten im roten Salon auf das Erscheinen meines Vaters warteten. Die Zeit verging, nichts tat sich, und wir Kinder fingen an, ungeduldig von einem Bein aufs andere zu treten. Meine Mutter schaute immer wieder auf ihre kleine Brillantuhr und wandte sich dann mit einem hilfeheischenden Blick an Vaters Kammerdiener. »Erinnern Sie doch den Herrn Grafen einmal daran, daß bereits serviert ist.« – »Ich fürchte, das hat wohl keinen Sinn, wenn Seine Exzellenz in ein Buch vertieft sind . . .«

Als die anderen sich nicht rührten, stürzte ich aus dem Salon, denn ich hatte echt Hunger, und flitzte durch das Renaissance-Zimmer und all die anderen Säle, stürmte die Galerie hinauf und rein in das riesige Arbeitszimmer meines Vaters unter der östlichen Kuppel, machte patsch, und zu war das Buch. »Du kannst doch nicht einfach hier sitzen, und wir verhungern«, sagte ich in meiner kindlichen Empörung. Dem Vater derart respektlos zu begegnen hätte sich keine meiner älteren Schwestern getraut. Ich hatte jedoch Glück, denn er brach in ein schallendes Gelächter aus. »Na, dann komm, auf zum Essen!« sagte er und hatte Mühe, mir zu folgen, denn ich war bereits wieder wie ein Wirbelwind losgeflitzt.

So innig ich meinen Vater von klein auf liebte, so wenig vermag ich dies von meiner Mutter, die aus dem Schulenburgschen Schloß Haus Oefte an der Ruhr bei Kettwig stammte, zu behaupten. Sie pflegte nicht nur des öfteren zu sagen: »Erst kommt mein Mann, dann kommt das Haus und dann die Kinder«, sondern lebte auch danach. Meine Geschwister und ich litten zeitweilig sehr unter dieser Reihenfolge.

So konnte es passieren, daß ein Pferd, mit dem eine meiner älteren Schwestern ausgeritten war, allein nach Hause kam, weil die Reiterin irgendwo unterwegs abgeworfen worden war. Wenn meine Mutter dies erfuhr, schickte sie lediglich den Diener in den Stall, um zu fragen, welche Komteß nicht bei Tisch erscheinen würde, um anschließend das überzählige Gedeck von der Tafel abtragen zu lassen. Jede andere Mutter hätte sich vermutlich Sorgen gemacht, ob ihr Kind beim Sturz vom Pferd nicht verletzt worden sei, und nach ihm suchen lassen. So etwas kam für meine Mutter überhaupt nicht in Frage, die Kinder würden den Rückweg schon irgendwie zu Fuß schaffen.

Ich bekam mein erstes eigenes Pferd mit fünf, ein Pony, das gewissermaßen von Kind zu Kind weitergereicht worden war. Die Snowdrop war mit ihren achtzehn Jahren allerdings schon recht betagt. Entsprechend der damaligen Zeit habe ich natürlich im Damensattel reiten gelernt. Diese einseitige Sitzhaltung mit dem linken Fuß im Steigbügel und dem freihängenden rechten Bein, die eine permanente Beckendrehung bedingt, ist für ein heranwachsendes Kind, das jeden Tag reitet, natürlich Gift. Auch bei meinen älteren Schwestern blieben deshalb Rückenschmerzen als Folge nicht aus, bis mein Vater eines Tages entdeckte, daß der Kaiser sich in Berlin einen fabelhaften Damensattel hatte arbeiten lassen, der sich mit ein paar Handgriffen ummontieren ließ, so daß die Kinder abwechselnd mal »links runter«, mal »rechts runter« reiten lernten und Rückgratverkrümmungen vermieden wurden. Mein Vater war von den offensichtlichen Vorzügen des kaiserlichen »Patent-Sattels« so angetan, daß er ihn auf der Stelle dem Kaiserlichen Marstall abkaufte.

Der Ausbruch des Ersten Weltkriegs und die Hochzeit des rosa Schweins

Im Sommer nach meinem fünften Geburtstag brach der Erste Weltkrieg aus. Am Tag der Mobilmachung, dem 1. August 1914, wurde auch mein Vater eingezogen. Die gesamte Familie fuhr zum Bahnhof, um sich von ihm und den Offizieren und Soldaten der Ersten Ulanen, die in Militsch standen, zu verabschieden. Dort begegnete ich einem jungen Leutnant wieder, der mich einmal, als er bei uns zu Gast war, auf meinen Foxterrier angesprochen hatte, woraufhin ich endlich eine Frage loswerden konnte, die mich seinerzeit brennend beschäftigte.

»Wenn ich einen Neger heirate, glauben Sie, daß ich dann auch Kinder bekommen kann, die weiß mit schwarzen Abzeichen sind und vielleicht auch so'n kleinen schwarzen Schwanz haben?« Das Echo war ein allgemeines fröhliches Gelächter gewesen.

Doch nun auf dem Bahnhof war mir überhaupt nicht fröhlich zumute, auch wenn ich die Tragweite der Dinge, die sich anbahnten, gar nicht ganz begreifen konnte. Ich stand ein wenig abseits und sah traurig zu, wie die Pferde verladen wurden.

Der erste Ansturm der Russen ging über Kalisch in Richtung Schlesien. Weil Militsch nicht allzuweit von der russischen Grenze entfernt war, hat mein Vater, der im Westen eingesetzt war, dann sofort telegraphiert, die Kinder müßten vom Schloß. Mit unseren Gouvernanten und Erziehern wurden wir zu einer Schwester meiner Mutter nach Rogau-Rosenau, unweit von Breslau, geschickt. Schloß Rogau war im Besitz unseres Onkels Max Pückler, des Kaiserlichen Hofmarschalls. Die Tante allerdings, eine bildschöne Frau, hielt uns, was das Essen anbelangte, mehr als nur knapp und meinte: »Die Soldaten im Krieg hungern auch.« Unter dieser Art von Patriotismus haben wir alle zu leiden gehabt, ich besonders wegen der schlechten Zähne, die ich dadurch bekam.

Meine älteren Geschwister hatten vormittags bei ihren Gouvernanten Unterricht. Während dieser Zeit stromerte ich durch die Umgebung. Eines Tages stieß ich auf einen hohen Staketenzaun, hinter dem sich eine Villa befand. Dank der unfreiwilligen Hungerkur war ich so dünn, daß ich mühelos zwischen den Latten durchschlüpfen konnte. Im Souterrain des Hauses stand ein Fenster offen, und eine junge polnisch aussehende Köchin mit aschblonden gescheitelten Haaren und Dutt war gerade damit beschäftigt, Leberwurst einzumachen. Sie muß wohl meine begehrlichen Blicke gespürt haben, denn sie guckte zu mir hoch und sagte: »Biste eene von den kleenen Komtessen aus Militsch?« Als ich stumm nickte, schmierte sie eine dicke Leberwurstschnitte und reichte sie mir mit der Bemerkung herauf: »Na, dann haste Hunger.« Ganz offensichtlich schätzte sie meine Tante richtig ein.

Jedenfalls wurde ich nun ihr täglicher Gast am Küchenfenster und hatte dabei nur die eine schreckliche Angst, von meinen Geschwistern dort mal gesehen zu werden, denn ich wußte, wie schlecht ich dabei wegkäme, falls mein Geheimnis entdeckt würde und ich nicht mehr allein, sondern wir nun gleich zu sechst oder siebt da regelmäßig aufgekreuzt wären.

Zusammen mit der Köchin Helene, die auch den Haushalt besorgte, war in dieser Villa unser Onkel Walther untergebracht. Bei seinen beiden riesigen Dienern handelte es sich wahrscheinlich eher um zwei veritable Irrenwärter, denn in den Zeiten, als der Onkel noch die Freiheit genoß, ist er nächtens bisweilen losgezogen und hat in der Umgebung als Pyromane immer irgendwelche Scheunen und Ställe angezündet.

Sonntags kam er immer auf Schloß Rogau zu Tisch. Wir Kinder liebten ihn heiß und innig, denn er war ein fröhlicher Dicker und hatte die Taschen immer voller Bonbons, Schokolade und Kekse, die er uns mitbrachte.

Auch meine Geschwister gingen wegen der schmalen Kost bei der Tante auf die Suche nach zusätzlichem Proviant. Ihr eindeutig bester Einfall löste allerdings einen fürchterlichen Wirbel aus. In Rogau-Rosenau stand das Denkmal des Lützowschen Freicorps von 1813, wo für die an die Front ziehenden Truppen eine kurze Nachsegnungsfeier abgehalten wurde. Eines Tages sattelten meine Geschwister und unser Vetter Pückler ihre Pferde und schlossen sich den Soldaten an. Zur Teestunde wurden sie natürlich vermißt und eine große Suchaktion gestartet. Schließlich wurde ein Bauer gefunden, der berichtete: »Die kleinen Herrschaften haben auf ihren Ponys das abmarschierende Regiment begleitet.«

Daraufhin wurde das Kommando Oberost bemüht, das die Ausreißer schließlich im polnischen Raum fand, und zwar in nächster Nähe einer Feldküche. Ein Unteroffizier brachte sie am nächsten Abend zurück.

Nachdem sich die erste Aufregung gelegt hatte, meinte meine Schwester Eva: »Den Krach wiegt das Essen aus der Gulaschkanone und die leckeren Sachen, die uns die Soldaten noch zugesteckt haben, allemal auf.«

Als Bestrafung ordnete meine Tante an, daß mit den Kindern diesmal nicht zur Nacht gebetet werden dürfe. Ich hatte den Eindruck, daß meine Geschwister, satt und aufgekratzt, wie sie waren, das ganz gut verkraftet haben. Nach einigen Wochen war die Situation an der Front so, daß wir wieder nach Hause zurückdurften. Dort hatte sich freilich manches verändert. Von unseren Leuten waren, mit Ausnahme der ganz Alten und ganz Jungen, fast alle Männer zu den Waffen gerufen worden. Die unteren Räume und Säle des Schlosses dienten als Lazarett. Wir Kinder durften die Verwundeten besuchen, die dort in langen Reihen lagen, und freuten uns wie die Schneekönige, wenn wir von den Soldaten, die alle sehr nett zu uns waren, den Knopf einer fremden Uniform oder einen Granatsplitter geschenkt bekamen, die in unseren Augen kleine Kostbarkeiten darstellten. Was uns an dem Lazarett noch ausgesprochen gefiel, war die Tatsache, daß unsere Gouvernanten durchaus Interesse für den einen oder anderen jungen Mann dort hegten und deshalb nicht mehr nur ausschließlich damit beschäftigt waren, uns zu beaufsichtigen, wodurch wir mehr Freiheit genossen.

Bloß das Verhältnis zu unserer französischen Gouvernante gestaltete sich immer schwieriger, weil sie ständig auf die Deutschen schimpfte und sie nur noch »les boches« nannte. Meine Schwester Eva entwickelte allmählich einen solchen Zorn auf die Dame, daß sie beschloß: »Die werden wir jetzt verbrennen.« Ob sie es mit ihrem echt umwerfenden Charme, den sie von klein auf besaß, oder mit einer List geschafft hat, die Gouvernante dazu zu bewegen, sich an einen Schaukelpflock binden zu lassen, vermag ich nicht zu sagen. Irgendwie gelungen ist es ihr auf jeden Fall, und wir schleppten Reisig und Holz herbei und häuften es auf. Gott sei Dank hatte es in der Nacht heftig geregnet, so daß wir Schwierigkeiten beim Anzünden des Scheiterhaufens hatten. Eva schickte mich deshalb ins Schloß, um Spiritus zu holen. Mein Vater, der gerade auf Urlaub da war, bemerkte, wie ich mit der Flasche unterm Arm davonmarschierte, und ging mir vorsichtshalber nach. Als er zum

Spielplatz kam, züngelten bereits die ersten Flammen um die Füße der Französin, und Eva gab in ihrem schönsten Französisch zum besten: »Mademoiselle, soyez heureuse, maintenant vous allez mourir comme Jeanne d'Arc!« (»Seien Sie glücklich, Sie dürfen sterben wie Jeanne d'Arc!«) Mein Vater befreite die gellend »les boches, les boches« kreischende Gouvernante und rückte uns dann mächtig den Kopf zurecht.

Um Ideen war Eva jedenfalls nie verlegen. Neben dem Kinderschlafzimmer und dem Kinderwohnzimmer gab es den sogenannten Kleinen Club. Das war ein großer Raum, in dem wir machen durften, was wir wollten. Die Wände waren bespickt mit Tierbieldern und Sachen, die wir besonders schön fanden. Jedem von uns gehörte sein eigenes und gegenseitig respektiertes Stückchen des »Kleinen Clubs«, wo wir Schätze aufbewahrten und wo unsere zahlreichen Plüschtiere wohnten. Irgendwann hatte ich mehrere von meinen gegen das rosa Schwein, das meinem Bruder gehörte, eingetauscht und war überglücklich darüber. Für solche Transaktionen, die an sich gang und gäbe waren, hatte sich meine Schwester Eva eine nicht ganz faire Methode ausgedacht. Der Dreh, dessen sie sich bediente, bestand darin, zu behaupten, ihre Plüschtiere seien männlich und unsere weiblich und gingen durch Heirat in ihren Besitz über. Das war im Prinzip eine fabelhafte Tour, nur empfand ich das beileibe nicht so, als sie mir eines schönen Tages erklärte: »Mein Fuchs will dein rosa Schwein heiraten.« Ich habe mich gegen dieses Ansinnen natürlich irrsinnig gewehrt. Mein Fehler war bloß, in diesem Fall ausnahmsweise ein wirklich braves Kind gewesen zu sein, denn als Eva ankam und sagte: »Ich habe die Eltern gefragt, und die sind mit der Vermählung einverstanden«, habe ich das schlicht geglaubt und mein rosa Schwein hergegeben. Darüber bin ich fast heute noch gram. Aber abgesehen von dieser einen Geschichte, habe ich mich eigentlich immer mit

Eva ganz besonders gut verstanden, und wir waren, wie man so schön sagt, ein Kieck und ein Ei.

Von meinem Bruder kann ich das leider nicht behaupten. Bereits im zarten Alter von vier Jahren fing ich an, mich mit ihm anzulegen. Wir saßen alle bei Tisch, als Carlos ansetzte, meine Schwestern, die irgend etwas ausgefressen hatten, zu verpetzen. Ein bißchen zu petzen, das lag ihm, und die Eltern hörten zu. Ich bekam so eine Wut, daß ich mich unter den Tisch begab und ihm meine Gabel mit aller Kraft ins Bein rammte. Das hat ganz fabelhaft gewirkt! Ich bezog natürlich Dresche und wurde rausgeschickt, aber dafür war mein Ansehen bei meinen Schwestern enorm gestiegen.

Zu den Dingen, die ich meinem Bruder auch sehr übelnahm, als ich etwa sieben war, gehört der große Schlangenmord. Bei uns im Park, wo es an Mäusen nicht fehlte, gab es selbstverständlich Schlangen, Ringelnattern und Blindschleichen und nicht zuletzt Kreuzottern. Mich haben Schlangen nie geschreckt, im Gegenteil, ich fand diese Tiere, von denen ich wußte, wie nützlich sie sind, sehr faszinierend. Bei der sogenannten Schwarzen Brücke habe ich ihnen deshalb immer wieder mal ein Schälchen Milch hingestellt, die Schlangen sehr gerne trinken. Hören können Schlangen bekanntlich nicht, dafür haben ihnen die Schwingungen, die meine Schritte auslösten, wenn ich über die Brücke ging, mein Kommen signalisiert. So traf ich immer Schlangen an, die ich beobachten und auch berühren konnte. Aus der Nähe betrachtet waren sie noch schöner.

Deshalb war ich auch zunächst wie vom Donner gerührt, als ich eines Tages nach Hause kam und jede Menge Schlangen tot aufgereiht daliegen sah. Dann habe ich mir den Diener geschnappt. »Wer hat die ganzen Schlangen erschlagen?«

»Komteß, ich weiß es nicht, aber vielleicht der Gärtner.«

Ich nahm mein Fahrrad, fuhr so schnell ich konnte zu der zu Fuß etwa zehn Minuten entfernten Gärtnerei und fragte den Obergärtner: »Warum haben Sie die Schlangen getötet?«

Und da sagte er: »Komteß, ich konnte nicht anders. Es geschah auf Anordnung von Exzellenz, weil der kleine Herr Graf solche Angst vor Schlangen hat.«

Wie meine Mutter behauptete, sei ihr Sohn auf eine Schlange getreten und danach entsetzt und ziemlich verstört nach Hause gekommen. Sie war es dann, die den Gärtnern befohlen hat, die Schlangen auszurotten, damit sie meinen Bruder nicht länger in Schrecken versetzten. Nun ja, meine Mutter war eben in der Stadt aufgewachsen und hatte von den Dingen, die sich in der freien Natur abspielen, keine Ahnung. Deswegen finde ich nachträglich ihr pädagogisch falsches Verhalten noch irgendwie verständlich. Meinem Bruder nahm ich allerdings seine Feigheit, die darin bestand, etwas, vor dem er Angst hatte, durch Dritte aus der Welt schaffen zu lassen, so übel, daß ich tükkisch geworden bin. Dich Aas krieg ich! habe ich mir geschworen, und eine Gelegenheit dazu bot sich bald.

Von dem Geld in meiner Sparbüchse durfte ich mir nämlich ein zweisitziges Paddelboot kaufen, ein richtig schönes Kinderboot. Als ich es zum ersten Mal auf unserem Mühlgraben ausprobierte, schaute Carlos mir interessiert dabei zu.

»Willste auch mal paddeln?« fragte ich ihn, und kaum war er im Boot, habe ich so ziemlich das Gemeinste getan, was man machen kann – ihm nämlich einen kleinen Puff versetzt, damit er über Bord ging, und dann einfach seine Beine festgehalten, wodurch er den Kopf nicht mehr aus dem Wasser herausbekam.

Mein Vater, der uns vom Fenster aus beobachtet hatte, schrie: »Laß deinen Bruder los!« Ich rief zurück: »Und wer hat die Schlangen losgelassen?«

Meinem Vater schwante, was sich da tat, und er hetzte auf der Stelle einen Diener hinunter, der den Sohn aus der Brühe des Mühlgrabens zog und uns sagte, wir hätten uns sofort bei Exzellenz einzufinden. Carlos mußte erst noch wieder das algengrüne Mühlgrabenwasser von sich geben. Noch in der Marmorhalle machte er einen ziemlich mitgenommenen Eindruck, während ich niedlich, sauber und siegesfroh, den Fuß auf dem untersten Treppenabsatz, dastand, weil mir meine Rache so famos gelungen war.

»Kann das nicht endlich aufhören, daß ihr beide euch zankt, geht das denn nicht?« fragte mein Vater und forderte mich auf: »Gib deinem Bruder einen Versöhnungskuß.«

Die Antwort, die ich gab, war in ihrer drastischen Deutlichkeit typisch für mich: »Eher fresse ich fremde Kotze.«

Gegensätze sollen sich, wie es heißt, ja anziehen. Aber vielleicht waren mein Bruder und ich zu gegensätzlich, und das sollte so bleiben bis zu seinem Tod. Er fiel 1940 als einer der vielen, die der Ideologie des Nationalsozialismus aufgesessen waren, beim zweiten Sturm auf die Maginot-Linie. In einem Brief, den ich von meiner älteren Schwester vom ersten Hock erhielt, stand der Satz: »Dein Bruder ist für Dich gefallen.« Da habe ich allerdings zurückgeschrieben, daß da ein fürchterlicher Irrtum vorliegen müsse, da mein Bruder wohl für Adolf Hitler gefallen sei.

Spionage an ganz unmöglicher Stelle

Unsere englische Nurse, die uns Kindern mit soviel Liebe und Zuneigung begegnete, hatte unter den Kriegsverhältnissen besonders zu leiden. Sie bekam keine Post mehr von ihren Freunden und Verwandten auf der Insel und mußte sich täglich und dann später einmal pro Woche wie alle Ausländer auf dem Rathaus melden. Ich fand diesen Gang ganz einfach erniedrigend für sie, und so habe ich sie stets begleitet.

Bevor sie zu uns nach Militsch kam, war sie Kinderfrau bei meinem Onkel, dem Grafen Blücher, auf Kriblowitz gewesen. Als sie die Stellung auf dessen Schloß antrat, erlebte sie eine fürchterliche erste Nacht. Als sie sich zur Ruhe begeben hatte, hörte sie auf einmal lautes Waffengeklirr und Pistolenschüsse, das markerschütternde Stöhnen Sterbender und Soldatenflüche in zwei Sprachen, die sie nicht verstand. Die Kampfgeräusche währten bis zum Morgengrauen. Geschockt vom Eindruck dieses Erlebnisses, ging sie am Vormittag zum Grafen, um sofort zu kündigen. Blücher erzählte ihr aber, daß sie nicht die einzige wäre mit solchen Wahrnehmungen an dem Jahrestag, da die Franzosen das Schloß seines Urgroßvaters, des »Marschall Vorwärts«, überfallen hätten, um diesen zu töten. Der Kampf seines Leibregiments gegen die französischen Eindringlinge habe die ganze Nacht über angedauert und schließlich siegreich geendet.

Diese Geschichte hat ihr sicher zugesagt, denn für dergleichen besaß sie ein ausgesprochenes Faible. Uns las sie abends immer besonders gerne aus einem dicken Buch mit dem Titel »Haunted Houses« (»Spukhäuser«) vor, oder sie griff zu dem dreibändigen Werk »Line upon Line« (»Zeile für Zeile«), das aus einer Sammlung biblischer Erzählungen bestand. Die waren teilweise ganz schön grausig, und, was mir besonders mißfiel, voller Ungerechtigkeiten. Meine religiöse Vorbildung, die ich auf diese Weise genoß, ließ mich für unseren Superintendenten zur perfekten Katastrophe werden. Auf meine Frage, wie viele Jesusknaben es denn gäbe – der eine sei auf der Flucht nach Ägypten und der andere entgehe in Bethlehem knapp dem Kindermord –, habe ich von ihm keine befriedigende Antwort erhalten.

Eines Sonntags weihte dieser Geistliche in unserer Kirche Fahnen. Nach der Predigt betete er dafür, daß unter diesen Fahnen die Feinde zerschlagen werden sollten. Für mich hieß dies eindeutig »umgebracht«, »getötet«. Trotz meines kindlichen Alters bedeutete für mich diese an Gott gerichtete Bitte eines Mannes, der sonst immer soviel über Nächstenliebe predigte, eine Ungeheuerlichkeit. Ich verließ daraufhin die gräfliche Loge, knallte die Tür zu, stapfte wütend die Treppe runter und aus der Kirche und wartete das Ende des Gottesdienstes ab. Meine Mutter kam ebenso wütend aus der Kirche und ohrfeigte mich rechts und links, ohne meine Beweggründe auch nur im geringsten nachfühlen zu können. Aus Trotz habe ich nicht geheult.

Von 1915 an erhielt ich Privatunterricht vom Dorfschullehrer Winkelmann, dem meine Lebhaftigkeit allerdings zu schaffen machte, während mein Bruder die Militscher Mittelschule besuchte, nachdem sein Hauslehrer den Uniformrock hatte anziehen müssen. In der Schule war es üblich, daß dort irgendwelche Sieg- und Kriegsanleihen zu zeichnen waren, und meine Mutter sorgte im Auftrag meines Vaters dafür, daß stets genügend Geld zusammenkam, damit die Kinder einen schulfreien Tag bekamen, den es als Belohnung gab.

Auf Grund der immer problematischer werdenden Ernährungslage war die Landbevölkerung aufgerufen, Kinder aus der Stadt während der Schulferien bei sich aufzunehmen. So kamen den ganzen Sommer über Kinder zu uns, deren Betreuung meine großen Schwestern übernahmen. Ich freute mich darüber, gleichalterige Spielkameraden zu bekommen; was sie mir allerdings von den Folgen erzählten, die der Krieg für sie mitbrachte, waren Dinge, die für mich ganz unbegreiflich waren: das stundenlange Anstehen um Brot, bitterer Hunger. Natürlich war auch bei uns manches knapp geworden, doch litten wir in dem Sinne keine Not, da wir Schweine, Kälber und Ochsen hatten, die geschlachtet werden konnten, und wir immer satt wurden. Die Stadtkinder erholten sich jedenfalls prächtig und nahmen ordentlich zu, so daß sich meine Mutter veranlaßt fühlte, sie beim Abschied neu einzukleiden.

Bedingt durch die Lage von Militsch zur nahen Grenze, drangen bisweilen, wenn der Wind günstig stand, aus Richtung Gnesen die Geräusche schwerer Geschütze bis zu uns. Als dem eines Abends wieder so war, stellte sich eines unserer Sommerkinder mit dem bemerkenswerten Namen Artur Cator hin und verkündete mit freudestrahlendem Patriotismus in lupenreinem Schlesisch, bei dem der Buchstabe R nicht gesprochen wird: »Nu is Waschau unsa!«

Der schönste Satz ohne R, den ich kenne, heißt übrigens: »Die schwaze Mattel aus Kattowitz sitzt aufm Gattenzaun und ißt de hatten Binnen.«

Die Grenzlage führte zudem dazu, daß in Schlesien eine ausgeprägte Angst vor Spionen grassierte. Laufend vermeldeten die Zeitungen, daß Spione gefaßt und erschossen worden seien – ein Schicksal, das übrigens auch die französche Gouvernante ereilte, der Eva eigentlich den Tod auf dem Scheiterhaufen zugedacht hatte. Kontrollen aller Art waren deshalb überall an der Tagesordnung. So wurde eine schon reichlich betagte Gräfin auf einer Reise nach Oberschlesien von der Bahnpolizei aufgefordert, den Zug zum Zwecke einer Leibesvisitation zu verlassen. Zum Verhängnis wurde der Ärmsten, daß sie während der Fahrt die Toilette aufgesucht und das dort vorhandene Zeitungspapier benutzt hatte. Bei der Leibesvisitation entdeckte nun die Polizeibeamtin, daß sich an äußerst prekärer Stelle Druckbuchstaben befanden und ließ in ihrem Übereifer zum schieren Entsetzen der Gräfin von diesem Körperteil sofort Photographien anfertigen. Was die alte Dame allerdings noch weit mehr empörte, war die Tatsache, daß sie diese Aufnahmen, als sich ihre unschuldige Harmlosigkeit herausgestellt hatte, nicht ausgehändigt bekam, sondern daß dieser Akt der Akte einverleibt wurde.

Siebzehn Triller, achtzehn Roller

Im Herbst 1917 wurde mein Vater dienstunfähig geschrieben und kehrte nach Hause zurück. Sein Nieren- und Leberleiden, dessentwegen er sonst alljährlich eine Kur in Karlsbad zu machen pflegte, hatte sich während des Krieges verschlimmert. Man sah ihm an, daß er ein kranker Mann war.

Ich genoß es, ihn wieder da zu haben. Abends durfte ich meistens zu ihm in sein Arbeitszimmer kommen. Wir saßen auf einem tiefen Sofa, ich kuschelte mich an ihn, und wir unterhielten uns lang und ausführlich, oder er las mir vor, zwar nicht Andersens Märchen, dafür aber Ranke oder die Lebensbeschreibungen bedeutender Persönlichkeiten, und weckte so in mir meine Liebe zur Geschichte. Er selbst war zwar kein studierter Historiker, aber sein Wissen auf diesem Gebiet war genauso imponierend wie auf dem der Kunst.

Am 28. Juni 1919 wurde der Versailler Vertrag zwischen dem Reich und den Ententemächten unterzeichnet. Bis auf Restgebiete wurde Westpreußen an das mittlerweile unter Piłsudski autonome Polen abgetreten, auch die Provinz Posen wurde polnisches Staatsgebiet. Durch diese neuen Grenzziehungen lag Militsch ganze drei Kilometer von der polnischen Grenze entfernt. Die Details der Grenzregulierungen ergaben Schwierigkeiten, und Vertreter der Entente Cordiale waren des öfteren in Schlesien und kamen auch nach Militsch. Mein Vater wurde zu diesbezüglichen Verhandlungen nach Berlin geholt. Wie er mir erzählte, hatte schon einmal ein Maltzan Grenzkonflikte zwischen dem Heiligen Römischen Reich Deutscher Nation und den Polen erfolgreich geschlichtet.

Allerdings herrschte in Oberschlesien einige Unklarheit über die Grenzziehung, und es kam daher immer wieder zu blutigen Zwischenfällen. In Militsch wurde die erste Nürnberger Kavallerie-Division stationiert. Der IA des Generalstabs war der junge Hauptmann von Reichenau, der spätere Generalfeldmarschall. Reichenau und meine Schwester Alix mochten einander, was meinen Eltern allerdings nicht recht war, denn sie hatten noch die alte Standesvorstellung, daß man sechzehn Ahnen nachzuweisen habe, um eine Tochter aus Magnaten-Hause zu heiraten, und Reichenaus Mutter war bürgerlich.

In diesem Zusammenhang erinnere ich mich an eine Episode. Bei uns verkehrte ein Baron von Wechmar, ein rasanter Mann mit noch rasanteren Ideen und Einfällen, denen er seinen Spitznamen »der Rasende« verdankte. Ich mochte ihn ausgesprochen gerne. Er hat dann eine Bürgerliche geehelicht, über die ein köstlicher Ausspruch getan wurde: »Es ist erstaunlich, wie reizend die junge Baronin ist, wo sie doch keine Geborene, sondern nur eine Gewisse ist.«

Meine Schwester Alix hat es allerdings mit großer Zähigkeit und Energie geschafft, daß meine Eltern den Widerstand gegen die Verbindung mit Reichenau aufgaben. Anfang 1919 war die Verlobung, und im April fand die Hochzeit statt.

In dieser Zeit unterhielt ich eine florierende Zucht von Kaninchen, Meerschweinchen und weißen Mäusen. Mit den Kaninchen und den weißen Mäusen trieb ich einen schwunghaften Handel, wohingegen ich die Meerschweinchen nur gegen Entgelt auslieh. In Schlesien war nämlich der Glaube verbreitet, daß kranke Kaninchen gesund werden, wenn man zu ihnen ein Meerschweinchen in den Stall setzt, da diese Krankheiten abzuziehen vermögen. Das waren meine ersten honorierten Erfolge mit Tieren.

Ansonsten trieb es mich oft zu den Teichen, um die zahllosen Vogelarten, die es dort gab, zu beobachten. Es war herrlich, den Kormoranen und Reihern beim Fischen zuzusehen; zwölf verschiedene Entenarten waren bei uns heimisch, ebenso viele Tauchvögel und Trappen. Kiebitze und Möwen waren ständig anzutreffen, aber auch Eisvögel und Mandelkrähen. Graugänse zogen als Wechselwild durch.

Im Frühjahr 1919 besuchte uns der König von Sachsen, der sich nach der Revolution auf sein zwischen Militsch und Oels gelegenes Barockschloß Sibyllenort zurückgezogen hatte. Er war ein leidenschaftlicher Ornithologe und kam gern in unsere Teichgebiete, um das Verhalten seltener Vögel zu studieren. Eines Tages sagte er zu meinem Vater, er habe gehört, daß es bei uns Rohrsänger gäbe. Mein Vater war sich nicht sicher und ließ mich holen. Mir waren drei Stellen bekannt, an denen die gestreiften Schilfrohrsänger nisteten. Mein Vater ließ anspannen, und ich begleitete den König, um ihn zu einem der Gelege zu führen. Mit dem Stakboot glitten wir leise über die Krabownitze, ich zeigte dem König ein Nest, vor dem die Henne in Schreckstellung stand, während der Hahn dahinter im Reet zu sehen war.

Der König war begeistert. »Die will ich beringen«, sagte er.

»Euer Majestät dürfen das nicht tun«, entgegnete ich. »Diese Tiere sind so scheu, daß sie womöglich für immer abwandern würden.«

»Und wenn ich es trotzdem tue?«

»Dann müßte ich Eure Majestät leider ersäufen.«

»Wie willst du denn das schaffen?« fragte er amüsiert.

Einschlägige Erfahrungen, wie man so etwas erfolgversprechend anpacken kann, hatte ich ja bereits bei meinem Bruder Carlos gesammelt. »Ganz einfach«, sagte ich, »ich gebe Eurer Majestät einen kleinen Buff und halt' die Beine.«

Die Vögel wurden nicht beringt, und wir kehrten nach Hause zurück, wo der König zu meinem Vater sagte: »Sie haben aber eine rabiate Tierschützerin zur Tochter. Die würde mich eher ertränken als zu erlauben, daß ihre geliebten Vögel beringt werden.« Als mein Vater ärgerlich reagierte, winkte der König lachend ab und sagte: »Lassen Sie nur, ich finde das großartig.«

Aber auch sonst hatte es mein Vater mit meiner Vogelliebe nicht ganz leicht. Von klein auf habe ich Kanarienvögel gezüchtet. Sobald ich lesen konnte, wurde für mich eine Zeitschrift abonniert, die »Gefiederte Welt« oder so ähnlich hieß. Na ja, und dann habe ich mich mal bei irgendeiner wichtigen Gelegenheit nach dem Krieg vorzüglich gut benommen, was bei mir nicht allzu häufig der Fall war. Mein Vater wollte dies honorieren und sagte: »Du hast einen Wunsch frei.«

Und dann kam etwas, das meinen Vater beinahe aus den Schuhen hob, denn ich sagte: »Bitte fahr mit mir am Sonntag nach Breslau zur Kanarienvogel-Ausstellung und verbring dort den ganzen Tag mit mir.«

So gegen zehn, halb elf trafen wir dort ein, und ich war restlos entzückt. »Hast du das gehört, Papa, siebzehn Triller und achtzehn Roller!« Seine Begeisterung darüber hielt sich in Grenzen, und er stand dort mit seinen unübersehbaren eins achtundneunzig ziemlich gelangweilt herum, ließ mich aber gewähren. So ungefähr um ein Uhr rief er mich zu sich. »Du, ich hab' dir zwar versprochen, den ganzen Tag hier zu bleiben, doch was hieltest du davon, wenn wir beide jetzt zusammen fein essen gingen? Wir müßten dann allerdings bald aufbrechen. Und dafür, daß wir hinterher nicht mehr auf die Ausstellung zurückkehren, kannst du dir einen Hahn kaufen.« Beides war sehr verlockend für mich. »Mit dem Hahn geht das aber nicht so schnell, Papa«, sagte ich, »weil ich die Tiere vorher unbedingt abhören muß, um auch den richtigen zu finden.«

Eine weitere geschlagene Stunde mußte mein armer Vater noch ausharren, bis ich meine Wahl getroffen hatte. Das Tier hat, das weiß ich noch genau, für damalige Zeiten ein Sündengeld gekostet, so an die sechzig Mark.

Für die großen Kunstausstellungen in Berlin und Weimar, die er regelmäßig besuchte, hatte mein Vater weitaus mehr übrig als für die Breslauer Vogelschau. Wenn er den Eindruck hatte, auf junge begabte Künstler gestoßen zu sein, dann lud er sie den ganzen Sommer über zu uns ein und übernahm zusätzlich, was meine Mutter, glaube ich, gar nicht wußte, auch deren laufende Mietkosten daheim während dieser Monate, damit sie den Aufenthalt in Militsch völlig unbeschwert genießen konnten. Sie bewohnten im Schloß abgeschlossene Apartments und konnten tun und lassen, was sie wollten. Daß sie uns Kindern etwa Mal- und Zeichenunterricht zu geben hatten, daran war nicht zu denken. Allenfalls haben sie uns mal gemalt. Von einem Bildhauer allerdings, der sich selbst als Albrecht der Bär porträtiert hatte, bekam ich »Siebzehn und vier« mit allen Finessen beigebracht.

Mein zehnter Geburtstag brachte eine einschneidende Wende, denn von diesem Zeitpunkt an wurde ich mit »Sie« angeredet, hatte dafür aber nun die Pflicht, wie meine älteren Geschwister, soziale Aufgaben wahrzunehmen. Das patriarchalische System von Militsch brachte es mit sich, daß mein Vater der väterliche Freund und Beschützer seiner Leute war, der beratend und helfend eingriff, wenn dies notwendig wurde. Für unsere Angestellten und Arbeiter gab es ein eigenes Altersheim, ein eigenes Siechenheim. Die Spielschule war ein Geschenk meiner Mutter nach einer Erbschaft, die auch für die Kosten der Kindergärtnerin aufkam. Ferner zeigte sich mein Vater finanziell großzügig gegenüber der sogenannten Herberge zur Heimat, die durchziehenden Wanderburschen Quartier und Verpflegung anbot.

Mein Vater war jedenfalls ein sehr sozial denkender Mann und erzog seine Kinder entsprechend.

Als ich so acht oder neun war, brannte der Hof der Eltern meines Kindermädchens ab. Als ich meinem Vater davon erzählte, meinte er ganz sachlich: »Du, das zahlt die Versicherung.«

»Nein, kein Stück«, entgegnete ich, »denn die haben bei offenem Licht Häcksel geschnitten.«

Darauf mein Vater: »Was hast du auf der Bank?«

»Zweihundertsiebzehn Mark«, sagte ich.

»Die zweihundert Mark holst du ab und gibst sie Bertha, die jahrelang deinen Dreck weggemacht hat. Man steht für seine Leute gerade.«

Zu den Selbstverständlichkeiten in den großen Herrschaften gehörte es auch, daß für begabte Kinder der Angestellten die gesamten Ausbildungskosten für eine höhere Laufbahn bezahlt wurden. Das ging soweit, daß jemand auf Kosten eines jüdischen Landbesitzers katholische Theologie studieren konnte.

Wenn einer von unseren Leuten krank wurde, erfuhren wir dies durch den jeweiligen Inspektor, und dann war es Sache der Kinder, sich um die Betreffenden zu kümmern. Mit unseren Pferden und Wagen fuhren wir sie zum Arzt oder gegebenenfalls ins Krankenhaus, wo es eine bestimmte Zahl von Betten gab, die uns gehörten.

Gleich bei einem meiner ersten Krankenbesuche, der in

diesem Fall einer Wöchnerin galt, kam es zu einem fatalen Mißverständnis. Im Auftrag meines Vaters brachte ich ihr Rotwein und andere Dinge, die gut und teuer waren. Am nächsten Tag ergab es sich, daß mein Vater auf diesem Hof war und sich persönlich nach dem Befinden der Frau erkundigte. Als er ins Haus kam, traf er den Mann rollend vor Besäufnis an.

»Wieso bist du betrunken?« fragte er streng, worauf dieser lallte: »Sie haben mir doch den Rotwein geschickt!«

»Mensch, der war für deine Frau.«

»Oh, ich dachte für mich zum Trost.«

»Achtung, er steht hinter der Säule!«

Bei uns war es Brauch, daß in den Tagen vor dem Erntefest jeder, der des Wegs gefahren oder geritten kam, mit einem geflochtenen Strohband symbolisch gebunden werden konnte. Um wieder freizukommen, mußte man ein Scherflein fürs Erntefest entrichten. Wir handhabten dies in Form einer Pauschale, die aus einem Faß Bier und etlichen Flaschen Korn bestand.

Als ich mal dieser Zeit mit meinem Pony über die Stoppelfelder galoppierte, wurde ich ebenfalls gebunden. Ich nahm meinen Quittungsschein raus und erklärte der Gruppe, die mich umringte, das und das kriegt ihr auf dem Erntefest, und ritt weiter. Da flog dicht an meinem Ohr ein Stein vorbei. Ich sah mich blitzschnell um, erkannte den Werfer an der erhobenen Hand, kehrte mein Pony, galoppierte auf den Mann zu und schlug ihm in heller Wut die Reitpeitsche einmal quer übers Gesicht. »Schmeiß wenigstens von vorn!« schrie ich ihn an.

Auf dem Erntefest begegnete ich diesem Polen wieder. Er grüßte mich verlegen und ging zögernd auf mich zu. »Komteß«, sagte er, »es wundert mich, daß ich wegen der Sache mit dem Stein nicht entlassen worden bin.«

»Warum«, sagte ich, »für den Steinwurf habe ich mich revanchiert, und damit waren wir doch quitt! Da lauf ich doch nicht hinterher zu meinem Vater, um zu petzen.«

Das hat mir bei den Polen insgesamt enorme Sympathien eingetragen, und ich hatte bei ihnen einen Stein im Brett. Bei allen Gelegenheiten bin ich mit ihnen klargekommen.

So auch bei einem Erntefest auf einem unserer Güter, wo viele Polen arbeiteten. Die jungen Polen gingen zu meinem Vater und baten um die Erlaubnis, mit mir tanzen zu dürfen. Ich liebte die temperamentvollen polnischen Tänze und beherrschte mit meinen zehn Jahren die schwierigen Unterschritte des Krakowiak. Als das Fest schon weit fortgeschritten war, kam der Inspektor aufgeregt zu meinem Vater und sagte: »Exzellenz sollten jetzt aufbrechen. Es hat den Anschein, als gingen die Polen gleich mit Messern aufeinander los.«

Ich bekam seine Worte mit, und da ich keinesfalls schon gehen wollte, lief ich auf der Stelle in den Nebenraum, wo die Burschen stritten und sich mit gezückten Messern gegenüberstanden.

»Um Gottes willen«, schrie ich, »stecht bloß nicht aufeinander los, sonst muß ich sofort mit den Eltern nach Hause fahren. Kommt, gebt mir bitte alle eure Messer. Ich bring sie dem Inspektor. Bei ihm könnt ihr sie morgen wieder abholen, und wir tanzen jetzt weiter.« Kurz darauf konnte ich dem baß erstaunten Inspektor einen ganzen Schwung Messer aushändigen. »Sie müssen sie aber den Jungs in der Früh unbedingt wiedergeben«, erklärte ich mit Nachdruck. »Das müssen Sie unbedingt tun, denn ich habe es versprochen.«

»Tun Sie das«, schaltete sich nun mein Vater ein, und das war dann ein Befehl.

Anschließend durfte ich zu meiner großen Freude weiter mit den Polen tanzen.

Angst habe ich damals und auch später nie gehabt. Wenn ich all die Situationen bedenke, in denen ich mich während der Hitlerzeit und des Krieges befand, kann ich meinem

Gott dafür nur danken. Denn keine Schrecksekunde zu kennen ist manchmal lebensrettend.

Obwohl mein Vater ein großer Kunstliebhaber war, fand er zur Welt der Musik keinen Zugang. Mein erstes prägendes Theatererlebnis geht auf die Schlesische Landesbühne zurück. Sie gastierte in Militsch im Hotel »Zur Linde« mit Andersens »Gevatter Tod«, als ich noch recht klein war. In dieser Aufführung habe ich zum ersten Mal den lieben Gott gesehen. Ganz in schwedisch Gelb und Blau gekleidet – den Farben unserer Familie – saß er, als der Vorhang aufging, auf seinem Thron, und daraus folgerte ich, daß er zu unserem Clan gehört.

Bis zu meiner ersten Begegnung mit der Oper sollten noch einige Jahre vergehen. Ich verdanke sie unserem netten Breslauer Zahnarzt, der einmal, als ich bei ihm war, mir von einer Opernaufführung vorschwärmte, die er besucht hatte. Da ich mit dem Begriff Oper keine Vorstellung verbinden konnte, erklärte er mir auf meine entsprechende Frage hin, das sei in etwa Theater mit ganz viel Musik. Wie so etwas ablief, wollte ich unbedingt auch einmal erleben. Meine Eltern waren beide unmusikalisch und konnten sich daher nicht zu einem Opernbesuch mir zuliebe aufraffen, wollten mir aber andererseits diesen Wunsch nicht abschlagen. Als dann in Breslau »Othello« gegeben wurde, durfte ich hin. Meine Mutter dachte vermutlich, das sei etwas Lustiges, wegen des Negers, der darin vorkam.

Angetan mit einem schwarzen Samtkleid mit irischem Spitzenkragen, saß ich in einer der Mittellogen und folgte der Handlung mit äußerster Spannung. Meine ganze Sympathie gehörte der blonden Desdemona. Als dann Othello sich mit dem Dolch in der Hand hinter einer Säule verbarg, während Desdemona betete, überkam mich die schreckliche Furcht, er könne ihr etwas antun. Das mußte ich verhindern, und so benutzte ich meine Hände als Schalltrichter und brüllte: »Achtung, er steht hinter der Säule!« Desdemona und Othello brachen in schallendes Gelächter aus, das sofort auf das gesamte Publikum übersprang. Der Vorhang fiel, und die Vorstellung wurde für kurze Zeit unterbrochen.

Nach dem lang anhaltenden Schlußbeifall für die Künstler kam ein Logenschließer zu uns und sagte, daß die Sänger das Kind kennenlernen möchten, das Desdemona so mutig verteidigen wollte. Er führte mich dann hinter die Bühne zu den Garderoben. Desdemona schenkte mir eine riesige Bonbonniere, doch ich schaute mich suchend nach Othello um. Als ich ihn nicht entdecken konnte, fragte ich, wo er denn sei. Da trat einer der Sänger vor, und ich sagte grenzenlos enttäuscht: »Ach, Sie sind ja gar nicht schwarz.« Daraufhin verließ er den Raum und kam nach einiger Zeit schwarz geschminkt in seinem Bühnenkostüm zurück. Das empfinde ich noch heute als eine ausgesprochen liebenswerte Geste.

Mein Vater sammelte Uhren. Im Schloß standen und hingen sehr viele schöne und zum Teil antike Stücke. In der Bibliothek befand sich in einem holzgeschnitzten Gehäuse eine Standuhr, die mich ganz besonders faszinierte. Aus ihr trat zu den entsprechenden Tageszeiten ein Kürassier hervor und blies die Reveille oder die Retraite.

Irgendwann im Leben eines jeden Kindes kommt wohl die Zeit, da es Sidol oder etwas Ähnliches als Putzmittel entdeckt und anfängt, alles damit blankzupolieren. Zumindest bei mir war das so. Meine Putzwut machte auch vor der Trompete des Kürassiers nicht halt. Mit viel Mühe schaffte ich eine große Stehleiter heran und kletterte hinauf. Doch so einfach, wie ich mir das gedacht hatte, war die Sache nicht, da die Funktion des Trompeters mit dem Schlagwerk der Uhr gekoppelt war. Da ich vor Schwierigkeiten nie zurückschreckte, entschloß ich mich, die Uhr anzuhalten und den Mechanismus genauer zu betrachten. Als ich die Uhr geöffnet hatte, entdeckte ich, daß das Werk total verstaubt war. Ich besorgte mir ein Tablett, auf das ich einen weißen Bogen Papier legte, und einen Bleistift und begann, die Uhr auseinanderzunehmen. Teil um Teil säuberte ich, ölte es mit Nähmaschinenöl ein, legte es auf das Papier und numerierte sie der Reihe nach durch. Diese Tätigkeit nahm mich völlig gefangen. Plötzlich ging die Tür auf. Meine Mutter betrat den Raum und stieß einen Schrei des Entsetzens aus.

Ich drehte mich zu ihr um und sagte in aller Ruhe: »Bitte, bitte, störe mich jetzt nicht und schimpfe nicht, denn sonst weiß ich hinterher nicht mehr, wo die einzelnen Schräubchen und Rädchen hingehören.« Sie war außer sich, verließ aber schweigend den Raum.

Tatsächlich ist es mir dann auch gelungen, die Uhr, nachdem ich mit großer Mühe die Trompete blitzblank poliert hatte, wieder so zusammenzusetzen, daß sie einwandfrei funktionierte.

Trotzdem ließ meine Mutter den Uhrmacher, der alle unsere Uhren wartete, aus Breslau kommen. Der besah sich den angeblichen Schaden und meinte: »Das hat das Komteßchen großartig gemacht.« Dieses Lob bedeutete mir soviel wie eine Kaiserkrone.

Auf Grund des bestehenden Altersunterschieds zwischen meinen Geschwistern und mir – mein Bruder Carlos war vier, meine mir jahrgangsmäßig am nächsten stehende Schwester fünfeinhalb Jahre älter als ich – war ich eigentlich sehr viel allein. Das änderte sich 1920, als meine Eltern die elfjährige Baroneß Hella von Krüdener aufnahmen, um uns gemeinsam erziehen zu lassen. Ihre Familie hatte in Kurland und in Livland große Ländereien besessen, die durch die Revolution verlorengegangen waren. Von ihrem einstigen Besitz war ihnen nur in Lettland ein kleines bescheidenes Restgut von vielleicht vierzig Morgen Land nebst einem Gärtnerhäuschen belassen worden. Ihr dortiges Schloß hatten die Letten niedergebrannt. Hellas Eltern wohnten in Riga, wo ihr Vater als Kaufmann Fuß zu fassen versuchte.

Als Hella als kleines verschüchtertes Flüchtlingskind bei uns ankam und abends verloren im Salon stand, wo wir uns alle vor dem Essen versammelten, nahm mein Vater sie in die Arme und sagte: »Hellakind, merke dir, hier ist jetzt dein Zuhause.«

Ich war Hella von vornherein zugetan und absolut bereit, alles mit ihr zu teilen, was ich hatte. Wir zwei wurden schon bald ein untrennbares Gespann.

Leider wurde mein Vater immer hinfälliger. Früher war er manchmal mit mir ausgeritten, doch nun schaffte er es nicht mehr, mir dieses Vergnügen zu bereiten, und ließ sein Pferd stets wieder absatteln, um dann den Kutscher zu bitten, mit mir auszureiten, weil er sich nicht wohl genug fühlte. Das waren sehr bedrückende Symptome.

Anläßlich meines zwölften Geburtstages erfüllte mir mein Vater einen meiner sehnlichsten Wünsche und schenkte mir ein zweites Pony. Er hatte nach dem Krieg sibirische Beutepferde gekauft, die Panjepferden ähnelten und mehr wie kleinere »richtige« Pferde denn wie Ponys aussahen. Eines dieser Tiere, das farblich genau zu meiner Stute Browny paßte, mußte mit einem seiner großen Artgenossen den Milchwagen ziehen, ein Los, das ich bedauernswert fand und von dem ich es befreien wollte. Aber das war nicht der einzige Grund. Mir war nämlich auch sehr daran gelegen, endlich zweispännig fahren zu können, denn Einspänner waren das Gefährt der kleinen Leute.

Mitte März 1921 reiste meine Mutter zu meiner Schwester Reichenau nach Münster, die ihr erstes Kind erwartete. In dieser Zeit wurde mein Vater bettlägerig. Er hat mich oft an sein Krankenlager beordert, und ich bin manchmal zwei bis drei Stunden dagesessen und habe gewartet, bis er mich ansprach. Kurz vor seinem Tod gab er mir eine schwere Auflage für mein weiteres Leben mit. »Ich weiß«, sagte er zu mir, »daß ich bald sterbe. Du wirst es mit deiner Mutter schwer haben, denn sie findet zu dir keine Beziehung. Ich habe deine Mutter über alles geliebt und eine großartige Ehe mit ihr geführt. Denk daher bitte an mich und bleibe immer höflich zu ihr.«

Ich habe ihm dies in die Hand versprechen müssen, und ich muß sagen, ich habe nach bestem Wissen und Gewissen versucht, mein Wort zu halten, obwohl Mutter mir das nicht leichtgemacht hat.

Sie kam erst wenige Tage vor Vaters Tod aus Münster nach Militsch zurück. Als er am 10. April 1921 die Augen für immer schloß, war für mich ein Lebensabschnitt beendet – die glückliche Zeit der Kindheit in der fürsorglichen Obhut eines klugen, liebenden Vaters.

Mit der Zibbe zum Bock

Nach dem Tod meines Vaters übernahm meine Mutter die Verwaltung des Besitzes für ihren unmündigen Sohn, der als Fideikomißbesitzer der Alleinerbe war. Die Rechte meines Bruders wurden von zwei Vormunden mit wahrgenommen. Uns Mädchen stand das sogenannte Allod zu, in das wir sechs uns teilen mußten. Hieraus wurde dann unsere Apanage errechnet, über die wir bis zu unserer Volljährigkeit aber nicht selbständig, sondern nur mit Mutters Zustimmung verfügen durften.

Die Ungunst meiner Mutter bekam ich nun rasch zu spüren. Sie erklärte mir, ich sei ja nun nicht mehr die Lieblingstochter meines Vaters und hätte mich jetzt zu fügen. Sie beschnitt mir meine kleinen persönlichen Rechte, indem sie mir unter anderem verbot, weiterhin selbständig über meine beiden Ponys zu bestimmen. Diese sollten nun auch von unseren Beamten für Wagenfahrten eingesetzt werden. Unsere Kutscher waren jedoch so rücksichtsvoll mir gegenüber, daß sie davon nach Möglichkeit nie Gebrauch gemacht haben.

Doch mehr noch gekränkt hat mich etwas ganz anderes. Ich war ein sehr lebhaftes Kind, das viel zu Pferd oder per Fahrrad durch die Gegend sauste und natürlich dabei so manches entdeckte und erlebte. Wenn ich nach Hause kam, drängte es mich, davon zu berichten, etwa die herrliche Begebenheit mit dem sich wälzenden Pferd, deren Augenzeuge ich geworden war.

Einer unserer Beamten, ein lausig schlechter Reiter, war mit einem unserer Pferde, das ich ihm nicht gönnte, weil es viel zu schade für ihn war, über überschwemmte Wiesen geritten, ohne zu bedenken, daß dem Tier ein derart schwerer Boden auf Dauer nicht behagt, weil die Hufe schmerzhaft in Mitleidenschaft gezogen werden. Zum anderen war ihm wohl nicht bekannt, daß es manchen Pferden einen Heidenspaß bereitet, sich im Morast zu wälzen. Und genau das tat das Pferd, mit ausdauernder Wonne. Er stand am langen Zügel verdattert daneben, wurde über und über mit Dreck bespritzt und wußte nicht, wie er das Pferd wieder hochbekommen sollte. Für unsereins wäre das ein Klacks gewesen. Ich genoß dieses Schauspiel ungemein und wollte daheim begeistert gleich davon erzählen, doch Mutter stoppte meinen Redefluß schon bald: »Ach, halt den Mund, du lügst.«

Das hat mich so getroffen, daß ich in eine Schweige-Streik-Aktion getreten bin. Ich habe meiner Mutter selbstverständlich noch »guten Morgen« gesagt und ihr die Hand geküßt, wie sich das gehörte. Auf Fragen, die sie an mich richtete, habe ich nur noch sehr höflich mit ja oder nein geantwortet, aber ansonsten nicht mehr mit ihr gesprochen. Das habe ich über Monate durchgehalten, denn wenn ich etwas tue, dann konsequent, und da ist sie fast verrückt geworden. Eines Tages hat sie mich dann in ihr Zimmer kommen lassen, um mir zu eröffnen, mein Privatunterricht entfiele nun, und sie würde mich in eine Schule stecken. »Dagegen kann ich nichts machen«, habe ich ihr erklärt. »Du hast die Erziehungsgewalt, und wenn du mich in eine Schule steckst, steckst du mich halt in eine Schule. Ich kann's nicht ändern.«

Zusammen mit Hella mußte ich nun die Militscher Schule besuchen. Es war allerdings etwas ungewohnt für mich, regelmäßig früh aufzustehen. Mit meinen Mitschülern, die zum Teil die Kinder unserer Inspektoren und Beamten waren, habe ich mich gut verstanden und vertragen. Von den Lehrern kann ich das nicht behaupten. Doch wenn es Ärger gab, war ja auch noch Hella da, die mich verteidigte, was ich im umgekehrten Fall natürlich auch tat.

Unseren Deutschlehrer fand ich allein schon deshalb entsetzlich, weil er immer geblümte Westen mit Glasknöpfen trug. Und dann war er unaussprechlich fromm. Vor dem Unterricht hatten wir gemeinsam mit ihm zu beten. Ich hörte immer auf, weil ich das zu komisch fand, und Hella tat es mir nach. Der gute Mann hat deswegen regelmäßig Wutanfälle bekommen, bloß erreichte er damit bei mir gar nichts. Ich hab mein ganzes Leben lang Leute, die sich nicht in der Gewalt haben und jähzornig werden, als sehr komisch empfunden, und das war natürlich eine fürchterliche Waffe.

Einmal im Monat wurde in der Schule nach Unterrichtsschluß Tinte gekocht. Wie das genau ging, wollten Hella und ich uns auch einmal ansehen. Die zwei großen Jungen, die damit beauftragt waren, wollten uns allerdings nicht dabeihaben. Das hat mir nun wiederum nicht gepaßt und noch weniger, daß sie Anstalten machten, mich einfach aus dem Raum zu schubsen. Es kam zu einer Rangelei. Dem Knaben, der am Tintenkessel stand, ging ich an die Beine, und er, gefolgt von dem Kessel samt Inhalt, stürzte zu Boden. Wir beide sahen toll aus. Als wandernder Tintenklecks bin ich zu Hause angekommen, und meine englische Nurse hat mich erst einmal, so wie ich war, in die Badewanne gesteckt. Die Kleidungsstücke wanderten dann ins Waschhaus, und die Farbe ging prima wieder raus, weil die Tinte ziemlich schlecht war. Daß ich von unserem Klassenlehrer am nächsten Tag eine gehörige Strafe aufgebrummt bekam, war nicht weiter tragisch.

Während einer Inspektion durch den Kreisschulrat beging der Mann in seinem Unterricht leider den Fehler, zwei Tiergruppen zu verwechseln. Keck, wie ich war, erdreistete ich mich, seinen Redefluß zu unterbrechen und ihn vor der versammelten Klasse zu korrigieren. Meine Mitschüler johlten vor Begeisterung, und dem Lehrer verschlug es die Sprache.

Daß ich deshalb zu unserem Direktor, Dr. Jaeschke, mußte, der noch ziemlich neu an unserer Schule war, konnte nicht ausbleiben. Dieses zum Direktor ins Konferenzzimmer Zitiertwerden, wo dann das ganze Kollegium versammelt war, verhieß nichts Gutes. Während meine Mitschüler bei ähnlichen Gelegenheiten nur mit Zittern und Zagen da hineingingen, war mir das ziemlich egal. Dr. Jaeschke machte mir ernsthafte Vorhaltungen wegen meines schlechten Betragens und meiner Aufsässigkeit Lehrern gegenüber und schloß dann mit den Worten: »Auch wenn du eine Komteß bist, brauchst du dich deswegen nicht aufs hohe Roß zu setzen.«

Protokollsicher entgegnete ich daraufhin: »Wenn Herr Direktor schon länger am Ort wären, würden Herr Direktor wissen, daß ich zwei Ponys besitze und kein hohes Roß brauche.«

Die Lehrer blickten entsetzt, während Jaeschke schallend loslachte. Er bestellte mich nachmittags in seine Wohnung und machte mir klar, daß mein Verhalten seinen Kollegen gegenüber unfair sei, denn schließlich käme ich aus der einflußreichsten Familie des Ortes, und es stünde mir nicht zu, mir daraus unverdiente Vorteile zu verschaffen. Das Wort »unfair« traf mich zutiefst, und ich bemühte mich fortan, im Rahmen des Möglichen mein Temperament zu zügeln.

Als es Frühjahr wurde, machte ich auf dem Weg zur Schule bisweilen einen Abstecher durch den Park. Zu meinem größten Erstaunen entdeckte ich dort einen Kuder, eine echte Wildkatze, die ihren Bau im Wurzelbereich einer uralten Eiche hatte. Das Tier war trächtig, und ich stellte ihm von nun an jeden Tag Fleisch und Milch hin. Die Schule ließ ich Schule sein – Hella schwieg eisern –, weil ich die Wildkatze viel interessanter fand. Allmorgendlich bezog ich nun in der Nähe des Baus Position. Die scheue Wildkatze hatte sich bald so an meine Gegenwart gewöhnt, daß sie das Futter, das ich ihr brachte, auch annahm, wenn ich dabei war. Als sich eines Tages das Tier überhaupt nicht blicken ließ, nahm ich an, daß es geworfen hatte. Das stimmte, denn als sie ihren Bau wieder verließ, hatte die Katze ein großes Gesäuge und war ganz dünn. Nach knapp drei Wochen purzelten die Katzenkinder hinter der Mutter her. Inzwischen waren wir beide so vertraut, daß sie es zuließ, ihre Jungen anzufassen. Das Glück, das ich hierbei empfand, war unbeschreiblich.

Das Ende kam abrupt, als bei meiner Mutter ein blauer Brief eintraf, in dem der Lehrer, der dachte, ich sei krank, sich recht freundlich nach meinem Befinden erkundigte. Meine Mutter tobte. Ich habe schwach versucht, ihr klarzumachen, daß das Beobachten einer Wildkatze viel wichtiger sei, aber damit kam ich bei ihr nicht an. Die Katze in ihrem verschwiegenen Versteck auch nur noch ein einziges Mal aufzusuchen, hatte ich nicht den Mut. Durch die Geschichte mit den Schlangen war ich hinreichend gewarnt und fürchtete, wenn meine Mutter herausbekäme, wo sich die Tiere befänden, würde sie sie zumindest vertreiben lassen.

Meine dritte Schwester, Gabriele, verlobte sich 1921 mit dem Grafen Schwerin. Für Hella und mich war dies ein Anlaß, das Problem des Kinderkriegens auszuforschen. Hella hatte da etwas verschwommene Vorstellungen betreffend des Bauchnabels, die mir absolut nicht eingingen. Ich nahm meinen ganzen Mut zusammen, marschierte mit

Hella zu meiner Nurse und fragte, wie das denn nun eigentlich wäre. Sie schickte uns weiter zu meiner Mutter, die zu einem Aufklärungsbuch griff. Hella und ich saßen nebeneinander auf einem Chippendale-Sofa, Mutter nahm in einem Sessel Platz und begann, uns den Inhalt vorzulesen. Der fing so ungefähr bei den Bienen an, und immer, wenn etwas Bedeutsames kam, das beinahe etwas mit Sexualität zu tun hatte, hieß es in dem Text: »Und der Vater küßte der Mutter die Hand.« Wir warteten, wie Kinder nun mal sind, immer nur noch auf das nächste »der Vater küßte der Mutter die Hand«, was so etwa alle zwei bis drei Minuten der Fall war, und haben ansonsten die verworrenen Ausführungen gar nicht mehr mitbekommen.

Nun waren wir aber auch nicht schlauer geworden. Also bin ich zu einem unserer Staller gegangen und habe gefragt: »Diebitz, können Sie mir sagen, wie Babys entstehen und auf die Welt kommen?«

Der Kutscher hat kurz und bündig darauf geantwortet: »Nu, Komteß, Se gehn doch mit de Zibbe zum Bock, und genauso isses bei de Herrschaften.« Da ich ja sehr viele Karnickel hatte, war das zumindest ein brauchbarer Anhaltspunkt.

Die Werkenthin-Füllmersche Erziehungsanstalt – ein Alptraum

Als besonders gutes, weil strenges und zudem landschaftlich sehr schön gelegenes Internat war meiner Mutter die Werkenthin-Füllmersche Erziehungsanstalt in Warmbrunn im Riesengebirge empfohlen worden, in die ich zu Ostern 1923 gebracht wurde, nachdem Hella mittlerweile wieder zu ihren Eltern hatte zurückkehren können.

Dort wurden mir zuerst einmal alle Photos abgenommen, die ich mitgebracht hatte, und auch mein Plüschhund, der aussah wie ein kleiner Dobermann. Ihn liebte ich über alles, denn er war das letzte Geschenk meines Vaters an mich, kurz bevor er starb. Die Direktorin, ein unangenehmes Fräulein Dr. Sowieso mit mindestens zwei Zentnern Lebendgewicht und Stichelbart, stopfte meinen Plüschhund einfach achtlos in einen Schrank und schloß dann ab. Den Tränen nahe, flehte ich: »Bitte, bitte, können Sie ihn nicht wenigstens richtig hineinsetzen, ohne ihm die Beine so zu verbiegen?« Die Antwort dieser sogenannten Pädagogin war für mich in ihrer Roheit unfaßbar: »Ach, hab dich nicht so, ist ja nur Plüsch!« Von da an mußte ich jeden Abend beim Einschlafen an meinen armen Hund mit den verbogenen Beinen denken, und es zerriß mir dabei fast das Herz.

Das Zimmer, das mir zugeteilt wurde, mußte ich mir mit

zwei Mitschülerinnen teilen, die sich im Lauf der Zeit als einigermaßen nett entpuppten. In aller Herrgottsfrühe wurden wir mit fürchterlichem Gebimmel geweckt, und dann hieß es unverzüglich aufstehen und in den Waschraum eilen. Daran anschließend war allgemeines Schuheputzen angesagt, was mir gleich am ersten Morgen den ersten Strafpunkt eintrug, denn ich hatte natürlich kein Schuhputzzeug mit, weil ich noch nie im Leben Schuhe geputzt hatte.

Na ja, und Bettenbauen konnte ich auch nicht, und so sammelte ich auch künftig weiter fleißig Strafpunkt um Strafpunkt, was zur Folge hatte, daß mir selbst am schulfreien Sonntag zumeist der Ausgang gestrichen wurde.

Am Frühstückstisch wurde ich als Neue von der Direktorin den anderen mit den Worten vorgestellt: »Das ist Maria von Maltzan, deren Vater Offizier gewesen ist, ein organisierter Mörder also.« Wie so etwas auf ein Kind wirkt, das seinen Vater vor nicht allzu langer Zeit verloren hatte, kann man sich ja leicht denken.

Den Deutsch- und Literaturunterricht in der zweiten Lyzeumsklasse, die ich mit meinen vierzehn Jahren besuchte, hielt die Direktorin ab. Als wir Sappho lasen, was einfach über meinen Horizont ging, handelte ich mir einen Tadel wegen sittlicher Unreife ein, weil mir auf die Frage: »Warum errötete Melitta, als sie Phaon den Wein einschenkte?« wirklich nichts anderes einfiel als: »Ich glaube, sie hat etwas übergeschwappt.« Auf die Idee, daß da das Aufkeimen einer jungen Liebe geschildert wurde, über die die Direktorin sich dann in aller Ausführlichkeit verbreitete, wäre ich damals nie und nimmer gekommen.

Auch was es mit der unangenehmen Gewohnheit der Direktorin, sich abends zu mir auf die Bettkante zu setzen und mich zu betatschen, für eine Bewandtnis hatte, war mir nicht klar. Als mir das zu lästig wurde und ich sie angewidert wegstieß, wurde das Leben für mich noch unerträglicher.

Ich war noch keinen Monat an der Werkenthin-Füllmerschen Erziehungsanstalt, als eines Tages plötzlich irgendwelche Zeugnisunterlagen der Quarta verschwunden waren. Sämtliche Schüler wurden daraufhin in die Aula beordert. Einzeln mußten wir vortreten, der Direktorin die Hand geben und schwören, nichts mit diesem Diebstahl zu tun zu haben und auch keinen Verdächtigen benennen zu können. Das habe ich arglos und reinen Gewissens getan, denn mit den Noten der Kleinen, die ich ja gar nicht kannte, hatte ich nun wirklich nichts im Sinn. Um so überraschender kam für mich der Schuldspruch der Direktorin, die coram publico verkündete, sie sei überzeugt davon, daß ich mit zwei Helfershelferinnen, die sie auf ähnliche Weise ermittelte, diesen Sabotageakt, wie sie es ausdrückte, begangen hätte. Als Strafe wurde über mich ein wochenlanges totales Sprechverbot mit jedermann verhängt. Ich lernte die Schule nun endgültig hassen.

Daß ich es dann, als dieser gemeine Test sein Ende hatte, einmal zur Schützenkönigin brachte, änderte daran wenig, denn auch dieser Sportart konnte ich herzlich wenig abgewinnen. Sie bestand nämlich darin, daß bei der Haferflocken-Mehlsuppe, die es jeden Mittag gab, die darin herumschwimmenden Mehlwürmer herausgefischt, auf den Tellerrand gelegt und dann gezählt wurden. Mein ekelerregender Tagesrekord waren fünfzehn große und einundzwanzig kleine Exemplare. Den einen Sonntag gab es Fisch, den anderen Fleisch – der einzige Unterschied bestand darin, daß beides roch, nur eben anders. Mir hob es jedesmal den Magen, und ich mußte regelmäßig rausstürzen, um mich zu übergeben. Einmal allerdings habe ich es gerade nur bis zum Fenster geschafft und einen Teil des Fraßes der für die Zubereitung zuständigen Hausdame über die Füße gekotzt. Dies trug mir immerhin die bescheidene Freiheit ein, bei diesen obligatorischen Mahlzeiten den einen oder anderen Gang auslassen zu dürfen.

Zu meiner großen Freude schenkte mir unser Biologielehrer eines Tages einen Molch. Da mir meine Tiere sehr fehlten, schloß ich den kleinen Kerl, dessen neue Heimat der Schultümpel wurde, ganz besonders in mein Herz und besuchte ihn dort in jeder Pause, bis ein Junge aus den unteren Klassen sich den Molch fing und ihm zu meinem Entsetzen bei lebendigem Leibe die Beine abschnitt. Ich kam zu spät, um dies zu verhindern. Außer mir vor wütender Empörung über diese Grausamkeit, zerrte ich den Jungen auf den Hof, zog mein Steckmesser, das ich mühsam in die Anstalt hineingeschmuggelt hatte, und schrie: »Wie du mir, so ich dir!« und rammte ihm das Messer seitlich in den Schenkel. Auf sein wahnsinniges Gebrüll hin stürzten die Lehrer herbei und versuchten, mich von dem Knaben abzudrängen. Daraufhin ging ich mit dem bluttropfenden Messer auf sie los. Die städtische Feuerwehr wurde alarmiert, die mich mit einem starken Wasserstrahl an die Mauer drückte.

Zur Strafe kam ich bei Wasser und Brot in einen scheußlichen Bunker. Nach etlichen Tagen wurde ich geholt und aufgefordert, mich offiziell bei dem Vater des verletzten Jungen zu entschuldigen. Vor mir stand ein kleiner Mann mit Spitzbart, der mir uralt vorkam, obwohl er es von den Jahren her sicher nicht war. Ich sagte zu ihm: »Ich habe den dienstlichen Befehl, mich bei Ihnen zu entschuldigen. Als Privatperson teile ich Ihnen mit, daß Sie mir leid tun, weil Sie der Vater eines zukünftigen Verbrechers sind.«

Die Tür hinter mir zuknallend, verließ ich den Raum. Der Vater des Jungen kam mir nach.

»Warte mal«, bat er und fragte, ob ich für mein Verhalten bestraft worden sei.

»Ich stehe nach wie vor unter Arrest.«

»Komm mit«, sagte er, ging mit mir zur Direktorin und erwirkte einen sofortigen Straferlaß.

Abends nahm er mich in die Stadt und lud mich zum Essen ein. Da ich total ausgehungert war, habe ich tüchtig zugelangt und wurde bald furchtbar müde. Nur mühsam konnte ich mich wach halten, um dem armen Mann zuzuhören, der über seinen Sohn so unglücklich war. Während des Dritten Reichs ist mir gelegentlich der Gedanke durch den Kopf gegangen, ob aus dem Jungen mit den schönen zarten, aber so grausamen Händen wohl ein perfekter SS-Mann geworden ist.

Mein erstes Zeugnis, mit dem ich aus Warmbrunn nach Militsch heimkam, war eine schlichte Katastrophe. Auf dem Giftzettel dominierte die Note mangelhaft: Betragen: mangelhaft, Ehrlichkeit: mangelhaft, und auch in den eigentlichen Schulfächern fielen meine Beurteilungen außer in Mathematik und Englisch nicht wesentlich besser aus. Die Vorhaltungen, die ich von meiner Mutter daraufhin gemacht bekam, waren schlimm. In Grund und Boden schämen sollte ich mich, weil ich gestohlen hätte und so verlogen sei. Meinen Beteuerungen, dies stimme nicht, schenkte sie keinen Glauben. »Wieso steht's denn dann da?« war ihr einziger Kommentar.

Als das Ende der Sommerferien unaufhaltsam näher rückte, wurde ich immer verzweifelter bei dem Geanken, aus der weiten flachen Landschaft um Militsch, wo abends der Himmel wie eine große leuchtende Käseglocke die Erde berührte, wieder zurück ins Riesengebirge und diese gräßliche Schule zu müssen. Ich flehte meine Mutter an, mich aus dem Internat zu nehmen. Mit dem Argument, sie habe schließlich bereits für das gesamte Schuljahr in Form von Naturalien bezahlt, erklärte sie mir klipp und klar, ich hätte dort noch bis Ostern zu bleiben. Wegen der paar Schweine und Kartoffeln wieder nach Warmbrunn zu müssen, fand ich weder überzeugend noch einleuchtend.

Folglich legte ich alles auf einen Rausschmiß an. Kurz vor Weihnachten klappte es. Wir hielten uns alle im Schulgarten auf, als es zwischen unserem Hausmeister, Herrn Feuer, einem überzeugten Kommunisten, und der schwergewichtigen Direktorin zu einer lautstarken Auseinandersetzung kam.

»Und das schimpft sich Sozialdemokratin!« tobte er. »So was wie Sie sollte man am nächsten Laternenpfahl aufknüpfen!«

»Das geht nicht!« schrie ich dazwischen. »Der Laternenpfahl biegt sich durch. Nehmt eine deutsche Eiche!«

Das war mein letzter großer Auftritt. Meiner Mutter wurde telegraphiert, ich hätte wegen Aufsässigkeit sofort die Schule zu verlassen. Hochbefriedigt kam ich vor dem Christfest nach Hause. Die Freude, meinen Hund und meine Ponys wiederzusehen, machte es leichter, den Zorn meiner Mutter zu ertragen.

Kirstein-Lyzeum und die Jungmädchenpension Koch/von Kuhlwein

Meine Schwestern, die teilweise nach dem Lyzeum in Berlin noch für ein, zwei Jahre auf eine sogenannte Frauenschule gegangen waren, wo höhere Töchter ihre Kenntnisse in puncto Sprache, Literatur, Kunst und all den schönen Dingen erhielten, die von ihnen standesgemäß erwartet wurden, rieten meiner Mutter, mich in Zusammenhang mit meinem weiteren Schulbesuch in die von zwei Fräuleins geleitete Pension Koch/von Kuhlwein zu geben.

Neugierig erkundigte ich mich bei Asta nach den beiden Damen und bekam zur Antwort, daß Fräulein Koch eigentlich ganz normal aussähe. Fräulein von Kuhlwein hingegen sei schrecklich groß und dünn und hätte einen riesigen russischen Windhund, einen Barsoi. Mit dieser Vorstellung kam ich Anfang Januar im Gefolge meiner Mutter in Berlin an. Wir klingelten, und es öffnete uns eine kleine zarte Dame mit einem kläffenden Dackel. Daraufhin prustete ich vor Lachen los, was mir aber von Fräulein von Kuhlwein keineswegs übelgenommen wurde. Als ich ihr dann später den Grund für mein Verhalten erzählte, hat sie sich königlich darüber amüsiert. Sie war eine in jeder Hinsicht großartige Person.

Am nächsten Morgen bat sie mich in ihren Salon und ließ sich mein katastrophal schlechtes Warmbrunner Zeugnis zeigen. Fräulein von Kuhlwein schlug mir daraufhin vor, die Klasse zu wiederholen. Ich lehnte diesen wohlgemeinten Vorschlag ab. So kam ich in die zweite, zweiundfünfzig Schüler starke Klasse des Kirstein-Lyzeums in der Passauer Straße. Als wir zu Ostern unsere Zeugnisse bekamen, staunten beide Erzieherinnen darüber, daß ich notenmäßig etwa im ersten Klassendrittel rangierte und selbstverständlich versetzt wurde, und fragten: »Sag mal, Maria, das kann doch nicht sein – was ist denn um Himmels willen in der anderen Schule vorgefallen?«

Am Nachmittag dieses Tages habe ich mir zum ersten Mal die ganze qualvolle Zeit in Warmbrunn von der Seele geredet. Von da an waren die beiden Pensionsvorsteherinnen noch herzlicher zu mir.

Nach den Osterferien, die ich zu Hause in Militsch verbrachte, hörte Fräulein von Kuhlwein mich des Nachts bitterlich in mein Kopfkissen weinen. Erschrocken erkundigte sie sich nach dem Grund meiner Verzweiflung. Während mir die Tränen weiter über die Wangen liefen, berichtete ich ihr, wie schwer mir die Trennung von meinem Hund Maschka fiele, und zeigte ihr auch ein Photo dieser herrlichen Promenadenmischung aus Präriehund und Kurzhaarterrier.

Fräulein von Kuhlwein machte nicht viele Worte. »Weißt du was«, sagte sie, »nach den Pfingstferien darfst du ihn mitbringen.«

Ich war selig. Daß ich für den Hund allein sorgen und viel mit ihm im Tiergarten spazierengehen mußte, machte mir nicht das geringste aus. Natürlich wollten nun auch andere Kinder gern ihre Tiere mitbringen, was jedoch nicht gestattet wurde. Den Eltern gegenüber begründete Fräulein von Kühlwein die Ausnahme, die sie in meinem Falle gemacht hatte, damit, daß ich ein Kind sei, das ohne ein Tier um sich zu haben nicht existieren könne.

Für einige Monate lebte in unserer Pension ein jüdisches

Mädchen, dessen Eltern eine längere Weltreise machten. Während ich das Glück hatte, einen kleinen Raum ganz für mich allein zu haben, mußte Brigitte sich ihr Zimmer mit drei anderen Mädchen teilen. Eines Tages traf ich sie heulend und völlig verstört auf dem Flur. Da sie nicht mit der Sprache herausrücken wollte, was denn passiert war, entschloß ich mich, der Sache selbst auf den Grund zu gehen. Als ich Brigittes Zimmer betrat, sprang mir sofort ein Plakat mit Hakenkreuzfahne und dem Schriftzug »Juda verrecke!« ins Auge, das über ihrem Bett hing. Herauszufinden, wer das getan hatte, war nicht weiter schwer. Ich stellte das entsprechende Mädchen zur Rede und versuchte, ihm die Niedertracht seiner Handlungsweise klarzumachen. Es zeigte sich aber alles andere als einsichtig und schaltete auf stur. Da holte ich meine Reitgerte aus dem Schrank. Das hatte den Erfolg, daß sie ab sofort Brigitte in Ruhe ließ.

In meinem letzten Lyzeums-Jahr vertraute ich Fräulein von Kuhlwein an, daß ich unbedingt das Abitur machen wollte, um anschließend studieren zu können.

»Ja, warum eigentlich nicht«, sagte sie.

»Ich fürchte nur, meine Mutter wird dem nie und nimmer zustimmen«, entgegnete ich.

»Ach, das schaffen wir schon«, meinte sie.

Sie schrieb an meine Mutter einen Brief, in dem sie anregte, mich im Anschluß an das Lyzeum zur standesgemäßen Bildungsvertiefung noch für zwei Jahre auf die Frauenschule zu geben. Dies akzeptierte meine Mutter, und so besuchte ich offiziell ab Ostern 1925 besagtes Seminar für höhere Töchter, während ich in Wahrheit die Schulbank einer naturwissenschaftlich ausgerichteten Oberschule drückte.

In einer sich über vier Wochen erstreckenden Examinierung hatte ich allerdings zuvor den Nachweis erbringen müssen, daß ich den hohen Anforderungen, die an der Staatlichen Elisabeth-Schule in der Kochstraße gestellt wurden, auch gewachsen war. Insgesamt waren wir dreizehn Kandidaten, die nach ungewöhnlichen Methoden geprüft wurden. In Geographie wurde uns zum Beispiel die Frage vorgelegt: »Wie kommen Sie am schnellsten von Berlin nach Peking?« Wir sollten uns dazu in schriftlicher Form äußern.

Während ich noch damit beschäftigt war, darüber nachzudenken, wie das Problem am besten zu lösen sei, legte meine Nachbarin zur Rechten bereits los und schrieb und schrieb, daß mich fast der Neid überkam. Als ich mir dir Frage nochmals durchlas, wurde ich stutzig und zwar bei der Formulierung »am schnellsten«. Die Antwort, die ich dann zu Papier brachte, bestand aus einem einzigen Satz. »Ich nehme mir eine Taxe nach Tempelhof und fliege von dort über Moskau, Omsk, Tomsk nach Peking.«

Der Geographielehrer, der die Blätter einsammelte, lachte schallend über meinen knappen Text und meinte zu meiner Nachbarin, die in ihrer Ausfertigung zweiundfünfzig Häfen angelaufen hatte: »Sie müssen ja wohl zugeben, daß Sie auf diese Weise erst etliche Wochen nach Fräulein von Maltzan in Peking eintreffen werden.«

Somit hatte ich diesen Teil der Prüfung bestanden, und das schaffte ich auch in den anderen Fächern, wo ganz ähnlich vorgegangen wurde. Gefragt waren eine rasche Auffassungsgabe und eine Portion Intelligenz.

Meine Zeugnisse, die ich an der Elisabeth-Schule bekam, konnte ich schlecht mit nach Hause bringen, um sie von meiner Mutter unterschreiben zu lassen, denn damit wäre das Täuschungsmanöver natürlich sofort aufgeflogen. Da ich die Unterschrift meiner Mutter ganz gut nachahmen konnte, übernahm ich die Erledigung dieser Formalität für sie. So gesehen lief alles glatt; die Schwierigkeiten begannen für mich mit den Hochzeiten meiner Geschwister.

Bereits 1922 hatte meine älteste Schwester Huberta den Landrat des Kreises Groß-Wartenberg, der an Militsch grenzte, geheiratet. Detlev von Reinersdorff war ein liebenswerter und gescheiter Mann. Meiner Mutter sagte diese Liaison allerdings nicht zu. »Du Ärmste wirst als erste Witwe werden«, lamentierte sie gegenüber meiner Schwester. »Es ist nicht gut, einen Mann zu heiraten, der um so viele Jahre älter ist.« Huberta war dann übrigens von meinen Schwestern die einzige, die während des Zweiten Weltkriegs ihren Mann nicht verlor, weil Reinersdorff aus dem kriegspflichtigen Alter bereits heraus war.

Asta und Eva heirateten im Frühjahr 1927. Leider wurde es keine Doppelhochzeit, da der Baron Beaulieu-Marconay und der Graf Strachwitz verschiedenen Konfessionen angehörten.

In Schlesien war es üblich, daß eine Hochzeit mindestens zwei Tage dauerte. Zum Polterabend reisten bereits alle Gäste an und logierten bei uns und in den umliegenden Schlössern. Den Auftakt bildete ein großes Diner. Zu besonderen Gelegenheiten wie diesen wurde im Eßsaal ein leuchtend gelber Teppich ausgerollt. Das festliche Licht erstrahlte aus drei mächtigen Lüstern und vielen Appliken, die die Ahnenbilder an den Wänden erleuchteten. In der Mitte des Saales stand eine große Tafel, an der die älteren Gäste und das Brautpaar Platz nahmen, während sich die Jugend um die im Raum verteilten runden Tische scharte. Unsere Diener servierten in ihren Galauniformen in den Farben unserer Familie. Sie trugen zu blauen Atlas-Kniehosen gelbe Samtfräcke; dazu gehörten echte Spitzenjabots und -vorfälle an den Ärmeln, weiße Strümpfe zu schwarzen Lackschuhen mit Silberschnallen. Der Haushofmeister war in schwarzen Atlas mit Spitzenkragen und Manschetten gewandet.

Im Anschluß an das Diner zogen sich die Gäste in die angrenzenden Salons zurück, in denen Mokka, Likör oder andere Getränke serviert wurden. In Form einer kleinen Aufführung, die von den Geschwistern dargebracht wurde, erhielt die Braut zuerst den Rosenkranz, der nach schlesischer Sitte am letzten Tag als Mädchen getragen wird, und dann Brautschleier und Myrtenkranz. Dieser Spruch wurde dabei rezitiert: »Und nun, da alle Reviere dir ihre Grüße gesandt, nun möchte am liebsten dich nehmen der Hausgeist bei der Hand. Er möchte durchs Schloß dich führen, durch Stuben, Zimmer und Saal. Es grüßen die vertrauten Räume dich heute zum letzten Mal!«

Danach spielte eine Kapelle aus Breslau zum Tanz auf, und erst in den frühen Morgenstunden packten die Musiker ihre Instrumente wieder ein. Schlag Mitternacht wurden die Türen zur Halle geöffnet, und unter großer allgemeiner Heiterkeit begann das Poltern.

Das Frühstück gab's entsprechend spät, zumal die Trauung erst am frühen Nachmittag stattfand. Im voller Aberglauben steckenden Schlesien war es sehr wichtig, darauf zu achten, daß die richtigen Pferde vor die Brautkutsche gespannt wurden. Die Braut durfte nicht mit Schimmeln fahren, da sie sonst vor Gram rasch graue Haare bekäme; Rappen boten die Gefahr des frühen Todes; Füchsen wurde nachgesagt, zu einer Trübung des Eheglücks durch Eifersucht zu führen – also blieben nur die Braunen. Die Braut zur Kirche zu fahren war das Vorrecht des Oberkutschers.

Nach der Trauung begannen die Gratulationen im Schloß, zu der die Deputationen von unseren Gütern, die höheren Angestellten sowie Vertreter der Militscher Bürgerschaft kamen. Freunde und Verwandte schlossen sich den Glückwünschen an.

Für das Hochzeitsmenü waren zehn bis zwölf Gänge mit den jeweils dazugehörigen Weinen üblich. Während der Tischreden wurde Champagner gereicht.

Dann wurde wieder getanzt. Das Brautpaar blieb noch

eine Weile, bevor es die Gesellschaft verließ, um die Hochzeitsreise anzutreten.

Durch die beiden Heiraten wurde bei uns daheim das Amt der Teekomteß frei. Meine Mutter, die davon überzeugt war, daß ich zu Ostern die Frauenschule abschließen würde, gedachte natürlich, diese Aufgabe mir zu übertragen. Da ich keine Lust hatte, für die Gäste meiner Mutter als Tochter des Hauses das Tee-Einschenken zu besorgen, zumal meine Versetzung in die Oberprima bevorstand, mußte ich wohl oder übel Farbe bekennen, was zu ganz schlimmen Auseinandersetzungen führte. Meine Mutter lehnte meinen Wunsch, das Abitur zu machen, schlichtweg ab und wurde in ihrer Meinung auch noch von meinem Bruderherz bestätigt. Lediglich mein Schwager Reinersdorff setzte sich in dieser Situation vehement für mich ein. Unerwartete Hilfe wurde mir von meinem Vormund, Graf Stolberg-Brustawe, zuteil. Er, ein eher stiller und introvertierter Mann, kam nach Militsch und machte meiner Mutter energische Vorhaltungen, weil sie mir diesen Schulabschluß verwehren wollte.

Zu guter Letzt flüchtete sich meine Mutter mir gegenüber in die Ausrede, das Geld reiche nicht, um mir ein weiteres Jahr Berlin zu bewilligen. In meiner verzweifelten Ratlosigkeit erzählte ich dies Fräulein von Kuhlwein, die sich sofort hinsetzte und einen langen Brief an meine Mutter schrieb, in dem sie ihr Bedauern über die schwierige finanzielle Lage in Militsch zum Ausdruck brachte und erklärte, daß sie mich daher liebend gern einlade, in meinem letzten Schuljahr ihr Gast zu sein. Meiner Mutter war diese Entwicklung der Dinge äußerst peinlich, aber nun konnte sie ihre Zustimmung nicht länger verweigern. Im Jahr 1927 wurde mein Bruder volljährig und übernahm damit den Besitz. Er hatte sich auf diese Tätigkeit durch das Studium der Forstwirtschaft und der Nationalökonomie gut vorbereitet. Während an seinem einundzwanzigsten Geburtstag in Militsch ein großer Ball zur Übernahme der Regierung stattfand, war ich die einzige Verwandte, die nicht anwesend war. Ich mußte daran denken, wie schön sich mein Vater diesen Tag vorgestellt hatte. Als ich bald darauf zu den Pfingstferien nach Hause fuhr, war ich so gekränkt, daß ich meine Mutter fragte: »Warum durfte ich eigentlich nicht zu Carlos' Geburtstag nach Hause kommen?« Ihre Antwort war kurz und drastisch: Sie faßte mich an den Schultern, schob mich vor einen Spiegel und sagte: »Sieh dich an, vielleicht kannst du verstehen, daß man so etwas nicht gern im Haus hat.« Ich habe ihr Zimmer wortlos verlassen.

»Gräfle, Gräfle, wie soll i des bloß mit meim Gwissa vereinbare?«

Nach dem Abitur kehrte ich nach Militsch zurück. Meine Mutter wollte natürlich, daß ich zu Hause blieb, aber das war nun gar nicht in meinem Sinne, da ich vorhatte zu studieren. Die Auseinandersetzungen, zu denen es deshalb kam, nahmen einen ähnlichen Verlauf wie jene, als ich um mein Abitur kämpfte. Erst nach langem Hin und Her willigte meine Mutter ein, daß ich überhaupt ein Studium aufnehmen durfte. Zum Studienort wurde Breslau bestimmt, weil ich dort in greifbarer Nähe war. Breslau lag nur sechsundfünfzig Kilometer von Militsch entfernt. Ich wurde im Cönakulum untergebracht, einem christlichen Studentinnenwohnheim unter strenger Leitung. Daß es katholisch war, spielte in diesem Fall für meine Mutter keine Rolle, Hauptsache, ich war dort unter Aufsicht. Mit meinem Berufswunsch, Tierärztin zu werden, konnte ich mich allerdings nicht durchsetzen, weil sowohl meine Mutter als auch mein Bruder dies ganz unmöglich fanden. Da ich noch nicht volljährig war und nicht frei über meine Apanage verfügen konnte, schien es mir klüger, wenigstens in dem Punkt nachzugeben, und so schrieb ich mich für die Fächer Zoologie, Botanik und Anthropologie ein.

Zum Wochenende erwartete man von mir, daß ich nach Hause kam. Ich bin aber häufig auf andere Güter gefahren, da ich viel eingeladen wurde. Montags ging es dann in aller Herrgottsfrüh mit der Bimmelbahn zurück nach Breslau, wo um acht Uhr die Vorlesungen begannen. Nur schaffte ich es nicht immer, rechtzeitig aus den Federn zu kommen. Da nun zahlte es sich aus, daß der Bahnhofsvorsteher regelmäßig mit ein paar Hasen und Karpfen aus unserem Teich bedacht wurde, wenn bei uns Jagden abgehalten wurden. Falls ich etwas zu spät im Schloß losfuhr, genügte ein Anruf. Als ich eines Morgens um 6.32 Uhr auf dem Bahnhof ankam, wo der Zug fahrplanmäßig um 6.18 Uhr hätte abgehen sollen, stand der Bürgermeister auf dem Bahnsteig.

»Warum fährt der Zug denn noch nicht los?« fragte er den Bahnhofsvorsteher.

»Wir müssen Wasser fassen«, gab »Rotkäppchen« ungerührt zurück. Und dann stieg ich ein, und der Zug setzte sich in Bewegung. Daraufhin ging dem Bürgermeister ein Licht auf. Bis zu einundzwanzig Minuten Verspätung konnte der Lokführer bis Oels aufholen, wo ich umsteigen mußte.

Die Zeiten waren damals eben anders als heute. So pflegte der Kaiser vor dem Ersten Weltkrieg jedes Jahr zu irgendeinem schlesischen Magnanten zur Jagd zu kommen. Auch bei unserem Nachbarn, dem Grafen Hochberg, sagte er sich einmal an. Die zu seinem Besitz Wirschkowitz am nächsten gelegene Bahnstation war Kraschnitz, wo der Graf den Kaiser, der in einem Sonderzug angereist kam, mit einem Viererzug abholte. Die Kraschnitzer Bürger hatten ihm zugesagt, Spalier zu stehen und dem Kaiser zuzujubeln. Da sie aber zahlenmäßig für die gesamte Strecke vom Bahnhof zum Gut zu wenige waren, holten sie sich aus der Landesheilanstalt Verstärkung. Die leichteren Fälle bildeten den Teil des Spaliers an der Chaussee nach Wirschkowitz. Sie haben einen derart bemerkenswerten und einzigartigen Jubel veranstaltet, daß dem Kutscher die Pferde glatt durchgegangen sind und der Wagen mit dem Kaiser und Graf Hochberg in gestrecktem Galopp vor dem Schloß vorfuhr. Die Folge war, daß der Kaiser aus seiner Privatschatulle Wirschkowitz einen kleinen Bahnhof spendierte, der mitten im Wald gelegen war. Mein Vater rühmte dies spöttisch als einen großen Fortschritt für sämtliche Wilderer, die nun bequem per Bahn gleich an Ort und Stelle gelangen könnten.

Während des Studiums nahm ich, wie alle jungen Leute, auch am gesellschaftlichen Leben Breslaus teil. Ein Graus waren mir allerdings die Wohltätigkeitsfeste der Kronprinzessin Cecilie von Preußen, die immer so wundervolle Ideen hatte. So erhielten wir Komtessen, verkleidet als Holländerinnen mit Schürzen und gräßlichen Häubchen, ein großes Silbertablett mit kleinen feinen Schnittchen in die Hand gedrückt, die wir an den Mann bringen mußten. Dergleichen war mir so verhaßt, daß ich, falls dies möglich gewesen wäre, am liebsten mein gesamtes Taschengeld geopfert hätte, nur um dem zu entgehen. Da es mir in manchen Situationen nicht an Ideen mangelt, bin ich zu dem Tisch hin, an dem die steinreichen Breslauer Juweliere saßen, die ich durch meinen Vater alle kannte, und sagte: »Meine Herren, hätten Sie netterweise die Güte, mir mein gesamtes Tablett abzukaufen, denn dann darf ich tanzen.«

Der Stammjuwelier unserer Familie hieß Sommé und besaß einen wunderbar geschmackvollen Laden am Ring, in den mich mein Vater oft mitgenommen hat. Als wir mal gemeinsam in Breslau waren und ich noch ein kleines Mädchen von acht, neun Jahren war, muß ich meinem Vater ziemlich auf die Nerven gegangen sein; erst mal wollte ich nicht mit der Droschke fahren, weil sie nur einspännig war; etwas später rannte ich auf die Straße, weil Leute mich auf dem Trottoir gepufft hatten. Jedenfalls hatte mein Vater mich und mein unmögliches Benehmen nach einer guten halben Stunde bereits total dicke und ist mit mir zum Juwelier Sommé gegangen und hat gefragt: »Kann ich meine Tochter zwei Stunden bei Ihnen lassen?«

Für mich war das natürlich fabelhaft, denn als persona grata wurde ich von eleganten Herren mit großer Zuvorkommenheit behandelt. Hinterher hat der Juwelier meinem Vater, als dieser mich wieder abholte, erzählt, daß er sich selten so köstlich amüsiert hätte. Als getreue Kopie meines Vaters sei ich mit auf dem Rücken verschränkten Händen hin und her spaziert und hätte Sätze von mir gegeben, die ihm sehr vertraut vorkamen: »Das Stück da oben finde ich wunderschön. Darf ich mir das mal näher besehen?« Warum mein Vater deshalb so schmunzelte, habe ich zumindest damals nicht begriffen.

Auch als Studentin bin ich gelegentlich mal einfach so in diesen von mir heißgeliebten Juwelierladen gegangen, um mir dies und das zeigen zu lassen.

Irgendwann fragte mich Sommé: »Na, wie isses denn, in Breslau Student zu sein?«

»An sich wär's wunderschön, wenn meine Mutter mich bloß nicht finanziell so knapp hielte.«

»Komteß, das sollten wir mal besprechen«, sagte er und nahm mich mit in sein Büro, wo herrliche Perlenketten nur so herumlagen, die er während der Inflationszeit aufgekauft hatte.

»Ein Teil der Perlen ist leider taub«, sagte Herr Sommé, »doch wenn Sie so eine Haut wie Ihre Frau Mutter haben, dann könnten Sie für mich Perlen gesundtragen, damit sie wieder lebendig werden und glänzen.«

Probehalber bekam ich eine Kette mit, und als ich nach rund vier Wochen damit wieder bei Sommé aufkreuzte, war er ganz begeistert von der wiedergewonnenen Schönheit der Perlen. Warum und wie das bis heute bei mir funktioniert, vermag ich nicht zu begründen. Andererseits kann ich keine Steintürkise auf der Haut tragen, weil die schon nach kürzester Zeit bei mir an den Adern brechen und auseinanderfallen. Jedenfalls trug ich von da an in meiner Breslauer Zeit auf Honorarbasis immer zwei, drei kostbare Perlenreihen unter meiner Hemdbluse – sah ja keiner und mußte es auch nicht. Das war schön leicht verdientes Geld, da ich von meiner Mutter nur dreißig, später fünfzig Mark bekam. Und davon mußte ich auch noch sämtliche Bücher kaufen.

Was mir als Studentin auch zugute kam, waren die vielen Freunde und Bekannten meiner Familie auf den Landsitzen Schlesiens, von denen die meisten mich, wenn sie mich in Breslau per Zufall auf der Straße trafen, irgendwo chic zum Essen einluden. Der sogenannten Tante Aline allerdings, einer ansonsten bezaubernden Polin, eilte der Ruf voraus, dies ab und an etwas anders zu handhaben.

»Komm, Maruska, gehn wir essen«, rief sie sogleich, als wir uns mittags begegneten, und suchte mit mir eines der besten Hotels der Stadt auf, wo wir exquisit speisten. Wir plauderten angeregt, und sie erkundigte sich auch danach, was ich denn studiere.

»Biologie«, sagte ich.

»Oh, was das ist, kann ich mir vorstellen«, sagte sie voller Begeisterung. »Ich hatte nämlich mal ein biologisches Haarwasser.«

Als es dann darum ging, die Rechnung zu begleichen, schlug Tante Aline die Hände vor der Brust zusammen: »Ach, gutes Kind, ich hab' ja mein Portemonnaiechen vergessen!«

Damit hatte ich gerechnet, und so antwortete ich schlagfertig: »Welch schlimmer Zufall, auch ich habe meine Geldbörse vergessen!«

Über einen klagenden Blick, den sie mir zuwarf, als sie notgedrungen die Rechnung unterschrieb, um sie dann später zu bezahlen, habe ich mich innerlich köstlich amüsiert.

Der Studienbetrieb begann morgens bereits um acht, und wenn wir »große Kurse« hatten, saßen wir häufig bis spät abends in der Uni. In den Semesterferien wurde von uns erwartet, daß immer ein paar Studenten dablieben, um die Versuchstiere zu versorgen. Wer wann damit dran war, haben wir unter uns ausgehandelt.

Unser Zoologieprofessor war ein Mann, dessen Art, Naturwissenschaft auch philosophisch zu sehen, mich sehr ansprach. Als er über den Pfeilwurm las, ließ er uns wissen: »Die Sagitta paart sich nur zu ganz bestimmten Mondphasen.« Und fügte hinzu: »Ist es nicht schön, daß sich auch ein so niederes Tier den kosmischen Bedingungen unterwirft?« Diese Einstellung zur Natur hat mich ungemein beeindruckt.

Zu Weihnachten gab er für seine Doktoranden und die Teilnehmer seines großen Kurses ein Fest, zu dessen Gelingen immer auch die Studenten etwas beizutragen hatten. Wir dachten uns eine »Embryologie« aus, zu der alle, auch die Assistenten, frühe Kinderbilder beisteuern mußten. Sie wurden an die Wand projiziert, und dann galt es, den Betreffenden zu erraten.

Das Photo, welches ich herausgesucht hatte, zeigte mich im zarten Alter von neun Monaten im Gras des Schloßparks sitzend zusammen mit einem Plüschkaninchen mit schönen Stehohren. Kaum war das Bild an der Wand, da schrie auch schon der ganze Kurs mehr oder weniger unisono: »Das ist unsere Komteß!«

Es ist merkwürdig, noch heute gibt es Leute, die behaupten, wenn sie Kinderbilder von mir sehen, ich hätte mich nicht groß verändert. Traurig – nicht?

Die Hausordnung im nahe zur Uni gelegenen Cönakulum war äußerst streng. So war es beispielsweise strikt untersagt, Herrenbesuch außerhalb der Gesellschaftsräume zu empfangen. Ich war damals locker mit einem schlesischen Gutsbesitzerssohn befreundet, der ebenfalls in Breslau studierte. Als er auf die Idee verfiel, mich in dem katholischen Studentinnenwohnheim in meinem Zimmer besuchen zu wollen, erklärte ich ihm, das ginge unter gar keinen Umständen.

Knapp eine Woche später kommt eines schönen Spätnachmittags, als ich gerade fleißig beim Lernen war, eine Nonne nach oben zu mir aufs Zimmer, um mir mitzuteilen, ich hätte Besuch von einer meiner Cousinen bekommen, die sie gleich zu mir heraufsschicken würde und die ich dann bitte am Fahrstuhl abholen möge.

Ich dachte, ich trau meinen Augen nicht, als dann der Bengel grinsend in den Kleidern seiner Schwester und mit großem Hut dem Aufzug entstieg.

»Du bist wohl total verrückt geworden!« fauchte ich ihn an. »Wenn das herauskommt, fliege ich hier auf der Stelle hochkant raus.«

Er zeigte sich davon nicht sonderlich beeindruckt und meinte: »Das isses eben, mein schönes Gesicht, und wenn man immer nur ein gutes Leben führt, kann man überall auch als Dame von Welt passieren.«

Gelungen ist ihm das jedenfalls. Trotz des gewaltigen Bammels, den ich deswegen hatte, fand ich das Ganze ganz schön forsch von ihm.

Zu den Usancen des Cönakulums gehörte es auch, daß Schränke und Schreibtischschubladen nicht verschlossen und die Schlüssel abzogen werden durften. In dem Alter, in dem ich mich berfand, hatte man aber eben einige Briefe, die nicht für Nonnenaugen bestimmt waren, und sie immer mit mir rumzuschleppen, fand ich auch nicht gerade lustig. Also sperrte ich sie in meinen Schreibtisch ein und nahm den Schlüssel an mich. Jedesmal, wenn ich wieder von der Uni in mein Zimmer zurückkam, steckte ein neuer in meiner Schreibtischschublade. Meine Schlüsselsammlung wurde dadurch von Tag zu Tag größer, bis mich die Oberin irgendwann zu sich bestellte und mir ganz gehörig die Leviten las und mit den drohenden Worten schloß: »Und ziehen Sie mir nie wieder einen Schlüssel ab!«

Das habe ich dann auch nicht mehr getan. Ich besorgte mir vielmehr einen Handbohrer, mit dem ich den Boden meiner Schreibtischschublade durchlöcherte. Am nächsten Wochenende bin ich dann freiwillig nach Militsch gefahren. Die süße kleine Ringelnatter, die ich mir von dort mitbrachte, löste das Problem nachhaltig, denn in meinem Schreibtisch zu schnüffeln hat sich danach niemand mehr getraut.

Über ein Mädchen, mit dem ich mich anfreundete, bekam ich Kontakt zu einer sozialdemokratischen Studentenvereinigung und trat ihr bei. Die anfängliche Reserviertheit, mit der mir dort manche wegen meiner Herkunft begegneten, wich bald. Unsere Versammlungen litten schon bald unter massiven Störversuchen nationalsozialistischer Schlägertrupps, die auch immer häufiger in Kinos Rabbatz machten, wenn dort Filme mit jüdischen Schauspielern liefen.

Eines Tages tauchten drei tipptopp gekleidete Herren im Empfangsraum des Cönakulums auf, die mich sprechen wollten. Ihnen sei bekannt, erklärten sie mir, daß ich gut frei sprechen könne. Dann ließen sie die Katze aus dem Sack und trugen mir an, an den Wochenenden für die NSDAP über Land zu reisen und neue Mitglieder zu werben. Von meinem Namen und mir versprachen sie sich offenbar einiges, denn sie boten mir für diese Tätigkeit ein Auto und die Übernahme sämtlicher damit verbundener Kosten durch die Partei an.

Ich mußte erst mal tief Luft holen, denn einen eigenen Wagen zu besitzen war der Traum meines Lebens. Trotzdem erbat ich mir Bedenkzeit und sagte, ich müsse das Angebot überschlafen. Meinen inneren Schweinehund zu besiegen und auf das Auto zu verzichten, indem ich absagte, ist mir zugegebenermaßen nicht leichtgefallen.

Den Führerschein hatte ich bereits in Militsch gemacht, und zwar gleich den Chauffeur-Schein, der mich dazu berechtigte, Auto, Motorrad und Bus mit bis zu siebzehn Personen zu fahren. Um den zu erwerben, mußte ich wie ein Lehrling zwei Monate in einer Autowerkstatt arbeiten. Hinterher wußte ich jedenfalls über Autos besser Bescheid als die reinen Herrenfahrer, und daß ich von der Arbeit immer dreckig wie ein Schwein nach Hause kam, hat mich im Gegensatz zu meiner Mutter überhaupt nicht gestört, die mir untersagte, bei Tisch mitzuessen, weil ich meine Fingernägel nicht mehr sauber bekam.

Irgendwann begegnete ich auch meiner ersten großen Liebe. Mein Glück war, daß ich mich mit der Pfortenschwester, die abends im Cönakulum Dienst tat, sehr gut stand, denn eigentlich hatten wir ohne Sondergenehmigung bis spätestens zweiundzwanzig Uhr zu Hause zu sein. Wenn ich mal furchtbar spät dran war, zeigte Schwester Ida sich sehr nachsichtig und hat mich auch nie gemeldet, obwohl sie stets in schönstem Schwäbisch klagte: »Gräfle, Gräfle, wie soll i des bloß mit meim Gwissa vereinbare?«

Die eigentlichen Schwierigkeiten gingen jedoch von meiner Familie aus, als sie von der Sache Wind bekam. Daß mein Schatz geschieden war, wurde mir besonders übel angekreidet. Außerdem nahmen meine Mutter und mein Bruder nicht zu Unrecht an, daß er sich meinetwegen hatte scheiden lassen, was unsere Beziehung in ihren Augen erst recht höchst suspekt erscheinen ließ. Carlos ließ daher nichts unversucht, uns auseinanderzubringen, was ihm letztlich leider auch gelang, indem er mir den Geldhahn abdrehte und mich vor die beinahe unmenschliche Alternative stellte, mich entweder für ein Weiterstudium im fernen München oder meinen Geliebten zu entscheiden. Dafür, daß ich dann doch nach München gegangen bin, habe ich ihn und mich gleichermaßen gehaßt.

Die Köchin und der Nazibonze

In München wohnte ich bei meiner Tante, der Baronin La-Roche, in einer hübschen Villa in der Königinnenstraße, in der sich auch die Biologische Versuchsanstalt für Fischerei befand. Um über meinen grenzenlosen Liebeskummer hinwegzukommen, stürzte ich mich voll und ganz in mein Studium. Mein Hauptfach war nach wie vor die Zoologie mit Schwerpunkt Fischereibiologie. Äußerst zielstrebig bereitete ich mich auf meine Promotion vor. Geheimrat Demoll, der spätere Rektor der Universität, wurde mein Doktorvater, Professor von Frisch, der später als »Bienen-Frisch« berühmte Nobelpreisträger, mein zweiter. Seinerzeit arbeitete er mit Elritzen, kleinen Karpfenfischen, und untersuchte, welche Tonbreiten sie wahrnehmen konnten. Im Institut hingen deshalb überall Plakate mit dem Hinweis, daß jegliches Pfeifen zu unterlassen sei.

Professor Demoll, der finanziell an einer Silberfuchsfarm in der Nähe von Tutzing beteiligt war, pflegte mit seinen Kollegen einmal pro Jahr eine Exkursion dorthin zu unternehmen. Als die prachtvollen Tiere vorgeführt wurden, erwähnte Demoll ganz beiläufig die Tatsache, daß Silberfüchse monogam seien, woraufhin ein anderer Professor, dessen Namen ich aus Taktgefühl besser verschweige, verächtlich meinte: »So ein dummes Viehzeug, und hat's gar nicht nötig.«

Ungefähr vierzehn Tage darauf fand erneut ein Ausflug statt, diesmal der Professorengattinnen, bei dem ich die Führung übernahm und mir erlaubte, die Worte meines Chefs zu wiederholen: »Silberfüchse sind übrigens monogam veranlagt.«

Die »Gemahlin« des Herrn, der den Kommentar von wegen »dummes Viehzeug« abgegeben hatte, tat nun ihrerseits einen bemerkenswerten Ausspruch: »Mein Mann auch, das weiß ich genau!«

Da die Frau von Professor Demoll den Ehrgeiz hatte, aus ihrem Töchterchen eine große Eiskunstläuferin zu machen, weilte sie in den Wintermonaten immer mit ihr in Seeshaupt, wo die Kleine Eislauf trainierte. Meinem Doktorvater fehlte daher für die großen Rektoratsempfänge und -bälle eine Dame. Weil er wußte, daß ich gesellschaftlich absolut firm war, bat er mich, diese Aufgabe zu übernehmen. Ich sagte selbstverständlich ja, und dann fing er plötzlich an, fürchterlich herumzudrucksen, ob ich eventuell Geld bräuchte für eine entsprechende Abendgarderobe. Daran litt ich jedoch keinen Mangel. Meiner Rolle als gesellschaftliche Begleiterin von Geheimrat Demoll verdanke ich die Begegnung mit einer ganzen Reihe hochinteressanter Persönlichkeiten – und auch, daß ich Augenzeuge einer ebenso kuriosen wie bezeichnenden Begebenheit wurde.

Eines Abends lud der Professor mich in die »Osteria Bavaria« ein, ein Lokal, das auch Hitler häufig besuchte. Wir saßen gerade beim Essen, als sich die Tür zu einem der hinteren Räume öffnete und Adolf mit Putzi von Hanfstaengl im Gefolge und einer ganzen Kohorte seiner Anhänger herausmarschiert kam. Eine Frau, die am Nebentisch gesessen hatte, stürzte nach Hitlers Weggang sofort zu dessen Stuhl und bedeckte die Sitzfläche mit zahllosen Küssen.

Wenig später veranstalteten die Nazis einen großen Umzug durch München, und ich ging hin, um mir das Spektakel anzusehen. In einem langen Zug zogen die männliche

Hitlerjugend und die Mädchen vom BDM, gefolgt von den paramilitärischen Kampfverbänden SA, NS-Kraftfahrer-Korps und der SS in ihren schwarzen Uniformen die Leopoldstraße entlang. Dieser massive Aufmarsch war beeindruckend und erschreckend zugleich. Wir schrieben das Jahr 1932, und bis zu Hitlers Machtergreifung sollte es nicht mehr allzu lange dauern.

Von München aus fuhr ich am Wochenende oft nach Tegernsee zum Fürsten Henckel-Donnersmark. In seiner Tausende von Büchern umfassenden Bibliothek entdeckte ich auch die Erstausgaben der bereits 1925 und 1926 erschienenen Bekenntnisbücher Hitlers, »Mein Kampf – Eine Abrechnung – und »Die nationalsozialistische Bewegung«, die dann ab 1930 in der einbändigen, stilistisch stark verbesserten, bibelformatigen Volksausgabe zusammengefaßt wurden. Ich habe diese zwei in sehr schlechtem und grammatikalisch fehlerhaftem Deutsch verfaßten Bände sehr genau gelesen, die aber hinsichtlich ihres Inhalts und Tenors keinen Zweifel an Hitlers Zielen und weiterem Weg aufkommen ließen.

Zu Beginn der Faschingszeit habe ich mit Fräulein Eversbusch, einer Mitarbeiterin von Professor Demoll, einmal nicht nur über meine Versuchsreihen gefachsimpelt, sondern auch ein wenig über die kommenden großen Kostümfeste geredet, auf die ich als Pommery-Flasche gehen wollte, in einem flaschengrünen Anzug mit dem schönen Siegel, einem kleinen goldenen Kragen und der Nachbildung eines Sektpfropfens als Kappe. Die Eversbusch erzählte, ihr Bruder wolle demnächst als Spießbürger verkleidet mit ihr zu einem Ball ins »Regina« gehen, woraufhin ich mit meinem lockeren Mundwerk meinte: »Da braucht er sich doch bloß das Parteiabzeichen anstecken, denn nichts signalisiert das wahre Spießertum besser.«

Deshalb war ich auch so verwundert darüber, daß mein

Bruder, der als freier Magnat auf seinem Besitz lebte, immer stärker von der nationalsozialistischen Ideologie gefangengenommen wurde, während meiner Mutter trotz ihrer antisemitischen Einstellung die ganze Bewegung dubios vorkam.

Unmittelbar nach der Machtergreifung Hitlers am 30. Januar 1933 begann die Drangsalierung jüdischer Bürger in aller Öffentlichkeit. An den jüdischen Geschäften hingen Plakate mit Hakenkreuzen und der Aufschrift: »Deutsche, kauft nicht bei Juden!« Ich konnte nicht widerstehen, einfach in so einen kleinen Laden hineinzugehen, vor dem uniformierte Boykottüberwacher standen. Die hielten mich auch prompt an und fragten, was ich denn kaufen wolle.

»Nichts«, erwiderte ich. »Ich möchte nur eine Rechnung bezahlen.«

Als ich dann in dem Laden stand, sagte die Inhaberin, eine ältere Jüdin, nachdem sie die Sprache wiedergefunden hatte, als erstes: »Um Gottes willen, Sie gefährden sich unnötig!«

Daran hatte ich keinen Moment lang gedacht.

In der Nähe der Frauenkirche gab es in einem der Gäßchen ein kleines Schreibwarengeschäft, das unter anderem auch Postkarten, Stadtansichten, Bierkrüge und den üblichen Nippes verkaufte, in dessen Auslage sich aber auch zwei horrend teure Bilder befanden, die angeblich Hitler gemalt haben sollte. Die Führerverehrer drückten sich deswegen jedenfalls an der Scheibe die Nasen platt.

Meine Neugier war geweckt, und so bin ich kurz vor Ladenschluß dort hingegangen und habe den Besitzer gebeten, die Tür hinter mir abzuschließen. Daß ich nun alles andere als ein Nazi war, hat er relativ schnell gemerkt. Als ich mich danach erkundigte, wo er denn diese abscheulichen »Original«-Hitler herhätte, zuckte er mit den Schultern und bekannte dann mit einem Lächeln: »Die produziere ich selbst, um möglichst bald das Geld für meine Auswanderung zusammenzubekommen.«

»Na, hoffentlich geht's schnell«, sagte ich, »denn die Zeit arbeitet gegen Sie.«

Bei dem Modefriseur Honsel am Odeonsplatz, zu dem ich auch ging, klinkte eines Tages Karl Valentin die Tür auf und fragte: »Sagen'S, schneiden'S noch rote Haar?«

Valentin, der sich viele Witze erlaubte, die den Rechtsradikalen gar nicht paßten, war derart populär, daß sie nicht wagten, ihn zu verhaften. Auch der berühmte bayerische Komiker Weißferdl machte hin und wieder Andeutungen eines Witzes über die Braunen. Allmählich wurden aber alle vorsichtiger.

Auch im Simplicissimus, wo ich abends gern hinging, ließen die Künstler, die dort auftraten, sich den Mund nicht ganz verbieten. Der Kabarettist Walter Hillbring, mein späterer Mann, sang dort ungerührt mit kahlrasiertem Kopf Lieder des verbotenen Kurt Tucholsky, unter anderem das Chanson »Wer einst dem Feind die Hosen klopfte . . .«

Nach der Vorstellung saßen wir gemeinsam beisammen, als drei SA-Leute auf ihn zukamen und barsch wissen wollten, was das für ein Lied gewesen sei.

»Sie kennen es nicht?« erwiderte Hillbring unverfroren. »Das ist ein deutsches Landsknechtslied aus dem Mittelalter.«

Sie ließen ihn daher unbehelligt, und er sang weiter Abend für Abend Tucholsky. Trotzdem war es erschrekkend, wie rasch unter der Naziherrschaft das einstmals hohe kulturelle Niveau, das die bayerische Metropole geprägt und Thomas Mann zur Feststellung »München leuchtet« veranlaßt hatte, verlorenging. Große Dirigenten und Schauspieler bekamen hier wie überall Auftrittsverbot. Viele Theaterstücke wurden nicht mehr gespielt, weil ihre

Verfasser jüdischer Herkunft oder politisch geächtet waren. Das ging so weit, daß bei dem weltbekannten Lied von der Lorelei »Ich weiß nicht, was soll es bedeuten«, das ja schlecht verboten werden konnte, in Schulbüchern der Textdichter unterschlagen wurde. Es hieß statt Heinrich Heine: »Verfasser unbekannt«.

Nach dem Reichtagsbrand im Februar 1933 begann die große Hatz der Nazis auf politisch mißliebige Gegner, Kommunisten und Sozialdemokraten. Deprimiert über das, was sich in Deutschland tat, reiste ich Ostern nach Hause.

Auf der Bahnfahrt von Breslau nach Militsch begegnete ich dem Schwiegersohn unseres Oberförsters, der ein hoher nationalsozialistischer Amtswalter geworden war.

Triumphierend kam er auf mich zu und sagte: »Nun, Komteß, Sie sehen, wir haben es geschafft. Auch wenn Sie immer gegen uns waren, müssen Sie doch zugeben, daß unser Führer eine wahrhaft großartige und einmalige Persönlichkeit ist.«

Da habe ich ihm geantwortet: »Ein Führer, dessen erste Tat darin besteht, sich hinter die Mörder von Potempa zu stellen, ist für mich indiskutabel.«

Im selben Moment tippte mir jemand auf die Schulter. Es war mein alter Schuldirektor, Dr. Jaeschke, der mich darum bat, doch mit ihm in sein Abteil zu kommen. Er ermahnte mich mit großer Eindringlichkeit, etwas vorsichtiger zu sein und mir jedes meiner Worte genau zu überlegen, die Nazis in unserem Städtchen wären derart rabiat, daß ich sonst noch ein blaues Wunder erleben würde.

Das, was sich im August in Potempa ereignet hatte, fand ich zutiefst empörend: SA-Angehörige hatten in dem oberschlesischen Dorf einen Bergarbeiter überfallen und mit geradezu viehischer Bestialität zu Tode getrampelt. Die

Täter wurden verhaftet und standen in Beuthen vor Gericht. Vier von ihnen wurden zum Tode verurteilt. Die anderen erhielten hohe Zuchthausstrafen. Die nationalsozialistische Presse hatte sich über dieses Urteil, das von einem Großteil der Bevölkerung zustimmend aufgenommen wurde, maßlos aufgeregt. Hitler telegraphierte den SA-Mördern: »Angesichts dieses ungeheuerlichen Bluturteils fühle ich mich mit Euch in unbegrenzter Treue verbunden. Eure Freiheit ist von diesem Augenblick an eine Frage unserer Ehre. Der Kampf gegen eine Regierung, unter der dieses möglich war, unsere Pflicht!« Gleich nach seiner Machtergreifung hat Hitler die Täter amnestiert.

Nach meiner Ankunft im Schloß ging ich sogleich in den Grünen Salon, wo wir nachmittags alle gemeinsam Tee zu trinken pflegten. Mein Bruder saß dort in Nazi-Uniform.

»Du bist wohl vom Fasching übriggeblieben«, sagte ich zu ihm und nahm an, er würde dies mit Humor auffassen. Doch weit gefehlt!

Wie von der Tarantel gestochen, schoß Carlos wütend hoch und machte mir eine entsetzliche Szene. Er warf mir vor, ich sei überhaupt keine anständige Deutsche und ähnliches mehr. Das führte dazu, daß es zum offenen Bruch zwischen uns kam. Früher als ursprünglich geplant, fuhr ich wieder nach München zurück – zurück in den Kreis von Menschen, die meine Sprache verstanden.

Da mein Bruder mir die Zulage zu meiner Apanage strich, die sich auf zweihundertachtzig Mark belief, war ich genötigt, mich nach einer Tätigkeit umzusehen, die es mir ermöglichte, neben dem Studium etwas zu verdienen, um meinen doch recht bescheidenen Lebensstandard wenigstens aufrechterhalten zu können. Als ich einem mit mir befreundeten Journalisten davon erzählte, bot er mir an, für ihn und seine Zeitung zu arbeiten. Paul war der in

München ansässige Redakteur des in Innsbruck gedruckten katholischen Wochenblattes »Weltguck«, das versuchte, auch im oberbayerischen Raum möglichst viele Abonnenten zu finden. Darüber hinaus betreute er die zu »Weltguck« gehörende Funkkorrespondenz »Funk und Schall«, die Katholiken Programmhinweise auf empfehlenswerte Hörfunksendungen in Deutschland und Österreich gab. Durch diese Arbeit lernte ich den Jesuitenpater Friedrich Muckermann kennen, eine bedeutende Gestalt des Widerstands gegen Hitler. Er war ein Mann voller Witz und Esprit, beeindruckend kenntnisreich auf vielen Gebieten und dank der weltweiten Kontakte der Jesuiten politisch genauestens über alles orientiert. Über den sogenannten Röhm-Putsch etwa war er von vornherein detailliert informiert. Später hat er mir einmal erzählt, daß die Jesuiten von den Nazis beauftragt worden seien, die Abstammung Alfred Rosenbergs zu durchleuchten. Was sie dann aber über diesen wichtigen geistigen Repräsentanten der Bewegung erfuhren, sei aus naheliegenden Gründen geheimgehalten worden.

Pater Muckermann war einer derjenigen, die dafür sorgten, daß die Ungeheuerlichkeiten, die in Nazi-Deutschland geschahen, im Ausland publik wurden. Da er instinktiv spürte, daß er mir voll und ganz vertrauen konnte, bat er mich schon bald nach unserer ersten Begegnung um meine Mithilfe beim Herausschmuggeln der illegalen Informationen. Die entsprechenden Nachrichten tippte ich nachts aus Gründen der Vorsicht auf der Schreibmaschine des Biologischen Instituts, zu dem ich einen Schlüssel hatte. Dies geschah in kodierter Form als Funkkorrespondenz auf Matrizen. In die Abzüge wurden dann, wie bei der Normalversion von »Funk und Schall« auch, die Empfängeradressen eingesetzt. Optisch sahen die beiden Versionen, zumindest auf den ersten Blick, identisch aus.

Als ich das erste Mal mit meinem Post-Koffer mit dem

für Innsbruck bestimmten Material in München auf dem Starnberger Bahnhof erschien, lungerten dort SS-Leute herum, die wissen wollten, was sich in dem Koffer befand.

»Pressepost für Innsbruck«, sagte ich.

»Aufmachen, herzeigen«, war der kurze Befehl.

»Immer mit der Ruhe«, meinte ich. »Jedes Schloß, das ich öffne, kostet einen Schnaps.« Lachend ließen sie sich darauf ein. Es wurden mehrere Runden, aber als guter Schlesier konnte ich ganz ordentlich was vertragen, und rasch verging die Zeit, bis ich plötzlich mit gespieltem Entsetzen auf meine Armbanduhr blickte und rief: »Um Himmels willen, meine Post! Wenn die nicht mehr mitkommt, werde ich womöglich entlassen, und das kann ich mir nicht leisten.«

Die SS-Leute haben mir dann noch brav beim Einwerfen der Post in Richtungsbriefkästen am Zug nach Innsbruck geholfen.

Wie überall, so ging jetzt auch in der Universität das Hetzen gegen Juden los. Als Professor von Frisch die Anweisung bekam, seine nichtarischen Assistenten zu entlassen, weigerte er sich solange, bis er für sie im Ausland entsprechende Positionen gefunden hatte. Ich saß einmal mit ihm in seinem Labor zusammen, als dieser kleine drahtige Mann plötzlich aufsprang und die Tür aufriß, an der einer der Präparatoren lauschte. Der Professor reagierte mit den denkwürdigen Worten: »Wenn's fei auch a Spitzel san, a bisserl arbeiten müssen'S auch.«

Als ich meine Doktorarbeit über den Karpfen abgegeben hatte, gaben Professor Demoll und seine Frau bei sich zu Hause ein kleines Essen für mich. Anschließend saßen wir im Salon beisammen, führten Konversation und tranken einen geradezu himmlischen Himbeergeist. Nach einer halben Stunde erhob sich Frau Demoll und sagte: »Ihr habt sicher noch einiges miteinander zu besprechen. Ich darf mich daher verabschieden und zurückziehen?« Sie griff sich den Schnaps, stellte die Flasche in eine Vitrine, schloß ab und nahm den Schlüssel mit.

Der Professor wartete, bis oben alles ruhig war, stand dann auf, entnahm seiner Westentasche ein Schlüsselchen, holte den Himbeergeist wieder heraus und sagte zu mir: »Sie glauben ja gar nicht, wieviel unerfreuliche Zänkereien sich mit einer so einfachen Maßnahme vermeiden lassen.«

Im Verlauf unseres weiteren Gesprächs erwähnte er so ganz nebenher, daß Rudolf Heß, des Führers Stellvertreter, sein direkter Nachbar sei, bei dem er auch schon mal zum Tee eingeladen gewesen sei.

Neugierig fragte ich, wie es denn dort gewesen sei, und bekam die lakonische Antwort: »Wie es halt bei spießigen Leuten so ist.«

Und dann erzählte er mir eine herrliche Geschichte. Heß wollte in seiner Villa ein großes Diner für den Führer und die Parteispitze geben. Kurz davor erkrankte seine Köchin, und es wurde als Ersatz eine bekannte Kochfrau aus der Sendlinger Straße bestellt. Diese erschien, mit Tüten und Taschen bepackt, am frühen Morgen, um die Essensvorbereitungen zu treffen. Die SS-Leute, die das Haus bewachten, grüßte sie als brave bayerische Katholikin mit »Gelobt sei Jesus Christus.« Als die Männer daraufhin in schallendes Gelächter ausbrachen, machte sie energisch auf dem Absatz kehrt und verkündete trotzig: »Bei Heiden koch ich nicht!« Heß ist dann persönlich zu ihr hingefahren und hat sie zur Rückkehr bewegt. Als sie seinem Wagen entstieg, erwiderte die SS-Wache prompt ihren frommen Gruß: »Im Namen des Vaters und des Sohnes und des Heiligen Geistes. Amen.«

Im Herbst 1933 promovierte ich zum Dr. rer. nat. An eine Anstellung in einem biologischen Institut oder einer Versuchsanstalt war überhaupt nicht zu denken – dazu hätte ich schon Parteimitglied sein müssen; und daß ich nicht regimefreundlich eingestellt war, machte alles noch viel schlimmer. Durch Pater Muckermann hatte ich gelernt, was alles erforderlich war, um im Widerstand zu arbeiten, und daß man dabei nicht vorsichtig genug sein konnte. Trotzdem lud mich die Gestapo nun ein paarmal zu Verhören vor, da sie natürlich längst wußten, daß ich in kommunistischen Kreisen verkehrte und Kontakte zu Juden hatte. Das Pflaster in München fing an, zu heiß für mich zu werden. Daß ich in dieser Situation durch eine kleine Erbschaft an etwas Geld kam, war mir natürlich sehr angenehm, und als mein »Weltguck«-Redakteur vorschlug, mit ihm auf eine Afrikareise zu gehen, fand ich diese Idee großartig.

Als ich mit Pater Muckermann darüber sprach, sagte er: »Meinetwegen fahr nach Afrika, aber emigrieren gibt's nicht. Wir brauchen Leute, die hier durchhalten.«

Ihm selbst blieb allerdings nichts anderes übrig, als sich schon bald aus Deutschland abzusetzen, da sein Leben aufs höchste gefährdet war. Graf Galen, der Bischof von München, brachte ihn nach Holland in ein Kloster, und selbst dort haben die Nazis noch versucht, ihn umzubringen. Gott sei Dank ist der Anschlag fehlgeschlagen.

Afrika

Auf dieses Unternehmen bereiteten wir uns gut vor. Ich reiste zunächst nach Berlin, wo sich mein Vetter von Bülow, der Staatssekretär im Auswärtigen Amt war, als sehr hilfreich bei der Besorgung der erforderlichen Visa und Empfehlungsschreiben erwies.

Lediglich einer der zuständigen Sachbearbeiter, der offenbar selbst lange Zeit in den ehemals deutschen Kolonien gelebt hatte, gab mir, als ich ihm mein Anliegen vortrug, ziemlich knurrig und unmißverständlich zu verstehen, was er von Afrika-Touristen, insbesondere weiblichen, hielt. Nervös wippte ich mit meinem Fuß. Plötzlich blieb sein Blick an meinem Schuh hängen, dessen Seitennaht ein Stück weit aufgeplatzt war. Um die Peinlichkeit zu überspielen, bewegte ich den Fuß stärker, und zwar so, daß das Loch so richtig schön auf- und wieder zuging.

Er schaute völlig perplex zu. »Was ist das?« fragte er nicht eben geistreich.

»Löwenmaul«, entgegnete ich. »Kaiser Wilhelms Lieblingsblume.« Damit war das Eis gebrochen, und er bot mir eine seiner amerikanischen Zigaretten an.

Im Januar 1934 traten wir in München mit einem alten klapperigen Chevrolet, den ich billig erstanden hatte, die große Reise an. Bekannte von mir meinten spöttisch, wir würden mit der Kiste nicht viel weiter als bis zum Bodensee kommen. Und beinahe hätten sie recht behalten, aber aus einem ganz anderen Grund.

An der deutsch/schweizerischen Grenze bekamen wir Ärger mit den deutschen Zöllnern, die uns nicht weiterfahren lassen wollten, weil wir sehr wenig Bargeld für eine so große Reise hatten. Als ich den Zöllnern erklärte, das Ganze sei so geplant, daß wir uns von zu Hause an die verschiedenen Zielorte allmonatlich Geld nachschickten lassen wollten, schenkten sie uns nur ein mitleidiges Lächeln und begannen, den Wagen, auf der Suche nach versteckten Banknoten, gründlich zu filzen. Selbst die Reifen montierten sie von den Felgen ab, ohne natürlich fündig zu werden. Einer der Männer tippte dann lässig mit dem Zeigefinger an die Mütze und meinte: »Das wär's, Sie können weiterfahren.« Das war leicht gesagt, denn dazu mußten die Reifen erst wieder auf die Felgen aufgezogen und die Schläuche per Hand aufgepumpt werden. Ich dachte nicht im Traum daran, dies zu übernehmen. »Sie haben mein Auto auseinandergenommen, also machen Sie es auch wieder fahrbereit!« beschied ich kategorisch die Beamten. Die Fahrer in der ständig hinter uns wachsenden Autoschlange fingen an, allmählich ungeduldig zu werden, und stimmten ein wütendes Hupkonzert an. Mich ließ das kalt. Ich stand da und rührte keinen Finger. Den Zöllnern blieb zu guter Letzt nichts anderes übrig, als zähneknirschend selbst Hand anzulegen.

Um Geld zu sparen, übernachteten wir auf unserer Fahrt durch Frankreich und Spanien häufig im Zelt. In Madrid waren wir Gäste des Deutschen Botschafters, eines guten Freundes meines Vaters. Von dort aus fuhren wir weiter in Richtung Granada.

An das kleine Städtchen Jéan, wo wir lediglich übernachten wollten, habe ich keine guten Erinnerungen. Wir nahmen uns abends Zimmer in einem kleinen Hotel und handelten, wie es landesüblich ist, den Preis dafür mit dem Besitzer aus und bezahlten im voraus.

Unsere Überraschung war deshalb groß, als wir am nächsten Morgen, wir wollten gerade in unser Auto steigen, von spanischen Polizisten mit der Begründung, wir hätten den Wirt geprellt, verhaftet und dem Polizeipräfekten vorgeführt wurden, der mich, weil der Wagen auf meinen Namen zugelassen war, einem längeren Verhör unterzog. Ich saß dabei auf einem niedrigen Stuhl, der ständig zu kippen drohte, weil ein Bein fehlte. Es war ziemlich mühsam, die Balance zu halten, und ich fühlte mich meiner letzten Würde beraubt. Nach zwei Stunden und etlichen Telefonaten, die er auf spanisch führte, entließ mich der Mann mit der flauen Entschuldigung, alles sei nur ein Mißverständnis gewesen.

Über Ronda und Malaga erreichten wir letztlich Jerez de la Frontera, wo wir die großen Kellereien von Pedro Domecq besuchten, von dem mein Vater jahrelang seine Südweine bezogen hatte. Der Patrón führte uns persönlich durch die riesigen Gewölbe und ließ uns seine Spitzenweine kosten. Als wir nach dem Rundgang wieder im Freien in der warmen Sonne standen, spürte ich den genossenen Alkohol weit stärker, als mir lieb war. Paul und ich beschlossen, ein Nickerchen in unserem Chevy zu machen. Es dauerte nicht lange, bis wir von der Polizei geweckt wurden und man uns gestenreich aufforderte, weiterzufahren. Müde schüttelte ich den Kopf und brauchte nur zwei Worte zu sagen: »Pedro Domecq.« Die beiden Spanier lächelten verständnisvoll und ließen uns in Ruhe unsere Räusche ausschlafen. Von Jerez de la Frontera fuhren wir nach Algeciras, wo uns so stürmisches Wetter erwartete, daß an ein Übersetzen nach Afrika überhaupt nicht zu denken war. So hatten wir Zeit, Gibraltar ausgiebig zu erkunden.

Eine alte spanische Prophezeiung besagt, daß die Engländer so lange Gibraltar beherrschen würden, wie Affen auf dem berühmten Felsen leben. Als bis auf zwei weibliche Tiere alle Affen gestorben waren, importierten die Engländer einige junge männliche Artgenossen aus Marokko, die allerdings von den älteren wehrhaften Affendamen kurzerhand vom Felsen gedrängt wurden. Daraufhin hatte der »Officer of the Monkeys« größere und kräftigere Affen besorgt, und gerade zu der Zeit, als wir dort waren, hatte eine der Affendamen Nachwuchs bekommen. Ganz Gibraltar war außer sich vor Freude.

Nach drei oder vier Tagen legte sich der Sturm, und wir setzten über nach Afrika. Auf dem Schiff befand sich ein international bunt gemischter Haufen der verschiedensten Leute. Einige waren darunter, die hofften, in den Bergwerken Südafrikas zu Reichtum zu gelangen, während andere in den alten Kolonien ihr Glück versuchen wollten.

In Tanger, wohin wir lediglich einen kurzen Abstecher machten, klauten mir irgendwelche Spitzbuben die Chromteile meines Autos und ließen leider auch den Tankverschluß mitgehen, für den ich partout keinen Ersatz auftreiben konnte, so daß ich mich mit einem großen Korken behelfen mußte.

Der ganze Zauber des Orients nahm uns dann in der Königsstadt Fes gefangen. Ein junger Araber, der ausgezeichnet Englisch sprach, bot an, uns durch das von einer mächtigen Stadtmauer aus dem 13. Jahrhundert umgebene Gassenlabyrinth der Medina zu führen. Fast mehr noch als die baulichen Schönheiten der Koranschulen und Moscheen, zu denen wir als Nicht-Moslems keinen Zutritt hatten, faszinierte mich das farbenprächtige Treiben auf dem Basar und in den Sukhs, schmalen Sträßchen, in denen sich Handwerker und Kaufleute jeweils eines Gewerbes mit kleinen offenen Werkstätten und Läden angesiedelt hatten. Aus nächster Nähe konnte ich zuschauen, mit welcher Kunstfertigkeit, aber auch Mühe die Schmiede,

Sattler, Weber, Färber und Juweliere ihre Erzeugnisse herstellten.

Zum Abschluß des mehrstündigen Rundgangs führte der Junge uns zu einem Café, in dem die reichen Karawanenführer verkehrten, und stellte uns dort seinem Vater vor. Indem er beide Zeigefinger zusammenlegte, erkundigte der sich, ob Paul und ich Geschwister wären. Ich verneinte, und er legte daraufhin die Finger über Kreuz. Als ich ihm zu verstehen gab, wir seien auch nicht verheiratet, war für ihn klar, daß ich meinen Diener mitgebracht hatte, worüber ich mich innerlich königlich amüsierte. Bei der Frage, warum ich denn noch nicht verheiratet sei, schaltete ich sehr schnell: »Ich bin so wahnsinnig teuer, daß mich keiner bezahlen kann.« Damit bin ich in ihrer Hochachtung noch mehr gestiegen.

Wir saßen anschließend noch lange zusammen und tranken Tee mit frischen Pfefferminzblättern. Die Männer erzählten mir von ihren langen Karawanenzügen durch Mauretanien gen Süden und der Trommel der Wüste. Ein Mensch, der sie höre, sei unweigerlich verloren und würde den Sonnenuntergang nicht mehr erleben. Daß an dieser Geschichte etwas dran war, habe ich keinen Moment lang bezweifelt. In Algier bin ich später einem alten Franzosen begegnet, der eine kleine Buchhandlung betrieb und auch über dieses Phänomen Bescheid wußte. Als er einmal im Gebiet des Chebka des M'zab unterwegs war, hätte ein Freund von ihm plötzlich erklärt, er höre das Schlagen einer Trommel, was jedoch außer ihm keiner vernahm. Zwei Stunden später sei sein Kamel aus unerfindlichen Gründen ins Stolpern geraten; er fiel herunter, schlug mit dem Kopf unglücklich auf einen Stein auf und war auf der Stelle tot.

Als dann Haschpfeifen geraucht wurden, erklärten mir die Araber, daß sie nie den Fehler vieler Europäer begingen, die stets das richtige Maß überschritten.

Von Fes ging es weiter in Richtung des am Fuße des Hohen Atlas gelegenen Midelt. Im Mittleren Atlas, als wir den Col du Zad überquerten, lag noch Schnee, und es war empfindlich kalt. Hinter Zeida versperrte ein Schlagbaum die Straße, an dem eine Tafel befestigt war mit der warnenden Aufschrift »Zone de l'insécurité!« Wir ließen uns allerdings dadurch nicht an der Weiterfahrt hindern. Wenig später wurden wir von schwerbewaffneten Berbern gestoppt. Als sie erkannten, daß wir Deutsche waren, wurden sie sofort freundlich, denn sie hatten nicht vergessen, daß es Deutsche gewesen waren, die die Rif-Kabylen in ihrem Kampf gegen Spanier und Franzosen durch eine Waffenlieferung unterstützt hatten, die gemäß der sogenannten Konvention von Fes, aber gegen den erbitterten Widerstand der Bevölkerung sich über zwei Jahrzehnte mit Gewalt bemühten, die ihnen darin zugesprochenen Gebiete auch zu besetzen. Die Berber luden uns ein und haben uns Dörfer gezeigt, die von den Franzosen rücksichtslos bombardiert und schwer verwüstet worden waren. Ich konnte verstehen, daß die Berber in ihren Berggebieten, wo sie jede Schlucht und jeden Strauch kannten, den Franzosen einen erbitterten Guerillakrieg lieferten. Daß die Waffenlieferanten der Berber in der Regel Franzosen waren, die mit Yachten das Schmuggelgut anlandeten, hat mir gezeigt, daß bei so einem Geschäft, in dem es um sehr viel Geld geht – woher es sich die Berber beschaffen, wissen die Götter –, Moral nicht zählt.

Wir verließen unsere Gastgeber und nahmen Kurs auf Oujda. An der algerischen Grenze bekamen wir anstandslos unsere Pässe abgestempelt. Die Piste in Richtung Oran war rechts und links der Fahrbahn durch große Steine markiert, da sonst der Weg wegen der ständigen Sandverwehung gar nicht zu finden gewesen wäre. Ohne größeren Aufenthalt in der Hafenstadt ging es weiter nach Algier, wo ich das ziemlich strapazierte Auto als erstes in eine Werkstatt zur Durchsicht brachte. Unser Pech war nur, daß mein Geld noch nicht eingetroffen war; so mußten wir uns einige Tage nur von billigen, aber durchaus nahrhaften Gerichten aus roten Linsen ernähren.

Im Hafen sah ich zu, wie die Schiffe entladen wurden. Die Leute, die das machten, schufteten wie die Tiere für einen Hungerlohn. Beim Runterlassen von Tonnen mußte ich erleben, wie dabei einem Araber beide Beine zertrümmert wurden. Der Ärmste wurde zunächst einfach zur Seite gelegt, und man arbeitete im Akkord weiter. Das war etwas, das mich seinerzeit entsetzlich bedrückt hat.

Als mein Geld dann endlich da war, konnte ich den Chevrolet wieder aus der Werkstatt auslösen. Nachdem wir uns reichlich mit Proviant eingedeckt hatten, starteten wir zu unserer geplanten Nord-Süd-Durchquerung der Wüste mit dem Ziel, bis zum Tschadsee zu kommen.

An manchen Tagen schafften wir spielend dreißig, vierzig und mehr Kilometer, aber es konnte auch passieren, daß wir es auf nicht mehr als acht Kilometer brachten, weil wir immer wieder in Sandverwehungen steckenblieben und damit beschäftigt waren, unseren Wagen flottzumachen. Einmal saßen wir derart fest, daß wir trotz all unserer Bemühungen nicht freikamen. Wir waren heilfroh, als zwei Tage später zufällig eine kleine Karawane vorbeikam und die Kamele den Chevrolet mit verblüffender Leichtigkeit wieder befreiten.

Dennoch war das Erlebnis Wüste großartig. Die enormen Temperaturstürze, die abends nach Sonnenuntergang auftraten und bei denen die Temperatur rasch von knapp fünfzig auf etwa achtzehn Grad absank, machten mir dank eines ungarischen Hirtenpelzes relativ wenig aus. In der Dunkelheit kochte ich gern an dem kleinen Lagerfeuer, für das wir immer einen Holzvorrat mitführten, spielte auf meinem Handgrammophon Platten mit Musik von Mozart und Bach, betrachtete den Sternenhimmel, der zum Greifen nahe schien, und träumte vor mich hin.

Vielleicht lag es an der Geschichte mit der »Trommel der Wüste«, daß mir fern von Europa ähnlich gelagerte Begebenheiten durch den Kopf gingen, die mit meiner vom Vater geerbten Anlage zur Spökenkiekerei zu tun hatten.

Der Diener meines Vaters hatte mir erzählt, daß mein Vater, als meine Mutter bei meiner hochschwangeren Schwester Reichenau in Münster weilte, aufgewacht sei, weil über dem einen Ehebett eine weiße Hand erschienen sei. Als mein Vater ihm das erzählte, habe er sofort erklärt, daß Exzellenz, wenn sie zurückkehre, unter gar keinen Umständen dort schlafen dürfe, denn in dem Bett werde gestorben. Kurz darauf erkrankte mein Vater schwer, wurde häufig umgebettet und starb dann in ebendiesem Bett.

Ich selbst hatte auch schon solche Erlebnisse gehabt. Während meiner Schulzeit hatte ich einen merkwürdigen Traum, in dem ein nicht sehr großer Mann mit einem ungeheuer sympathischen Gesicht und Spitzbart vorkam. Er lag in einem offenen Sarg. In einem Brief habe ich davon einer Freundin berichtet, die sich während meiner Abwesenheit um meinen Hund kümmerte. Ein paar Tage später bekam ich von ihr Post und las, daß der Mann, den ich ihr genau beschrieben hatte, ihr eigener Vater war. So etwas ist schon eine höchst merkwürdige Gabe, aber ich habe gelernt, damit zu leben, und noch heute spüre ich manchmal deutlich Gefahrenwarnungen und richte mich danach.

Während des Zweiten Weltkriegs stand ich einmal mit meinen Koffern auf dem Perron, und in mir sträubte sich alles, den einfahrenden Zug zu besteigen. Ich bin nicht abgereist. Dieser Zug geriet unter schweren Beschuß, und es gab viele Tote.

Je weiter wir nach Süden kamen, desto teurer wurde leider der Sprit für unser Auto. In Anbetracht der schmalen Reisekasse entschieden wir uns notgedrungen zur Umkehr nach Algier, von wo aus wir uns entlang der Küste auf den Weg nach Tripolis machten.

Unser nächstes Ziel war das im italienischen Mandatsbereich gelegene Tripolis, wo wir uns die große Kolonialausstellung ansahen, bei der es wunderbare Elfenbeinschnitzereien und kunstvolle Möbelarbeiten zu bestaunen gab.

Von da aus ging es in östlicher Richtung weiter nach Leptis Magna, das im zweiten Jahrhundert nach Christus seine größte Blütezeit erlebt hatte. Dort liefen seit einiger Zeit bereits größere Ausgrabungen, bei denen umfangreiche Reste vieler öffentlicher Bauten der römischen Stadt freigelegt worden waren.

Wir zelteten an einem herrlichen Fleckchen am Meer. Paul, der sich eine böse Magenverstimmung zugezogen hatte, drückte mir seine wohlbestückte Reiseapotheke in die Hand, damit ich ihm als naturwissenschaftlicher Experte etwas Geeignetes heraussuchte. Ich ließ ihn fleißig ein schwarzes Präparat schlucken, das ich für Kohletabletten hielt. Eine Besserung seines Befindens wollte sich allerdings nicht einstellen, im Gegenteil, er mußte immer häufiger in den Dünen verschwinden und wurde zusehends dünner und schattenhafter. Als ich mich daraufhin erstmalig mit dem zur Reiseaoptheke gehörigen Begleitheft befaßte, ging mir sofort auf, daß ich mit meiner Medikamentenauswahl einen Fehlgriff getan und meinem Partner ein hochwirksames Abführmittel verabreicht hatte.

In der Cyrenaika erlebten wir die ganze unbeschreibliche Pracht des Blütenfrühlings dieser Region.

Zwischen Tobruk und dem auf ägyptischem Boden gelegenen Marsa Mabruk hatten wir das Pech, daß uns das Benzin ausging, weil auf Grund unseres provisorischen

Tankverschlusses zuviel Sprit verdunstet war. Nach dem Studium unseres Kartenmaterials meinte Paul, daß es bis zum nächsten Ort, wo es Benzin geben könne, nicht allzu weit sei. Mein tapferer Begleiter, der der Ansicht war, er müsse unbedingt das Auto bewachen, schickte mich mit einem Kompaß versehen los.

Nach einem Fußmarsch von zehn, zwölf Stunden erreichte ich in ziemlich erschöpftem Zustand eine kleine Oase, wo ich mit orientalischer Gastfreundschaft aufgenommen wurde und mich erst einmal bis zum nächsten Morgen ausruhen konnte. Am nächsten Tag bekam ich die Einladung, mir die Reiterspiele eines Stammes anzusehen, der sein Lager in der Nähe der Oase aufgeschlagen hatte. Das Lanzenstechen begeisterte mich besonders, und ich bat darum, mich auch darin versuchen zu dürfen. Offenbar machte ich dabei keine schlechte Figur – in meiner Kindheit hatten die Ulanen mir einen Speer geschenkt, mit dem ich eifrig übte – und der Scheich lud mich anschließend ein, an der Kaffeezeremonie in seinem Zelt teilzunehmen, in deren Verlauf er mir vorschlug, ihn am nächsten Tag zur Jagd zu begleiten. In der Annahme, es handle sich um einen kleinen Jagdausflug, sagte ich zu. In der Früh bestiegen wir die Reitkamele und ritten mit ihnen rund siebzig Kilometer weit. Die Pferde hatten seine Leute schon vorher in das Gebiet gebracht. Die Jagd auf Springböcke erfolgte nicht mit Falken, sondern mit jungen Adlern. Sobald ihnen die Kappen abgenommen und sie angeworfen wurden, machten sie Jagd auf die Beute und schlugen ihr die Lichter aus. Bei dem niederbrechenden Tier war sofort ein Reiter zur Stelle, der es mit seinem Messer tötete. Seltsamerweise empfand ich dieses Schauspiel nicht als grausam. Es paßte zu dieser Landschaft und der Mentalität der Menschen, und alles ging zudem sehr schnell.

Eine ganze Reihe von Tagen verging, bis wir wieder zurück in der Oase waren. Von dort ging ich mit Trägern und

Benzinkanistern zu meinem Auto. Paul war in heller Panik. Die durchlittene Angst gönnte ich ihm wegen der Feigheit, die er bewiesen hatte.

Kurz vor Alexandria blieben wir erneut wegen Benzinmangels liegen. Auf mein Winken hin hielt eine mit ägyptischen Ärzten besetzte Limousine an, die uns mit ihrem Reservekanister aus der Patsche halfen. Einer von ihnen, ein Chirurg, wie sich dann herausstellte, war der Chefarzt einer großen Klinik und bot uns an, bei ihm zu wohnen. Er zeigte mir, der jungen naturwissenschaftlich ausgebildeten Kollegin das Krankenhaus, das er leitete, und auch Abteilungen, zu denen ich sonst keinen Zugang bekommen hätte wie die der Besessenen; der Anblick, den die Trachom-Kranken, ausgemergelte Gestalten, denen fast die Augen ausgelaufen waren, boten, war beängstigend. Im Saal der Frischoperierten lag eine junge Frau, die von ihrem Mann aus Eifersucht von der Scham bis zur Brust mit dem Messer aufgeschlitzt worden war.

Alexandria als Stadt war faszinierend. In der Hafengegend führten Gaukler, die einem kurz am Hals entlangstrichen und danach die Hand voller Küken hatten, und Schlangenbeschwörer ihre Kunststückchen vor. Unter all den fliegenden Händlern fiel mir einer besonders auf, weil er ganz exzellent nachgemachte, »echt ägyptische Grabfunde« feilbot. Mit Hilfe eines englischen Lehrbuchs für Arabisch versuchte ich, aus ihm herauszubekommen, wo und wie diese Sachen hergestellt wurden – und natürlich hatte ich damit zunächst keinen Erfolg. Ich ließ aber nicht locker und setzte ihm deswegen weiter zu, bis er eines schönen Tages nachgab und mir die Fälscherwerkstatt zeigte, in der die kleinen Kunstwerke manuell produziert und mit einfachsten Gerätschaften künstlich gealtert wurden. Die Erzeugnisse, die so hergestellt wurden, wirkten verblüffend echt.

In einem der Clubs, in dem sich vorwiegend Europäer

trafen, begegnete ich eines Abends einem deutschen Archäologen, der mit seinen Studenten dort war. Als ich ihm begeistert von den Fälschern und ihren täuschend echten Arbeiten erzählte, rümpfte er nur verächtlich die Nase und weckte dadurch meinen sportlichen Ehrgeiz. Da ich die Stelle kannte, wo er mit Ausgrabungen beschäftigt war, ließ ich mir von den Kunstfälschern ein Hieroglyphenstück präparieren und dort heimlich vergraben. Es wurde natürlich auch prompt entdeckt. Erst daheim in Deutschland hat er dann festgestellt, daß es sich bei dem Fund um einen Glückwunsch zu seinem Geburtstag handelte. »Das kann nur die verdammte Gräfin gewesen sein!« soll er daraufhin ausgerufen haben.

In Alexandria bekam ich schreckliche Zahnschmerzen und ließ mir von unserem Gastgeber einen guten Zahnarzt empfehlen. Da ich bei allen Zahnsachen sehr feige bin, ging ich mit einer fürchterlichen Angst dorthin. Ein riesengroßer, ganz in Weiß gekleideter Neger öffnete mir die Tür. Ich erschrak und blickte ihn entsetzt an, wahrscheinlich, weil ich einen Weißen oder einen Araber erwartet hatte. Mir war das denn doch etwas peinlich, und ich bemühte mich, sehr verbindlich zu sein, und erzählte ihm, wer ich sei und daß ich in Naturwissenschaft promoviert hätte. Auf meine Frage hin, wo er studiert habe, lachte er schallend und sagte mit entwaffnender Offenheit: »Nicht im Busch, sondern in Oxford.« Den Weisheitszahn, den er ziehen mußte, gab er mir hinterher mit und erklärte, wenn ich den bei Sonnenuntergang in den Nil werfen würde, bekäme ich mein Lebtag kein Zahnweh mehr. Dies fand ich dann doch sehr reizvoll. Als ich am nächsten Abend meinen Zahn suchte, war er verschwunden. Ich fragte den Boy unseres Hausherrn, ob er vielleicht wisse, wo er abgeblieben sei. Seine Antwort hat mich total verbllüfft: »Little Ali wears it on his heart.« Was hätte ich tun sollen, als er mich darum bat, ihm den Zahn zu schenken, weil ihn dies glücklich mache?

Sosehr es mir auch in Alexandria gefiel, so hieß es doch irgendwann Abschied nehmen, denn wir wollten ja weiter nach Kairo.

Im Koptischen Museum faszinierten mich ganz besonders die Vitrinen mit den Katzenmumien und deren unglaublicher Schmuck. Den alten Ägyptern war die Katze heilig. Sie waren der katzenköpfigen Göttin Bastet zugeordnet und genossen besonderen Schutz. Auf die Tötung von Katzen stand die Todesstrafe, ebenso wie auf den Versuch, sie außer Landes zu bringen. Trotz dieser strengen Gesetze stammen alle Hauskatzen Europas und des Mittelmeerraumes von diesen ägyptischen Falbkatzen ab.

Wir fuhren nilaufwärts zu den Königsgräbern bei Assuan und besuchten sie trotz des hohen Eintrittspreises von einem Pfund. Neben dem Eingang entdeckten wir ein Schild, das zur Besichtigung der einzigen auf der Welt existierenden Skorpionfarm einlud. Preis: wiederum ein Pfund. Unter einer Skorpionfarm konnte ich mir gar nichts vorstellen und ging hin. Dort traf ich einen jungen deutschen Lehrer, Sozialdemokrat, der gleich nach 1933 Deutschland verlassen hatte. Er ging nach Ägypten, lernte die Sprache und einige arabische Dialekte und entwickelte fabelhafte Ideen, um Geld zu verdienen. Die Skorpionfarm war ein einträgliches Geschäft, denn die Amerikaner strömten in Scharen dorthin. Er hielt seine Skorpione in kleinen Beton-Vierecken; wenn sie starben, konnte er sich in der dortigen Gegend jederzeit neue einfangen. Für ein weiteres Pfund extra war er bereit, einen Feuerring zu legen, in dem der Skorpion Selbstmord begeht.

Ich habe mich mit diesem jungen Mann lange unterhalten. Er erzählte mir, daß er in seiner ersten Zeit in Ägypten nachts leise auf dem Nil mit seinem Faltboot entlanggeglitten sei, weil er wußte, daß die Einheimischen in ihren Daus übernachteten, um früh am Morgen zu fischen. Er kannte die Mentalität der Leute und ihre Dämonenangst. Mit einer großen Taschenlampe strahlte er die Segel der Daus an, die dann hell aufleuchteten. Voller Entsetzen waren die Fischer davon überzeugt, daß ein böser Geist ihre Boote bedrohte. Der schlaue Bursche hat daraufhin den Fischern, die sich am nächsten Morgen über das entsetzliche Ereignis unterhielten, erzählt, er kenne den Geist und würde mit ihm verhandeln. Die Fischer, die ihm einen entsprechenden Tribut gezahlt hatten, ließ er dann mit seinem Laternenspiel in Ruhe. So hat er sich ganz schön Geld verdient.

In Kairo erreichte mich die Nachricht, daß meine Mutter gestorben sei. Die Post war so lange unterwegs gewesen, daß die Beisetzung bereits erfolgt sein mußte. Da es in dem Brief aber ferner hieß, zur Regelung der Erbangelegenheiten sei meine Anwesenheit daheim erforderlich, gab ich meinen ursprünglichen Plan, bis nach Südafrika zu fahren, auf.

Bei der Einreise nach Ägypten waren mir meine sämtlichen Grammophonplatten plombiert worden. Ich hatte dafür eine ganz erkleckliche Summe hinterlegen müssen und eine entsprechende Quittung dafür bekommen. Vor der Überquerung des Suezkanals bei Ismailia galt es erneut, den ägyptischen Zoll zu passieren, und da wollte ich natürlich den Betrag wieder zurückhaben. Der Zöllner zuckte bedauernd die Achseln und erklärte mir, er habe kein Geld. Er könne allenfalls meine Platten entplomben, aber mehr könne er nicht tun. Ich erklärte ihm klipp und klar, damit nicht einverstanden zu sein, woraufhin er sich schrecklich wand und meinte, es wäre möglich, daß das Geld in ein paar Tagen käme.

»In Ordnung«, sagte ich seelenruhig. »Ich habe Zeit und kann warten.« Zu seinem großen Erstaunen schlug ich am Ufer des Kanals mein Zelt auf. Jeden Abend kreuzte Hassan dort auf, um wortreich zu beteuern, das Geld sei noch nicht da.

»Das macht nichts«, versicherte ich ihm und hielt weiter die Stellung.

Wir spielten dann sogar Schach miteinander, bis er am fünften Tag schließlich aufgab und mir unter schweren Seufzern und einer unsäglichen Leidensmiene den hinterlegten Betrag aushändigte. Nun konnten wir uns über den Kanal setzen lassen.

Auf grauenvollen Sandpisten steuerten wir El-Arish, den Hauptort der Sinai-Halbinsel, an, kamen aber nur bis kurz vor Masur, weil unser Motor streikte: Ventilschaden. Zwei schwarze Soldaten der Sinaitruppe lasen mich auf und brachten mich nach Port Said zurück, um neue Ventile zu besorgen, während mein Begleiter mal wieder die Bewachung des Chevrolets übernahm. Die Soldaten meinten, für eine weiße Frau allein sei Port Said zu gefährlich, und so ließen sie es sich nicht nehmen, die Nacht, die ich in einem billigen Hotel verbrachte, vor meiner Zimmertür zu wachen und aufzupassen, daß mir nichts geschähe. Als es dann darum ging, den Motor zu reparieren, entpuppten sie sich auch noch als ungeheuer geschickte Monteure, die wußten, wie man so etwas anpackt.

In El Arish besuchte ich den britischen Commissioner, an dessen Amtssitz sich bis zum zweiten Stock Geranien hochrankten. Mr. Jarvis, von dem das ausgezeichnete Buch »Sinai – Yesterday and Today« stammt, hielt mich nach kürzester Zeit offenbar für vertrauenswürdig, denn er erzählte mir, daß sich bei ihm drei junge Deutsche versteckt hielten, die von der französischen Fremdenlegion desertiert waren und die er per Zufall im Zustand der totalen Erschöpfung in der Wüste Sinai aufgelesen hatte. Mr. Jarvis bat mich, für ihn den Dolmetscher zu spielen. Die Legionäre hatten nur einen Wunsch: zurück nach Deutschland. Dem stand allerdings eine zwischen Engländern und Franzosen bestehende Auslieferungsvereinbarung im Wege.

Als Jarvis von einem deutschen Schiff erfuhr, das den Suezkanal passierte, hatte er eine brillante Idee. Er fuhr die Burschen bis an den Rand des Kanals. Sie sprangen ins Wasser, schwammen los und wurden von dem deutschen Frachter an Bord genommen.

Irgendwie aber muß der High Commissioner, Mr. Greene, in Kairo Wind von der Sache bekommen haben, denn er zitierte Jarvis zu sich. Voller Spannung wartete ich auf seine Rückkehr. Wie nicht anders zu erwarten, hatte sein Vorgesetzter Jarvis zunächst wegen seines alles andere als korrekten Verhaltens eine gehörige Rüge erteilt. Als er abends bei den Greenes zum Dinner eingeladen war, hatte Jarvis den High Commissioner nach dem zweiten Glas Whisky gefragt: »Mr. Greene, was hätten Sie denn an meiner Stelle getan?« Die lakonische Antwort lautete: »Genau das gleiche.«

Als Javis sich wegen anderweitiger Verpflichtungen nicht in El-Arish aufhielt, fragte mich der türkische Effendi, der zur Sinaitruppe gehörte, ob ich nicht an einer Patrouillenfahrt durch die Wüste teilnehmen wolle. Seinen Informationen zufolge seien irgendwo auf der Sinai-Halbinsel Haschisch-Schmuggler unterwegs. Nicht ahnend, worauf ich mich einließ, bin ich fröhlich und unbefangen mitgefahren. Das änderte sich schlagartig, als wir auf eine kleine Karawane von acht, neun Kamelen stießen und es zu einer Schießerei kam, bei der mir die Kugeln nur so um die Ohren flogen. Die Kameltreiber hatten ihre Tiere sich niederlegen lassen und benutzten sie als Deckung. Auf Grund der waffenmäßigen Unterlegenheit blieb ihnen jedoch nichts anderes übrig, als sich schon bald zu ergeben. Eine erste Leibesvisitation der Männer und die sich daran anschließende Durchsuchung ihres Gepäcks förderte jedoch zu meiner grenzenlosen Überraschung kein Haschisch zutage. Als daraufhin einem der tödlich getroffenen Kamele der Bauch aufgeschlitzt wurde, ging mir ein Licht auf. Der

Stoff war, in Metallkapseln verpackt, den Kamelen zum Schlucken gegeben worden.

Nachdem ich mit dem ausgezeichneten Geländewagen der Engländer unterwegs gewesen war, befielen mich doch gelinde Zweifel, ob mein ramponierter Chevy die weite Rückreise bis nach Schlesien noch durchstehen würde. Kurz entschlossen verkaufte ich den Wagen an Ort und Stelle. Mit der Bahn fuhren Paul und ich nach Port Said, wo wir an Bord eines Schiffes gingen, das aus Haifa kam und nach Piräus unterwegs war. Unter den Passagieren befanden sich überwiegend europäische Juden, die in Haifa die Levanteausstellung besucht hatten. Es sprach sich rasch herum, daß die Passagiere vom billigen Zwischendeck Deutsche waren, und entsprechend unfreundlich, ja sogar kränkend, wurden wir behandelt. Eines Tages sprach ich bei einer günstigen Gelegenheit einen der Herren an, um klarzustellen, daß ich kein Nazi wäre, auch wenn ich Deutsche sei. »Außerdem habe ich persönlich überhaupt nichts gegen Juden und bin jederzeit bereit, im Notfall einem Verfolgten beizustehen.«

Der kleine freundliche Herr von etwas untersetzter Statur hörte mir interessiert zu. »Ich betone nochmals, nichts mit den Nationalsozialisten im Sinn zu haben.«

Er deutete eine Verbeugung an und stellte sich vor: »Jakob Levi, Sekretär der Belgrader Zionisten. Ich glaube Ihnen«, war sein kurzer Bescheid.

Das half, und man begegnete uns nicht mehr mit Aversionen; ich bekam sogar die Einladung, im Salon Erster Klasse eine Partie Bridge mitzuspielen.

In der Ägäis herrschte Sturm. Der damit verbundene hohe Wellengang und das Schlingern des Schiffes ließen großes Verständnis für den alten Odysseus bei mir aufkommen.

Von Piräus ging's gleich weiter nach Athen. Auf dem Bahnhof trafen wir Jakob Levi wieder und fuhren mit ihm zusammen bis Belgrad. Er lud mich herzlich ein, sein Gast zu sein, und bot an, uns die Stadt und ihre Umgebung zu zeigen. Ich fand das so fabelhaft von ihm, daß ich sofort zusagte.

Über Budapest und Wien erreichten wir Breslau, wo ich mit ganzen siebzig Pfennig in der Tasche ankam. Von einem Breslauer Hotel aus, dessen Portier ich kannte, konnte ich zu Hause anrufen und meine prekäre Lage schildern. Ein Wagen wurde losgeschickt, der uns abholte.

Rückkehr ins Reich

Nach einem halben Jahr Afrika kam ich mir daheim völlig deplaziert und verloren vor. Weil mein Bruder es von unseren Leuten verlangte, grüßten sie mich mit »Heil Hitler«, und einige glaubten, ich würde mich darüber freuen. Ich fühlte mich miserabel.

Carlos wiederum paßte es überhaupt nicht, daß ich es »gewagt« hatte, wie er sich ausdrückte, »diesen Kerl« mit nach Militsch zu bringen. Ich fand sein Verhalten beschämend und das Ganze so unerfreulich, daß ich Paul bat, am nächsten Tag doch lieber wieder abzureisen. Die Spannungen zwischen uns wurden dadurch aber nicht weniger, denn mein Bruder überhäufte mich mit Vorwürfen, daß ich in der Welt herumgereist und nicht zu erreichen gewesen sei, als unsere Mutter starb, und nicht einmal bei ihrer Beerdigung zugegen war. Meine junge nette Schwägerin – sie war neunzehn, mein Bruder achtundzwanzig, als sie 1933 geheiratet hatten – versuchte vergebens, ihren Mann zu beschwichtigen. Nur ihr zuliebe und weil sie mich so herzlich darum bat, bin ich noch bis zum neunundzwanzigsten Geburtstag meines Bruders, der kurz bevorstand, dageblieben.

In Militsch traf ich auf der Promenade einen meiner ehemaligen Mitschüler, Rudi Jutkowski, inzwischen ein hoch aufgeschossener, rothaariger, etwas introvertiert wirkender junger Mann. Ich hakte mich freundschaftlich bei ihm unter, und bevor ich noch meine Frage loswerden konnte, wie es ihm denn ginge, hatte er mir seinen Arm entzogen und sagte hastig, fast entsetzt: »Nicht! Bitte! Ich bin doch Jude!« Das hat mich sehr betroffen gemacht.

Die Geburtstagsfeier meines Bruders verlief einigermaßen erträglich für mich, weil unter den Gästen eine Menge junger Leute waren, mit denen ich aufgewachsen bin. Daß ich viele von ihnen bei dieser Gelegenheit zum letzten Mal gesehen habe, konnte ich damals nicht ahnen. Trotzdem war es das erste Fest in meinem Elternhaus, auf dem ich nicht mehr wagte, meine wirkliche Meinung frei zu äußern. Was mir bei den Anwesenden auffiel, war die Tatsache, daß die Protestanten unter ihnen in einem weit höheren Maße pro-nationalsozialistisch eingestellt waren als die Katholiken.

Was die weitere Zukunft anbetraf, verließ ich Militsch jedenfalls mit einem ziemlich unguten Gefühl. In Berlin besuchte ich viele alte Bekannte und wohnte dort bei Dr. Georg Hahn, dem Vater meiner jüdischen Freundin Brigitte, zu der ich seit der Zeit in der Pension Koch/von Kuhlwein nie den Kontakt verloren hatte. Seine Söhne hatten bereits das Land verlassen und waren ausgewandert. Der eine war nach Brasilien gegangen, der andere nach England. Er selbst brachte es noch nicht über sich, mit Frau und Tochter diesen Schritt nachzuvollziehen. Bis es gar nicht mehr anders ging, ist er in Berlin geblieben.

Natürlich habe ich auch Fräulein von Kuhlwein meine Aufwartung gemacht. Sie sprach mit großer Liebe und Sorge speziell über die ehemaligen jüdischen Schülerinnen, die bei ihr gewohnt hatten. Es war beeindruckend, wie sie zu den Menschen stand, die sie einmal unter ihre Fittiche genommen hatte. So klar wie nur wenige sah sie die weitere politische Entwicklung voraus, obwohl Hitler sich noch als Mann des Friedens bejubeln ließ.

Anfang Juni 1934 kehrte ich ganz nach München zurück, stieg zunächst bei Freunden ab, bis ich eine hübsche Wohnung in der Ungererstraße auf der Höhe des Nordfriedhofs fand. Der Münchner Freundeskreis war kleiner geworden, und politische Gespräche wurden nur noch in gedämpftem Ton geführt. Die Macht des Polizeistaats war allenthalben spürbar. Einer, der sich darum herzlich wenig kümmerte, war der in Schwabing lebende Privatgelehrte und Literat C. G. Maaßen, um den sich ein Freundeskreis geschart hatte, der im kulturellen Leben Münchens eine Rolle spielte. Ich besuchte ihn einmal in seiner Wohnung, in der sich die bibliophilen Kostbarkeiten nur so stapelten. Selbst die Fensternischen waren zu Bücherregalen umfunktioniert. Meine Verwunderung bemerkend, sagte er: »Fenster brauche ich keine, da ich sowieso nur nachts arbeite und tagsüber schlafe.« Seine Haushälterin litt zwar unter der permanenten Dunkelheit, ertrug sie aber, weil er als Mensch einfach bezaubernd war.

Um meine Apanage aufzubessern, verdingte ich mich nach dem Motto »Kleinvieh macht auch Mist« gelegentlich als Dolmetscherin oder schrieb Artikel auf Zeilenhonorarbasis. Meine am muntersten sprudelnde Geldquelle aber waren die Reitschulen, in denen die Pferde der reichen Leute standen, denen oftmals die Zeit fehlte, ihre Tiere täglich zu bewegen. Dies habe ich dann für sie besorgt und dabei so gut verdient, daß ich mir einen kleinen DKW leisten konnte. In Geiselgasteig habe ich mit sehr viel Spaß als Reiterdouble gearbeitet, unter anderem auch für Charlott Susa, die in ihren Filmrollen zumeist elegante Salondamen spielte.

Aus meiner nach wie vor bestehenden Liebe zum Kabarett erwuchs auch eine persönliche Sympathie für Walter Victor Hillbring, der sich mir bereits vor meiner Afrikareise sehr zugetan gezeigt hatte. Obwohl er mit seinen über vierzig Jahren viel zu alt für mich war, war ich doch fasziniert von der enormen Ausstrahlung, die er besaß, und seinen blendenden Manieren. Im Lauf der Zeit entwickelte sich eine enge Freundschaft. Schnell ist so etwas bei mir ja nie gegangen.

Im Sommer kamen, wie jedes Jahr, meine englischen Freunde, die Fleetwood-Hesketh, nach Bayern, wo sie ein Haus in Pöcking, in der Nähe des Starnberger Sees, mieteten. Ich war oft bei ihnen draußen, wobei es allerdings auch zu harten politischen Kontroversen kam. Es machte mich betroffen, daß die ganze Familie das Nazitum nur nach äußeren Kriterien beurteilte.

Die wirtschaftlichen Erfolge in Deutschland waren offenkundig. Die Arbeitslosen verschwanden von den Straßen, die Rüstungsindustrie wurde aufgebaut. Die Menschen neigten dazu, alles zu beschönigen, weil es ihnen wirtschaftlich besserging. Es war fast unmöglich, ihnen begreiflich zu machen, daß Hitler nicht ein Mann des Friedens war. Sie glaubten seinen Reden und daß er Polen beschützen, keine Ansprüche auf andere Territorien stellen, den Frieden in Europa stabilisieren und ein starkes Bollwerk gegen den Bolschewismus errichten wolle. Die antibolschewistische Hetze, die in jeder seiner Reden zum Ausdruck kam, schien dem Unbehagen, das sich für viele mit dem Begriff Bolschewismus verband, entgegenzukommen.

Zu den schöneren Erinnerungen an diesen Sommer gehört ein Besuch der Salzburger Festspiele mit meinen englischen Freunden. An der »Jedermann«-Vorstellung, die wir uns ansahen, beeindruckte mich ganz besonders, daß beim Auftritt des Todes auf dem Domplatz sämtliche Tauben aufflogen. Daß dieser grandiose Effekt per Zufall nur zustande gekommen war, konnte ich nicht glauben, obwohl es mir völlig schleierhaft war, wie die fliegende Komparserie regiemäßig gelenkt werden könne. Um dieses

Phänomen, so es denn eines war, zu ergründen, bin ich nach der Aufführung einfach zu dem Inspizienten hingegangen und habe ihn danach gefragt. Der hat erst mal fröhlich und breit gegrinst, bevor er sich zu der Erklärung bequemte: »Wissen 'S, dös is so . . .« Des Rätsels Lösung war verblüffend einfach, da die Tauben jeden Abend aufflatterten, wenn die untergehende Sonne einen breiten Schatten vom Kirchturm über den Platz warf. Der Aufführungsbeginn orientierte sich einfach an diesem Zeitpunkt. Das nenne ich Regie!

Im Herbst fuhren meine Freunde nach England zurück. Sie luden mich ein, sie im Winter zu besuchen. Dort verbrachte ich einige wirklich unbeschwerte Wochen. Alles Bedrückende war auf einmal so weit weg, und es war eine Wohltat, nicht jedes Wort, das man sagte, auf die Goldwaage legen zu müssen. Nach einem kurzen Aufenthalt in London fuhren wir auf den Heskethschen Besitz in Cumberland an der Irischen See, um Weihnachten dort zu verleben. Nach den Festtagen machte ich die erste Fuchsjagd mit, bei der die Jäger nicht ritten, sondern zu Fuß laufen mußten, was ich anstrengend, aber sehr interessant fand.

Ende Februar 1935 kehrte ich nach München zurück. Die Atmosphäre war noch bedrückender geworden. Sich gegenüber Freunden brieflich oder telefonisch offen zu äußern war nicht mehr möglich, da Post geöffnet und kontrolliert und Telefonate abgehört wurden. Ein falscher Satz konnte bereits genügen, um in Schutzhaft genommen zu werden – und Schutzhaft hieß KZ. Das Gefühl, du mußt wieder raus, wurde in mir immer stärker, und ich war froh, daß auch Hillbring mein Gedanke, für eine Weile nach Jugoslawien zu fahren, zusagte.

Im späten Frühjahr 1935 brachen wir mit meinem kleinen DKW zur Fahrt entlang der istrischen Küste auf. In der

Nähe von Dubrovnik besuchten wir Walters Freund von Achenbach. Er hatte ein kleines Krokodil zu Hause, Ali genannt. Das Tier tat mir leid, weil es ewig in der häuslichen Badewanne saß. Ich habe erst einmal der Hausfrau einen Gürtel entwendet, bei ihm Maß genommen und mir dann daraus ein feines Geschirr angefertigt, das sich Ali, als es soweit war, auch ganz brav anlegen ließ. Auf der Fahrt zum Strand teilten mein Dackel und er sich brüderlich den Rücksitz des Autos. Mit Ali unter den linken Arm geklemmt, dem vergnügt umhertollenden Dackel und mit dem Leinenbeutel mit Handtuch und dem ordentlichen grünen preußischen Schwimmanzug darin, steuerte ich den Strand an. Daß bei unserem Anblick so mancher verwundert den Kopf geschüttelt hat, störte mich nicht. Ali jedenfalls genoß es sichtlich, sich mit mir an einer langen Wäscheleine im brakkigen Wasser der Bucht zu tummeln, und sein Hang, gelegentlich an Land in dicke Waden zu zwicken, förderte die optische Schönheit dieses Strandabschnitts.

Dubrovnik war zu dieser Zeit voller Emigranten. Es war leicht, nette Leute kennenzulernen, denn Walter Hillbring war ein fröhlicher und geselliger Mann, der selbst viele Freunde dort hatte und mit den Leuten, die ich kennenlernte, prima auskam. Wir waren ja auch weder verlobt noch verheiratet. Morgens in der Früh fuhr ich hinaus aufs Meer und fing Fische, von denen ich viele Arten noch nie zuvor gesehen hatte. Und abends ging man in das Caféhaus und tanzte bis in die frühen Morgenstunden.

Eines Abends, auf dem Nachhauseweg von Freunden, bekam ich plötzlich Hunger und ging in das nächstbeste Lokal. Man sah mich etwas erstaunt an, als ich mit meinem Dackel hereinkam. Ich setzte mich an einen Tisch, bestellte etwas zu essen und wurde das Gefühl nicht los, daß man mich beobachtete. Manchmal bin ich ja nicht sehr helle, und erst als Mädchen auf der Bühne zu tanzen begannen und sich die Kneipe mit Matrosen füllte, merkte ich dann, wo ich gelandet war. Ähnlich war es mir einmal in Wien ergangen, als ich dort todmüde ankam und ein Zimmer verlangte. Die Leute waren sehr verlegen, aber ich wollte nur schlafen. So bekam ich ein sehr schönes Zimmer. Am nächsten Morgen entdeckte ich dann, daß ich in einem Puff übernachtet hatte. Ich zahlte meine Rechnung, und die verschämte ältere Frau sagte: »Hoffentlich haben Sie gut geschlafen.« – »Wissen Sie, wenn ich müde bin, schlafe ich überall gut«, antwortete ich.

Nach vier Wochen mußten wir leider wegen Walters Engagement nach Deutschland zurück. Mein DKW machte allerdings nun Schwierigkeiten, wenn's ums Anspringen ging. Ich mußte ihn deshalb immer auf irgendwelchen Erhebungen parken und ihn dann bergab rollen lassen, um ihn wieder in Gang zu bringen. In Padua brachte ich dann mein Gefährt in eine Werkstatt, um es reparieren zu lassen.

Am Abend sagte Hillbring zu mir: »Nachdem wir uns so gut vertragen haben, glaube ich, werde ich von der Idee, ewiger Junggeselle zu bleiben, abrücken. Ich meine, wir könnten es probieren.« Das war sein Heiratsantrag.

Unsere Freunde nahmen diese Nachricht mit spontaner Freude auf, während sich mein Bruder erwartungsgemäß sperrte. Carlos ließ mich lediglich wissen, daß er meine Absicht zur Kenntnis genommen habe. Die einzige, die freundlich reagierte, war meine Tante Auguste, die Schwester meines Vaters, die mir einen reizenden Brief schrieb: »Ihr seid beide Protestanten. Ihr habt also die gleiche Religion. Ich sehe nicht ein, warum dann eine Ehe nicht geht.« Von einer Frau aus ihrer Generation fand ich das großartig.

Als ich meiner Freundin, der Schriftstellerin Christa Winsloe erzählte, daß ich heiraten wolle und mir meine Familie wohl keine Hochzeit ausrichten werde, sagte sie spontan: »Das übernehme ich.« Und das tat sie dann auch und richtete sowohl den Polterabend als auch die eigentliche Hochzeit aus. Christa gab ein sehr schönes Diner für uns und unsere Freunde, und später am Abend entschlossen wir uns, noch alle in die »Brennessel« zu gehen, ein bekanntes Künstlerlokal, das wir häufig besuchten. Der Wirt gab uns ein Hinterzimmer, in dem ein Hitlerbild hing. Wir tranken dort einen, und irgend jemand sagte zu mir: »Du schießt doch so gut. Kannst du dem Hitler nicht mal die Augen ausschießen?« – »Na, hör mal«, antwortete ich, »zum Brautkleid trage ich doch keine Waffe«. Jemand drückte mir dann einen Revolver in die Hand und dann reizten sie mich so lange, bis ich aufstand und schoß. So schlecht fand ich die Idee ja auch nicht. Das Lamento des Wirts war groß. Er war einem Zusammenbruch nahe, aber wir konnten ihn beruhigen. Wir hatten ja den Maler Großmann dabei, und der sagte: »Kommen Sie, regen Sie sich nicht auf. Bis morgen Mittag um zwölf hat er neue Augen.« Von da an schielte der Führer ein wenig.

Kurz darauf zogen wir nach Berlin. Hillbring wollte weg, weil ihm München »zu braun« geworden war. Ich fand zwar für uns eine recht nette Wohnung in der Rankestraße 1, aber trotzdem war dieser Entschluß nicht sonderlich gut, denn mit seinem eher etwas tiefgründigen denn schnoddrigen Humor kam Hillbring beim Berliner Publikum nicht so richtig an und mußte sich mit Korrepetieren zufriedengeben.

Ich selbst fand eine Anstellung im Verlag der »Silbernen Bücher«, der Kunstbände herausbrachte.

Hillbring war ein Typ, der viel und gern ausging, was aber hier in Berlin eine Frage der Finanzen war, denn er verdiente so gut wie nichts. Von Zeit zu Zeit verschwand er. Er pflegte dann zu sagen: »Ich geh jetzt ins Romanische Café – bis gleich.« Na ja, und dann kam er nach zwei, drei Tagen wieder, meistens zur Teezeit. Langsam gab mir dies zu denken. Ich sagte zu meiner Zugehfrau: »Frau Paul, sollte mein Mann nach Hause kommen, bestellen Sie ihm, ich wäre ins Romanische Café gegangen. Bis gleich.« Er kam zurück und fragte, wo ich denn sei, und als Frau Paul es ihm sagte, wurde er sehr unruhig. Ich hielt mich an die Spielregeln und kam ebenfalls nach drei Tagen zur Teezeit heim. Ich fand ihn mit einem langen Gesicht vor. Und dann sagte er die bedeutungsvollen Worte: »Es gibt, das mußt du wissen, einen biologischen Unterschied zwischen Mann und Frau.«

»Du bist gut«, sagte ich, »immerhin hab' ich den Dr. rer. nat.« Und dann setzte ich plötzlich ein großes, erstauntes Gesicht auf und fragte ihn ganz unschuldig: »Bist du etwa fremdgegangen? Darauf wäre ich nie gekommen!« Da fing er schallend an zu lachen und bekannte: »Eigentlich bin ich blöd, ich hab's ja zu Hause besser.«

Eines Tages traf ich nach einer von Hillbrings Touren Lale Andersen wieder, die ich von München her gut kannte, weil sie ebenfalls bei Kathi Kobus engagiert und im »Simpl« aufgetreten war. Wir unterhielten uns, und ich erzählte ihr, daß ich verheiratet sei. »Komm doch zum Tee, der Hille wird sich freuen.«

»Du, das ahnte ich nicht«, sagte sie lachend.

Ich wußte daraufhin sofort Bescheid, denn mein Mann hatte schon immer ein ausgesprochenes Faible für Lale gehabt.

Als wir gemütlich beisammensaßen, kreuzte der Herr des Hauses auf, bekam einen roten Kopf und wurde wunderschön verlegen, was wir beide mit boshafter Freude sehr genossen. Lale machte ihn daraufhin ziemlich zur Schnecke, hieß ihn einen ausgemachten Schuft, weil er ihr gegenüber mit keinem Wort erwähnt hatte, daß er und Maruska ... und so weiter und so fort. Mein Mitleid für ihn hielt sich dabei allerdings in Grenzen.

Kurz vor Beginn der Olympiade reiste ich nach England zur Hochzeit der jüngsten Tochter der Fleetwood-Heskeths. Auf der Fahrt von Berlin nach Holland saß mir ein sehr charmanter Herr gegenüber. Vor der Grenze packte er eine Ananas aus und stellte sie auf das Tischchen neben seinem Platz. Dann kam der Zoll. Meine Sachen wurden kontrolliert, seine gründlich durchsucht. Dann nahmen sie ihn mit. Ich hatte das Gefühl, daß man ihn angezeigt hatte, und zog zunächst einmal seine Ananas zu mir herüber, schnitt die oberste Scheibe ab und begann genüßlich zu essen. Nach einer ganzen Weile kam der Besitzer der Ananas mit aufgetrennten Schulterpatten, abgetrennten Schuhabsätzen und ohne Schuhsohlen zurück. Als wir die Grenze hinter uns hatten, fragte ich ihn: »Hätten Sie Ihre Ananas gern wieder?« Er lachte laut auf und fragte: »Wie sind Sie darauf gekommen?« – »Alles Instinkt«, erwiderte ich, und dann erzählte er mir, daß der ganze untere Teil der Ananas mit Diamanten und Brillanten gefüllt wäre. Zusammen gingen wir in den Speisewagen und feierten das Schnippchen, das wir dem Zoll geschlagen hatten.

Zur Olympiade fuhr ich nach Deutschland zurück. Auf Grund des großen Interesses, das diesem Ereignis entgegengebracht wurde, bekamen wir viel Besuch, vor allem von unseren Münchner Freunden. Ich selbst habe auch einen Nachmittag im Olympiastadtion verbracht und muß sagen, ich war beeindruckt. Man mochte zu den Nationalsozialisten stehen, wie man wollte, doch wie sie dieses sportliche Zusammentreffen der Jugend der Welt organisierten, war schon imponierend.

Nachdem sich in den leichtathletischen Sportwettbewerben herausstellte, daß auf den Kurzstrecken farbige Männer und deutsche Frauen die Sieger stellten, meinten die Berliner, man müsse bloß nach guter Hitlermanier diese Elite paaren, um Superläufer zu bekommen.

Karten für die Veranstaltung zu bekommen war allerdings ziemlich schwierig. Als Dr. Hahn mich anrief, um sich zu erkundigen, ob ich eine Möglichkeit wüßte, noch welche für die Military zu ergattern, weil seine Tochter Brigitte sich die so gerne ansehen wollte, war ich zunächst ratlos, weil dies an sich völlig unmöglich war. Trotzdem behauptete ich, mir würde schon noch was einfallen.

Jedenfalls holte ich meine Freundin mit meinem neuen roten Austin-Flitzer ab, und wir fuhren zum Military-Gelände. Karten besaßen wir natürlich keine. Als wir bei der Kontrolle danach gefragt wurden, sagte ich ganz von oben herab: »Erkennen Sie mich etwa nicht?«

Das wirkte, und genau darauf hatte ich spekuliert. Wir wurden durchgelassen und konnten die Military aus nächster Nähe erleben und wagten uns sogar zu dem Hochsitz vor, auf dem Feldmarschall Blomberg sein Scherenfernrohr aufgestellt hatte. Er nickte uns höflich zu, ohne zu wissen, wer wir waren. Über dieses kleine Husarenstück habe ich mich noch lange diebisch gefreut.

Nach der Olympiade kehrte mein Mann nach München zurück. Er hatte in Berlin nicht den erwarteten Erfolg und wollte alles, wie er das nannte, überdenken. Unsere Möbel ließ er aber schon mal abholen, da ich Berlin nicht sogleich verlassen wollte. Ende 1936 erkrankte ich schwer und wurde in die Trautenau-Klinik gebracht. Ich hatte eine Blinddarmvereiterung, die über Jahre nicht erkannt worden war, da der Blinddarm verlagert war. Die Entzündung hatte auch auf andere Organe übergegriffen. Es ging mir sehr schlecht. Kurz vor Weihnachten flatterte mir die Scheidungsklage meines Mannes aufs Bett. Ich war etwas überrascht, denn er stellte mich als Ehebrecherin hin, was ich nun doch unverschämt fand. Als ich aus dem Krankenhaus entlassen wurde, fuhr ich nach München, um die Sache mit ihm in Ruhe zu regeln. Daraus wurde aber nichts, und unser Kleinkrieg begann, der die ganze Angelegenheit äußerst unerfreulich machte. Nach langem Hin und Her wurde die Ehe geschieden.

Zum entscheidenden Gerichtstermin war ich persönlich in München. Im Anschluß an die Verhandlung lud mich der Rechtsanwalt meines Mannes, mit dem ich ebenfalls befreundet war, noch auf ein Paar Weißwürste in die Justiz-Kantine ein. Plötzlich kommt mein Münchner Korrespondenzanwalt an unseren Tisch gestürzt und erklärt mit viel Bestimmtheit: »Herr Kolleg', damit 'S wissen, die Weißwürscht meiner Mandantschaft zahl fei i.«

Obwohl mir eigentlich nicht danach zumute war, mußte ich doch über diese Art klarer juristischer Frontenziehung lachen. Die Frontenbegradigung mit Hillbring fand zwei Jahre später statt, und wir blieben bis zu seinem Tod gute Freunde.

Noch als ich in der Klinik lag, bekam ich Besuch von der Gestapo, die mir vorwarf, ihren Informationen zufolge sei ich in Afrika als Agentin tätig gewesen. Ganz offenkundig war ich denunziert worden – nur konnte ich mir nicht vorstellen, von wem. Als ich dann erfuhr, daß meine aus dem Baltikum stammende Freundin Ea von Carlberg, die Schwester der sehr berühmten Ausdruckstänzerin Sent M'Ahesa, die ägyptische Reliefe choreographisch verwertete, und die Frau des Scherenschneiders Ernst Moritz Engert von der Gestapo vorgeladen und sehr eingehend über meine Person befragt worden waren, erinnerte ich mich an einen gemeinsam verbrachten Abend in meiner Wohnung, bei dem auch ein junger Tiroler zugegen gewesen war, den ich als eine schlechte Taschenbuchausgabe von Luis Trenker empfunden hatte. Wichtigtuerisch erzählte er alle möglichen Geschichten, aus denen hervorging, wie er persönlich unter dem Einmarsch der Italiener zu leiden gehabt hatte. Das erboste mich derart, daß ich ihm vorhielt, er könne zu der Zeit höchstens zwei oder drei Jahre alt gewesen sein, habe wahrscheinlich auf dem Nachttopf gesessen und von dieser Position aus die politischen Ereignisse wohl nicht mitbekommen. Als Quittung hat er mir die Gestapo auf den Hals geschickt, die zum Glück meinen Aussagen geglaubt hat.

Anfang 1937 wurde ich aus der Klinik entlassen und kehrte in mein möbliertes Zimmer am Breitenbachplatz zurück, das ich mir nach Hilles Abschied in Richtung München genommen hatte. Einer der mit dieser Unterkunft verbundenen Haken war der Haustürschlüssel und die Art und Weise seiner Handhabung. Das Monstrum mußte beim Aufsperren zunächst ganz normal bis zum Anschlag ins Schloß gesteckt und zweimal nach rechts gedreht, dann ein Stück vorgezogen und einmal links herum betätigt werden. Bei diesem etwas komplizierten Aufschließverfahren rächte es sich bisweilen, wenn sich bei meiner Rückkehr vom Künstler-Stammtisch der kleinen Kneipe »Reich« am Nürnberger Platz herausstellte, daß ich etwas zu tief ins Glas geschaut hatte. Die Zeit, die ich benötigte, um den Schlüssel wieder zu »beherrschen«, habe ich dann entweder bei schönem Wetter auf den Stufen der Villa oder in meinem Auto überbrückt.

Meine Kontakte zu München und dem katholischen Widerstand waren auch in Berlin nie ganz abgerissen. Eines Tages fragte mich jemand, ob ich nicht kurzfristig einen Mann bei mir aufnehmen könnte, der aus dem Lager Sonneberg entlassen worden sei. Ich habe dies getan, und es war das erste Mal, daß mir ein Mensch unter die Augen kam, der von den Nazis in einem KZ geschunden worden war. Vom Nacken hinunter zum Steißbein war alles schwarz von den Schlägen, die er erhalten hatte.

Ich schrieb in dieser Zeit sehr viel, etliche populärwissenschaftliche Artikel, vor allem aber wunderbar schnulzige Tiergeschichten, so etwa nach dem Motto »Wen Gott liebt, den nimmt er früh zu sich«, bloß eben auf Katzen oder Hunde übertragen. Im Gegensatz zu meinen seriösen Arbeiten wurde mir dieser Tränendrüsenquatsch von den Redakteuren förmlich aus der Hand gerissen, weil so etwas immer gut bei den Leuten ankommt. Das Autorenpseudonym, das ich mir dafür gewählt hatte, bestand in in einer einfachen Umkehrung meines Namens: Naztlam.

Einmal bekam ich den famosen Auftrag, über den Humor der SA zu schreiben. Also habe ich die einschlägigen Lokalitäten abgeklappert, um Stoff zu sammeln. Die Witze, die da so gerissen wurden, waren alle etwa in folgender Preisklasse: Ein SA-Mann sitzt beim Bier und muß mal. Er steht auf, nimmt sein Glasauge heraus, legt es neben sein Bierglas und sagt: »Paß gut auf, daß mir keiner mein Bier klaut.« Als er auf der Toilette ist, kommt ein anderer SA-Mann daher, stülpt seine Mütze über das Glasauge und meint: »Nun siehste nichts« und trinkt in aller Seelenruhe das Bier aus. Zum Totlachen – oder?

Als eines Tages erstmals eine Gruppe von SA-Leuten in unserer Stammkneipe »Reich« aufkreuzte, ging sie uns schon allein deswegen auf den Wecker, weil immer, wenn einer der Ihren neu dazukam, »Sieg Heil! Sieg Heil! Sieg Heil!« zur Begrüßung gebrüllt wurde.

Zu fortgeschrittener Stunde gesellte sich der Zeichner Schäfer-Ast zu unserer Runde und wurde ebenfalls markig willkommen geheißen: »Schäfer-Ast! Schäfer-Ast! Schäfer-Ast!« Diesen Gruß dehnten wir dann auf alle Stammtischmitglieder aus.

Die SA-Leute fühlten sich nicht ganz zu Unrecht veräppelt, und zwei von ihnen kamen mit hochroten Köpfen an unseren Stammtisch, um sich zu beschweren. Ich habe sie dann ganz ruhig darüber aufgeklärt, daß diese Art der Kneipenbegrüßung bereits eine alte Tradition habe und schon zu einer Zeit gepflegt worden sei, als es die SA noch gar nicht gegeben hätte. Wenn also jemand Grund habe, sich persifliert zu fühlen, dann allenfalls wir. Aber was dies anbelangte, seien wir tolerant.

Da keinem der beiden darauf eine passende Antwort einfiel, haben sie sich, wenn auch etwas skeptisch, wieder zu ihren Kameraden zurückgetrollt.

Außer für den Blätterwald arbeitete ich noch für den Rundfunk und fabrizierte zum Teil grauenhafte Hörspiele, die ins Englische, Spanische und Portugiesiscche übersetzt und über die Richtstrahlsender in die englischen Mandatsgebiete und nach Südamerika ausgestrahlt wurden. Mein erstes Schreckensstück handelte von dem Diktator Franca in Paraguay, in dem es galt, Parallelen zu ziehen und aufzuzeigen, wie schlimm es in anderen Diktaturen zuging und wie gut es Deutschland hätte. Für ein anderes Hörspiel über den Burenkrieg bekam ich die Vorgabe, die Engländer schlechtzumachen. Dem Dramaturgen war dies offenbar nicht drastisch genug, denn er hat meinen Text noch gewaltig »verbessert«. Etwa in dem Stil: Die Engländer zündeten Burenhäuser an, und einer von ihnen hatte zu sagen: »Der verwundete Bure hier wird gleich mitverbrannt.«

Mit einem Stück über Cromwell bin ich dann allerdings ziemlich angeeckt, weil ich es etwas zu deutlich als eine Persiflage auf das angelegt hatte, was sich in Deutschland tat. Ich habe ganz erstaunt getan, erklärt, mir sei dies überhaupt nicht aufgefallen und so weiter, und man hat mir dies sogar abgenommen.

Obwohl ich, was das Schreiben anbetraf, mehr als nur ausgelastet war, habe ich mir aus Gutmütigkeit noch eine recht umfangreiche Übersetzung aufhalsen lassen. Freudestrahlend verkündete mir nämlich meine Freundin Ea von Carlberg, sie habe den Auftrag in der Tasche, ein Buch über Sir Walter Raleigh ins Deusche zu übertragen. Ganz erstaunt fragte ich sie: »Sag mal, kannst du denn überhaupt Englisch?« – »Nein«, entgegnete sie fröhlich, »aber du, und da hab' ich mir gedacht, du wirst das schon machen.«

In Anbetracht der finanziell prekären Situation, in der Ea sich befand, war es für mich keine Frage, ihr zu helfen.

Da ich mir mein Quartier am Breitenbachplatz unfreiwillig mit Wanzen teilen mußte, war mir das Angebot des Schauspielers und Bildhauers Walter Janssen willkommen, zu ihm in die Brabanter Straße zu ziehen, wo er sich eine Wohnung gemietet hätte, in der er mir ein Zimmer abgeben könne. Walter war ein alter Freund Hilles, und ich hatte ihm auch schon mal für eine Büste Modell gesessen.

Janssen hatte in dieser Zeit Probleme, als Schauspieler neue Engagements zu bekommen, weil er einer hübschen jungen Kollegin, auf die Goebbels ein Auge geworfen hatte, Unterricht in Bildhauerei gab, was von diesem Herrn offensichtlich falsch interpretiert wurde. Seine wirtschaftliche Lage war daher nicht rosig. Ich entdeckte jedoch eines Tages diverse Filmverträge bei ihm, die nicht eingelöst waren. Die Streifen wären nicht gedreht worden, weil die Treatments nicht der Nazi-Ideologie entsprochen hätten, erklärte er mir. In Geldbelangen anderer Leute war ich schon immer viel aktiver als in eigenen. Ich machte mich daher gut zurecht und zog zu den einzelnen Filmgesellschaften. Ich wies die Verträge vor und bat um Stellungnahme. Es war mir klar, daß es an der politischen Situation lag, verprellen wollte ich die Leute ja auch nicht. Trotzdem erreichte ich für jeden Film eine anständige Vergleichssumme, die Janssen gut gebrauchen konnte.

Etwa ein Vierteljahr später stand Janssen wieder auf der Bühne. Zusammen mit Olga Tschechowa trat er im Theater am Schiffbauerdamm in einer Inszenierung des »Blaufuchs« auf, die ein großer Publikumserfolg wurde.

Auf den Festen, die Olga gab und zu denen Janssen und

ich auch eingeladen wurden, traf man die unterschiedlichsten Menschen. Zu ihren Gästen gehörten höhere SS-Leute ebenso wie das Sport-Idol Max Schmeling, mit dem ich mich öfter und sehr angeregt über Landwirtschaft und Viehzucht unterhalten habe. Das Thema interessierte ihn deshalb, weil er sich damals ein Gut in Pommern gekauft hatte.

Meine Kontakte zu linksgerichteten Kreisen hingegen gestalteten sich allerdings zunehmend schwierig, da infolge der immer totaler um sich greifenden Überwachung die Gruppen aufgesplittert wurden. So wußten wir oft gar nicht mehr, wo Freunde abgeblieben waren.

Obwohl schon etwa ab Anfang 1938 die Zeitungen darüber berichteten, daß Deutsche in der Tschechoslowakei mißhandelt und auf der deutschen Seite der Grenze immer wieder ein von den Tschechen erschlagener Deutscher aufgefunden würde, bin ich im Frühsommer nach Niederlindewiese zu einer längeren Kur gefahren. An die Greuelmärchen habe ich nie geglaubt. Mühsam war nur, die nötigen Devisen zu bekommen, denn man mußte zur monatlichen Bewilligung seinen Reisepaß nach Deutschland schicken und saß dann zwischenzeitlich eben ohne Papiere da. In der Kuranstalt waren viele Jüdinnen beschäftigt, die auf Grund des drohenden Einmarsches der Deutschen Angst hatten und ein Pogrom befürchteten. Die Unruhe unter den Leuten wurde immer größer, und ich entschloß mich, in Richtung Ziegenhals die Tschechei über die grüne Grenze zu verlassen, da mein Paß sich mal wieder in Berlin befand.

Unterwegs traf ich auf Leute des pronationalsozialistischen Sudetenführers Henlein, der offen für den Anschluß des Sudetenlandes an das Deutsche Reich eintrat – und beging eine verhängnisvolle Dummheit. Ich wußte, daß sich mein Schwager Reichenau irgendwo in der Nähe der tschechischen Grenze aufhielt, und erkundigte mich nach ihm. Die schlauen braunen Parteigänger schlossen daraus, daß ich spionierte, und übergaben mich den deutschen Grenzbehörden, die mich sofort festnahmen. Fast acht Tage dauerten die Verhöre, und man versuchte mich mit allen Mitteln der Spionage für den Feind zu überführen.

In einem abgedunkelten Raum wurden zwei grelle Scheinwerfer auf mein Gesicht gerichtet, und ich bekam stundenlang immer wieder die gleichen Fragen mit kleinen Variationen gestellt. Wenn ich dann vor Erschöpfung zusammenbrach oder versuchte die Augen zu schließen, wurde ich entweder mit einem Eimer Wasser übergossen oder mit Gummiknüppelschlägen auf den Kopf ermuntert.

Ein SS-Mann hat mich dann auf ein freies Feld gebracht und mit vorgehaltenem Revolver gefordert: »Geben Sie endlich alles zu!« Über diese Art der Erpressung war ich so empört, daß ich den Mann angefahren habe: »Ach, so werden wohl die berühmten Leichen gemacht, die die Tschechen über die Grenze werfen.« Das zu sagen, war in diesem Moment höchst leichtsinnig, aber ich bin damit durchgekommen.

Danach haben sie es mit einer anderen Masche probiert, mich zu Aussagen zu veranlassen, die mich selbst belasteten – und zwar auf die feine Herrenart, mit Alkohol. Ich habe sehr gut und sehr lange mit denen mitgehalten, bevor ich zum Schluß umkippte.

Aufgewacht bin ich dann wieder in einem Raum des Verwaltungsgebäudes des Lagers Patschkau, in dem sich zwei Eimer mit Wasser und ein Exemplar des »Völkischen Beobachters« befanden. Meinen Rucksack, in dem sich meine Wäsche, meine sauberen Blusen und auch ein Stück Seife befanden, hatte man mir gelassen. Ich habe mich erst mal gründlich von Kopf bis Fuß gewaschen und mir aus der Zeitung provisorische Lockenwickler gebastelt, mit denen ich mir die Haare eindrehte. Als ich dann zum nächsten Verhör gebracht wurde, fühlte ich mich wenigstens frisch und sauber, obwohl mir in meiner Haut nicht wohl zumute war.

Einer der Lagerführer hatte ziemlich eindeutige Absichten, und zum Schein ging ich auf alles ein. Er führte mich in ein kleines Hotel, ich habe erst mal gut mit ihm gegessen und ihn ordentlich zum Trinken animiert. Dann sind wir mit einer Flasche Slibowitz auf das Zimmer gegangen, das er gemietet hatte, und tranken munter weiter. Ich kippte den Inhalt meines Glases, wenn es ging, unauffällig in einen Blumentopf, und Alfred wurde immer betrunkener. Irgend etwas über das Leid des deutschen Volkes lallend, ist er dann eingeschlafen. Dies Ziel hatte ich erreicht. Ich habe dann das Kabel des Zimmertelefons unterbrochen, aber so, daß es nicht gleich auf den ersten Blick zu entdecken war. Dann bin ich zum Empfang gegangen und bestellte, daß der Herr unter keinen Umständen gestört oder früh geweckt werden wolle.

Unter den vielen Flüchtlingen auf dem Bahnhof fiel ich nicht weiter auf. Noch nachts erreichte ich den Zug nach Breslau. Von dort hatte ich bald Anschluß nach Berlin, wo ich zunächst aus Gründen der Vorsicht bei Bekannten unterschlüpfte. Dort erfuhr ich auch, daß Walter Janssen zu einem Engagement nach Wien abgereist sei. Ich fuhr auch gleich zum Sender, wo inzwischen meine Arbeitsgenehmigung gestrichen worden war.

Am nächsten Morgen faßte ich dann doch den Mut, in meine Wohnung zu gehen, obwohl ich Angst hatte, daß sie überwacht wurde. Ich zog mich dort um und ging dann den Kurfürstendamm hinunter und an der Ecke Uhlandstraße zu einer Würstchenbude, die einem Altkommunisten gehörte.

»Um Gottes willen«, flüsterte er mir zu, »Sie können doch hier nicht einfach so auf der Straße rumlaufen. Das ist der helle Wahnsinn! Am Alex hängt ein Steckbrief von Ihnen.«

Das war genau das, was ich befürchtet hatte. Ich wußte, daß ich mir nun schnellstens einen guten Anwalt besorgen mußte. Ein Kunsthändler, den ich gut kannte, hat mir einen Juristen mit Parteimitgliedschaft empfohlen, weil dies für mich grundsätzlich besser sei, was mir auch sofort einleuchtete. Einen Termin zu bekommen war kein Problem. Ich schilderte dem Mann meine Lage, versicherte ihm, mit Spionage wirklich nichts zu tun gehabt zu haben, und bat ihn um Rat, wie ich mich weiter verhalten solle.

Er machte mir einen für mich beängstigenden, aber sicher ausgesprochen vernünftigen Vorschlag. »Fahren Sie zum Alexanderplatz und stellen Sie sich. Veranstalten Sie einen gehörigen Wirbel, wie man denn dazu käme, Ihnen so etwas überhaupt anzudichten. Entweder es klappt, und man läßt Sie wieder laufen, oder es geht schief, dann muß ich eben sehen, wie ich Sie mit Hilfe Ihres Schwagers Reichenau da wieder herauspauke.«

Mit sehr gemischten Gefühlen befolgte ich seinen Rat und begab mich zum Alex. Ich wurde über x Gänge geführt, und jedesmal knallten Scherengitter hinter mir runter – es war furchteinflößend. Der dickliche SS-Mann, zu dem ich gebracht wurde, hing verkatert hinter seinem Schreibtisch, gähnte ungeniert, als ich ihm meine Angelegenheit vortrug, und ich hatte den Eindruck, er höre mir überhaupt nicht zu. Da packte mich die blanke Wut. Ich griff mir das Tintenfaß, das vor ihm stand und schleuderte es an die Wand. »Was fällt Ihnen denn überhaupt ein«, brüllte ich ihn an. »Für mich geht es immerhin um meine Freiheit und meine Existenz.« Das wirkte. Er ließ eine Schreibkraft kommen, die meine Aussage zu Protokoll nahm. Anschließend unterschrieb er ein Papier, aus dem hervorging, daß die Fahndung gegen mich nicht weiter aufrechterhalten werde, da nichts gegen mich vorläge. Ich fühlte mich wie befreit, als ich als »unbescholtene Bürgerin« den Alex verlassen konnte.

Da Walter Janssen nicht mehr nach Berlin zurückkehren wollte, weil er glaubte, in Wien seien die Arbeitsverhältnisse besser für ihn, verließ ich die Wohnung und fand eine Ladenwohnung in der Detmolder Straße in Wilmersdorf, die sich bezaubernd einrichten ließ. Für mich war diese im Parterre gelegene Wohnung mit ihren zwei Zimmern ideal, denn ich konnte in ihr unauffällig jüdische Freunde und Bekannte beherbergen, die sich aus Deutschland absetzen wollten und sich ängstigten, die letzten Tage vor der Abreise in ihren eigenen vier Wänden zu verbringen. Die Lage wurde für Juden immer schwieriger, vor allem nach der berüchtigten Reichskristallnacht vom 9. zum 10. November 1938, die ich in Berlin miterlebte.

Goebbels hatte die Ermordung des deutschen Botschaftsmitglieds vom Rath in Paris durch den jüdischen Attentäter Grynszpan als Vorwand zu diesen Ausschreitungen genommen. Weiterhin erfolgte danach die Beschlagnahme des größten Teils des jüdischen Eigentums in Deutschland, und die persönliche Verfolgung der Juden wurde verstärkt.

Die Kristallnacht gehört mit zu meinen grauenhaftesten Erinnerungen: eingeschlagene Scheiben, gehetzte Menschen, Rudel von SA-Leuten und Nazis in Zivil, die sinnlose Zerstörung und Demolierung all dessen, was für jüdisch gehalten wurde.

Mit Freunden war ich in der Stadt unterwegs gewesen und bin dann mit ihnen im Auto einfach durch die Gegend gefahren, weil ich mit eigenen Augen sehen wollte, was sich da wirklich abspielte. Am meisten erschreckt haben mich die brennenden Synagogen; marodierende SA-Leute warfen die Talmud-Rollen lachend ins Feuer und verprügelten die Rabbiner. Abgesehen von der Verwüstung, die diese nationalsozialistisch verhetzte Volksmasse anrichtete – der eigentliche Bürger war ja daran gar nicht beteiligt –, sie hat an diesem Abend auch geklaut. Es war sonnenklar, daß für alle Schäden die Juden verantwortlich gemacht werden würden. Zu später Stunde habe ich dem Inhaber des »Unionsclubs«, eines eleganten Konfektionsgeschäfts, dessen sämtliche Schaufensterscheiben zertrümmert worden waren, geholfen, Teile der Ware in Privatwohnungen zu bringen.

Seitens der Partei wurde ich nun zunehmend stärker bedrängt, Mitglied zu werden oder wenigstens in die Frauenschaft oder eine ähnliche Institution einzutreten. Nach langem Hin und Her entschloß ich mich, zum Roten Kreuz zu gehen, weil ich das noch immer für das Harmloseste hielt. Die äußerst langweilige Ausbildung zur Vorhelferin habe ich über mich ergehen lassen und bin bestimmt nicht als besonders eifriges Mitglied aufgefallen. Als ich mir dann in Babelsberg in der DRK-Kammer meine Uniform abholen mußte, bin ich mit dem Kostüm erst mal zu meinem Schneider gegangen, um es ändern zu lassen, damit es wenigstens einigermaßen saß. Ich seh ihn noch heute mit spitzen Fingern den Stoff anfassen und zur Seite legen. Er versprach mir ein neues Maßkostüm in Offiziersqualität, an dem jede Litze und jedes Gauabzeichen garantiert exakt sitzen würde. Er hat das fabelhaft hinbekommen, und statt der gräßlich grauen Baumwollblusen trug ich dann seidene. Der Bereitschaftsführerin hat dies natürlich gar nicht gepaßt, und es wurde ein Uniformappell für alle abgehalten, bei dem die Dame mit dem Zentimetermaß die vorschriftsmäßige Rocklänge und so weiter überprüfte. Ihre Hoffnung, mir wegen meiner Extravaganzen eins auswischen zu können, erfüllte sich zu ihrem Leidwesen nicht, da mein Schneider hervorragend gearbeitet hatte.

Einmal pro Monat mußte ich wohl oder übel zu einem Treffen meiner Bereitschaft gehen, etwas, das mir ungeheuer auf den Geist ging. Man spielte – witzigerweise – ein Quartett, das »Die Autobahn« hieß und etwa so ging: »Der erste Spatenstich im Süden, der erste Spatenstich im Norden, der erste Spatenstich im Osten, der erste Spatenstich im Westen.« Dieses Niveau hatte die ganze Veranstaltung. Wenn wir nicht gerade Quartett spielten, mußten wir in Zweier- oder Viererreihen um die Tische marschieren und nationalsozialistische Lieder singen – auch etwas, das mir »viel Freude« bereitete. Diese stimmungsvollen Abende wurden dann immer mit einem dreifachen »Sieg Heil« beendet.

Auf Grund meiner studienbedingten Vorkenntnisse wurde ich bald selbst in den Rang einer Ausbilderin erhoben. Im Fach Anatomie, das ich unterrichtete, schnitten meine Mädchen immer ganz manierlich ab. Trotzdem bekam ich irgendwann einen gehörigen Rüffel von oben, weil ich das »Sieg Heil« am Ende der Unterrichtsstunden nicht exakt genug durchführte.

Wer mich deswegen angeschwärzt hatte, war mir ziemlich klar, es war die Frau eines Nazi-Generals. Da ich jemand bin, der sich so etwas zu Herzen nimmt, habe ich nur auf eine entsprechende Gelegenheit gewartet, mich zu revanchieren. Als eines Abends der Chauffeur ihres Mannes mit dem Wagen vorfuhr, um sie abzuholen, was ich vom Fenster aus beobachten konnte, schloß ich daraus, daß die Dame wohl etwas vorhatte. Erstmals wurde bei mir größter Wert auf den Gruß gelegt. Und weil ich fand, daß immer jemand stimmlich nachklappte, mußte dies für des Führers Ehre ordentlich geübt werden. Statt um acht endete mein Kurs dieses Mal eine glatte Dreiviertelstunde später.

Die große Menschenjagd auf Juden, die 1935 mit den Nürnberger Gesetzen eine neue Verschärfung erfuhr, eskalierte von Ende 1938 an immer mehr. Nach den Maßnahmen zur Entfernung der jüdischen Mitbürger aus dem Staatsdienst und vielen Berufen, beraubte die von Göring verfügte »Arisierung der Wirtschaft« – von der natürlich viele Deutsche sehr gut profitierten – die Juden ihrer letzten beruflichen Betätigungsmöglichkeiten. Mit ihrem Ausschluß aus höheren Schulen, Theatern, Kinos, öffentlichen Verkehrsmitteln bahnte sich der Anfang vom Ende an.

Gewissermaßen zum festen Bestand des Romanischen Cafés, in dem ich mich häufiger mit Freunden traf, gehörte auch ein jüdischer Literat, Höxter. Er war ein brillanter Kopf, äußerst gebildet und belesen und durch die Rassegesetze völlig verarmt. Wenn er von einem der Gäste zum obligaten Kaffee eingeladen wurde, bedankte er sich höflich und sagte: »Hätten Sie es nicht in bar?« Die fünfzig Pfennig hatte jeder und meist etwas mehr. Als nun im Romanischen Café keine Juden mehr geduldet wurden, ist er in den Grunewald gegangen und hat sich erhängt. Dieser Tod hat mich damals sehr erschüttert.

In einem kleinen Lokal in Halensee saß ich einmal mit den Schriftstellern Georg Zivier und Hans Novak beisammen, der mit der Tochter des Oberrabbiners von Breslau verheiratet war, selbst aber der Sohn eines Superintendenten aus einem Nachbarkreis meiner Heimat Militsch war. Als meine beiden Begleiter den Tisch in Richtung Toilette verließen, trat plötzlich ein SS-Mann an mich heran: »Ich habe den Eindruck, daß Sie hier mit Juden zusammensitzen.« Ich habe darauf schlagfertig geantwortet: »Diese Herren sind Freunde von mir aus Guatemala, und ich werde mir diese Freundschaft ganz bestimmt erhalten, denn wie sollte ich sonst an meinen guten Kaffee kommen?«

Als meine Freunde wiederkamen und ich ihnen von dem Vorfall erzählte, waren sie doch betroffen. Wir verließen das Lokal und haben es nie wieder besucht.

Der deutschen Frau bescherte Hitler im Jahre 1938 das Mutterkreuz. Es stand jeder Mutter zu, die vier Kinder in die Welt gesetzt hatte, ganz gleich, wie alt diese mittlerweile waren. Diejenigen, die sich nicht bei ihrer Parteistelle meldeten und es dort abholten, bekamen es ins Haus gebracht.

In einer Familie meines Bekanntenkreises erschienen eines Sonntags zwei BDM-Mädchen, um der zunächst völlig verdutzten Frau, deren Sprößlinge schon allesamt erwachsen waren, feierlich dieses Ehrenzeichen zu überreichen. Als sich die Wohnungstür hinter den abziehenden Maiden wieder geschlossen hatte, johlten die zum Mittagessen versammelten »Kinder« los: »Mutter, du schleppst uns doch glatt das Hakenkreuz ins Haus.«

Geistesgegenwärtig konnten sie daraufhin ihre Mutter gerade noch daran hindern, daß sie das Ding gleich wieder zum Fenster hinauswarf, wo es womöglich noch vor den Füßen der BDM-Mädchen gelandet wäre.

Natürlich hat es aber auch viele Frauen gegeben, die sich über das Mutterkreuz freuten und es mit Stolz an ihre Brust hefteten.

Seit ich in Berlin lebte, verkehrte ich gern und viel im Hause Hirsekorn. Lulu Hirsekorn war in erster Ehe mit einem weitläufigen Vetter von mir, dem Baron Helldorf-Zingst, verheiratet gewesen.

Nachdem ihr zweiter Mann, ein Jude, seine Stellung in einem jüdischen Betrieb, der enteignet worden war, verloren hatte, wurde natürlich die Frage des Wann und Wie einer Auswanderung aus Deutschland zum entscheidenden Thema. Der Vater sollte zunächst den Anfang machen. Er schloß sich einer Gruppe an, deren Führer von vornherein erst einmal sehr viel Geld dafür nahm, um Leute über die grüne Grenze nach Holland zu schleusen. In Wahrheit spielte er aber diese Menschen, die soviel Hoffnung auf ihn gesetzt hatten, der Gestapo in die Hände.

Lulu hörte daher lange nichts mehr von ihrem Mann, bis schließlich ein Brief mit der Nachricht eintraf, daß er in Duisburg inhaftiert sei.

In der Annahme, irgend etwas für ihn tun oder bewirken zu können, ist sie sofort dahin gereist. Lulu kam vollkommen verzweifelt zurück, denn die Aussicht, ihren jüdischen Mann freizubekommen, war gleich Null. Bald darauf wurde er nach Oranienburg überstellt, wo für ihn die Jahre des Leidens als KZ-Häftling begannen.

Am Morgen ihres Geburtstages im März 1939 erschienen bei Lulu zwei SS-Leute mit einem Paket und überreichten es ihr mit den Worten: »Das ist von Ihrem Mann.« Erfreut nahm sie es in Empfang. Als sie es öffnete, hielt sie seine Urne in den Händen.

Zur Beisetzung am Fürstenbrunner Weg habe ich Lulu begleitet, damit sie und ihre Tochter wenigstens nicht ganz allein waren. Einem Juden das letzte Geleit zu geben, versagte man sich damals besser.

Zweiter Weltkrieg

Noch bevor Hitler am 1. September 1939 den Angriff auf Polen eröffnen ließ, wurde die Briefzensur eingeführt. Auf Grund meiner Sprachkenntnisse wurde ich, wie viele andere Frauen und Mädchen auch, dazu eingezogen. Acht und mehr Stunden saß ich nun pro Tag im Kaisersaal am Zoo und las peinlich berührt anderer Leute Post. Ein jeder von uns war für ganz bestimmte Buchstabenreihen und innerhalb deren wiederum für eine ganze Reihe kartei- und listenmäßig erfaßter Namen zuständig. Die ein- und ausgehende Korrespondenz eines davon Betroffenen gelangte somit zur Gänze immer zwangsläufig in die Hände seines »Prüfers«. Was gemäß den Richtlinien, die wir hatten, von uns als unverfänglich eingestuft wurde, durfte weiter seinen postalischen Weg gehen. Alles andere mußten wir melden. Hier aber setzten bei mir schwere Gewissenskonflikte ein, wobei ich mich eigentlich immer gegen die geltenden Vorschriften entschied. Peinlicherweise bekam ich auch die Post von Menschen zu Gesicht, die ich persönlich kannte. Diese Art von Schnüffelei in der Privatsphäre behagte mir überhaupt nicht. Jeden Morgen bin ich höchst ungern zu meiner Dienststelle gefahren, und zwar mit dem Fahrrad, da ich kein Auto mehr hatte.

Eines Tages wurde uns erklärt, da wir eine Militärbehörde seien, müßten wir alle auch Gasmasken haben. Wir wurden nach Moabit in die frühere Kaserne des Gardefüsilierregiments, die sogenannte Maikäferkaserne, gefahren, wo uns die Dinger angepaßt wurden. Im Anschluß daran mußten wir damit – und das war das Perfide – durch die frühere Reitbahn gehen, die voller Tränengas war. Dort stand ein munterer Unteroffizier, der sich den üblen Scherz erlaubte, den Frauen mit einem plötzlichen Griff die Masken runterzureißen. Natürlich liefen ihnen sofort Rotz und Wasser aus Augen und Nasen, dazu kam ein starker Hustenreiz. Das fand dieser Sadist auch noch komisch. Ich hatte alles beobachtet und rechnete damit, daß er dies auch bei mir versuchen würde, was er auch prompt tat. Sein Pech war, daß ich darauf gefaßt war und einmal Jiu-Jitsu gelernt hatte. Geradezu schulmäßig beförderte ich ihn zu Boden und riß diesmal ihm die Gasmaske ab. Schniefend und schnaubend und mit tränenden Augen rappelte er sich wieder hoch, während ich hocherhobenen Hauptes die Reithalle verließ. Am Ausgang stand ein junger Offizier, der sich königlich über den Ausfall amüsierte.

An uns erging der Befehl, ständig die Gasmaske bei uns zu tragen, sie abends mit nach Hause zu nehmen und morgens wieder mitzubringen. Ich kam auf die praktische Idee, unter meinem Arbeitstisch zwei Haken anzubringen und das Ding daran zu befestigen, wobei ich darauf baute, daß keine Putzfrau beim Saubermachen sich die Platte jemals von unten betrachten würde. Als ich eines Tages die Treppe herunterkam, wurde ich von einem Leutnant nach meiner Gasmaske gefragt. Keß behauptete ich: »Die hängt über meiner Schulter.« Ich ging zu meinem Fahrrad und tat so, als wolle ich die Maske auf dem Gepäckträger befestigen. Am nächsten Morgen hielt mich wieder dieser Leutnant an, und meine Antwort war erneut die gleiche. Kaum saß ich an meinem Arbeitsplatz, gab es Gasalarm. Ich griff nach meiner Maske und nahm an der Übung teil. Dem Leutnant war die Sache wohl nicht ganz geheuer, denn ich wurde deshalb zum Kommandeur zitiert. Augenzwinkernd erklärte ich ihm: »Wissen Sie, ich komme aus einer sehr alten Familie, in der seit Urväter Zeiten eine Tarnkappe für Gegenstände weitervererbt wird. Die setze ich meiner Gasmaske immer auf, denn ich finde es gar nicht gut, wenn die Bevölkerung sieht, daß ich so offensichtlich aus einer militärischen Dienststelle komme.«

Sein Schmunzeln verriet mir, was er von dieser Geschichte hielt.

Immerhin hat mich danach aber niemand mehr nach meiner Maske gefragt, und da ich abends oft nach Dienstschluß noch zu Freunden radelte und das lästige Ding nicht mitschleppen wollte, kam mir dies sehr gelegen.

Zu meinen Kolleginnen bei der Briefzensur gehörten einige junge adlige Mädchen und Frauen, die ich von gesellschaftlichen Anlässen her kannte. Trotzdem mußte ich meine Zunge hüten, denn das gesamte Personal bei uns war weitgehend regimetreu eingestellt.

Wir waren vor allem relativ junge Frauen in dieser Abteilung der Dienststelle am Zoo. Eines Tages fanden wir in einem Brief Photos von unglaublich dicken Leuten. Es waren zirka sechs Bilder. Natürlich wurden sie unter Gelächter rumgereicht. Und dann passierte es! Plötzlich wußte keiner mehr, aus welchem Brief die Bilder stammten. Ich schlug dann vor: »Gebt sie mir, ich stecke sie in irgendeinen Brief, wo die Fotos in das Kuvert passen.« So geschah es. Wochen später begegnete mir dann bei der Korrespondenzprüfung in einem Brief der Satz: »Was habt ihr uns denn bloß für Bilder von unglaublich fetten Leuten geschickt?«

Immerhin, so war alles glimpflich über die Bühne gegangen.

Auf meinem Schreibtisch landete auch Post, die ich hätte melden müssen. Es gab Leute, die mit lockerer Feder ihre höchst liberalen Ansichten kundtaten. Zu ihnen gehörte der Graf Keyserling. Seine Briefe waren auch noch auf Bütten geschrieben. Die einzige Art, sie zu beseitigen, war, sie heimlich einzustecken, aufs Klo zu gehen und sie aufzuessen. Die Schnipsel in der Toilette wegzuspülen wäre viel zu gefährlich gewesen. Ich habe den Grafen einmal angerufen und ihn gebeten, vorsichtig mit seinen Äußerungen zu sein, weil es unmöglich wäre, ihn auf die Dauer zu schützen. Außerdem ersuchte ich ihn darum, möglichst nicht mehr Büttenpapier zu benutzen, weil dies besonders unangenehm zu schlucken sei.

Abends war ich oft bei einer sehr netten Cousine des Schauspielers Hubert von Meyerinck, einer Frau von Ramm, eingeladen. An einem dieser Abende waren ihr Bruder, ihr Sohn, der wegen einer juristischen Ausbildung »uk« gestellt war, und dessen Chefin, eine Rechtsanwältin, zu Gast. Da ich sowohl die Ramms als auch den Bruder gut kannte, habe ich kein Blatt vor den Mund genommen und von den Keyserling-Briefen – natürlich ohne den Namen zu nennen – erzählt. Die Folgen waren schlimm. Ich wurde von meinem Arbeitsplatz weg verhaftet und in die Jebensstraße zu General von Oidmann gebracht, der verknöchert, linientreu und unangenehm war. Er verhörte mich stundenlang. Was mich über das Verhör hinwegrettete, war mein Sinn für Komik. Er sagte, daß wir hier unter *vier* Augen miteinander reden – er hatte aber ein Glasauge, und das hat mich im Innersten doch sehr belustigt.

Die Gestapo brachte mich in meine Wohnung. Sie wollten eine Hausdurchsuchung vornehmen und verlangten meine Schlüssel. Ich entdeckte, daß ich sie nicht bei mir hatte. Vor der Ladentür angekommen, sahen wir, daß sie von außen steckten. Bei der Durchsuchung der Wohnung hatte ich den Eindruck, daß ich den Sicherheitsbeamten nicht mehr so suspekt erschien. Das ganze Geschehen hatte »nur« meine fristlose Entlassung zur Folge. Eine neue Beschäftigung fand sich erstaunlich rasch, und zwar beim Roten Kreuz, wo ich in die Auskunftei Ost übernommen wurde, die die Aufgabe hatte, Anfragen von Leuten, zumeist Polen, zu beantworten, die ihre Angehörigen suchten und hofften, etwas über deren Schicksal oder Verbleib zu erfahren. Als besonders belastend empfand ich, daß man für die verzweifelten Menschen, die in unsere Dienststelle an der Möckernbrücke kamen, fast nichts tun konnte. Was wir im wesentlichen hatten, waren Listen über die in den Kriegsgefangenenlagern untergebrachten Soldaten.

Eines Tages kam eine junge Polin zu mir, die unbedingt wissen wollte, in welchem Lager ihr Mann, ein Stabsarzt, untergebracht sei. Es war uns allerdings streng verboten, Auskünfte über den Lagerort zu geben; wir durften den Betreffenden lediglich mitteilen, ob die fragliche Person lebte, verwundet oder tot war – soweit uns dies überhaupt bekannt war. Die Frau, die nur sehr gebrochen Deutsch konnte, tat mir einfach leid, und ich steckte ihr einen Zettel zu, auf dem stand, daß sie gegen siebzehn Uhr an der Hochbahn sein solle. Sie war auch da, sprach mich aber wohlweislich nicht an, sondern stieg nur in dasselbe Zugabteil wie ich und fuhr mit mir bis zum Heidelberger Platz. Schweigend lief sie neben mir her bis zu meiner Wohnung. Wir tranken eine Tasse Tee miteinander, und sie erzählte mir, daß sie ein Kind erwarte und so gerne von ihrem Mann untersucht werden wolle, der Gynäkologe war. Ich versprach, mein Möglichstes zu tun, und verabredete mich am nächsten Tag in gleicher Weise wieder mit ihr, sagte aber, daß es später werden könne.

Ich habe mich in dem Raum, in dem die Schränke mit den Lagerlisten waren, einschließen lassen. Diese primitiven Schränke konnte ich leicht mit einem Dietrich öffnen, und so fand ich heraus, in welchem Lager sich ihr Mann befand. Ich konnte ihr überdies noch die erfreuliche Mitteilung machen, daß dieses Offizierslager in Mecklenburg von

Landsern der Ersatzreserve bewacht wurde, was mir im Hinblick auf eine etwaige Sprecherlaubnis günstig erschien. Einige Tage vergingen, und sie stand wieder an der Hochbahn. Zu Hause erzählte sie mir überglücklich, sie habe ihren Mann sehen und zwei Stunden mit ihm allein sein können. Die Soldaten wären alle sehr freundlich gewesen und hätten keine Schwierigkeiten gemacht. Dann fragte sie: »Wie heißen Sie übrigens mit Vornamen? Mein Mann hat gesagt, wenn es ein Mädchen wird, wollen wir es auf Ihren Namen taufen, weil Sie uns so sehr geholfen haben.«

Das hat mich ungeheuer gerührt. Wer weiß, ob sie ihr Kind je bekommen hat.

Ich hatte unter anderem auch Korrespondenz zu schreiben für eine höhere Dame des DRK, Frau von Voelkersam, eine Baltin. Sie diktierte mir immer ein unglaubliches Baltendeutsch, und ich erlaubte mir, dieses in Hochdeutsch umzuwandeln.

Eines Tages gab es deswegen einen riesigen Krach. Sie schmiß mir alle Karten, die ich geschrieben hatte, vor die Füße und schrie: »Heben Sie sie auf und schreiben Sie sie noch einmal.«

Das war genau ein Zacken zuviel für mich, und ich entgegnete: »Nein, ich hebe sie bestimmt nicht auf. Wenn Sie sie mir gegeben hätten, gut, dann hätte ich sie vielleicht noch einmal geschrieben, aber ich lasse mir nichts vor die Füße werfen.«

Zum Glück hatten wir einen sehr angenehmen Dienststellenleiter, der meine Partei ergriff und diese Art des Umgangs auch nicht gut fand. Trotzdem bat ich um meine Versetzung in eine andere Abteilung. Ich kam zur Baronin von Haxthausen, einer prachtvollen Frau, mit der ich viele Berührungspunkte hatte. Sie wohnte ganz in meiner Nähe in der Kaiserallee, und wir haben uns oft privat gesehen.

Kurz vor dem Polenkrieg lernte ich bei Fräulein von Kuhlwein meinen zweiten Mann, Hans Hirschel, kennen. Er nahm bei ihr Englisch-Unterricht, als er noch Auswanderungspläne hatte. Hirschel lebte bei seiner Mutter, die ihre Emigration immer wieder verschob, weil sie sich nicht von ihrer gewohnten Umgebung trennen wollte. Sie war eine äußerst schwierige Frau. Ihre Verwandten hatten in London für sie und ihren Sohn ein Apartment gemietet, und es lag wirklich nur an ihrem Eigenwillen und ihrem Dickkopf, daß sie nicht längst in England waren. Da es mir nach wie vor nichts ausmachte, in jüdischen Häusern zu verkehren, bin ich öfter bei Hirschels gewesen, obwohl das nicht ganz ungefährlich war. Wir verabredeten uns pünktlich auf die Minute, Hans machte mir die Tür auf, und ich schlüpfte hinein. Wir hofften zu Gott, daß nicht ausgerechnet an so einem Tag eine Gestapoabteilung kommen, irgendeine Hiobsbotschaft bringen und mich als Arierin in der Wohnung finden würde.

Nach dem beendeten Polenfeldzug besuchte mich mein Schwager Reichenau in Berlin. Er war einer der führenden Generäle des Ostfeldzugs und wurde nun zum Generalfeldmarschall ernannt. Er erzählte mir von seinen Begegnungen mit den russischen Truppen an der Demarkationslinie und dem relativ guten Einvernehmen, das dabei herrschte. Er wußte weit mehr, als er sagte, denn es war ihm nicht entgangen, daß ich ein großer Kriegsgegner war und alles, was geschah, entsetzlich und äußerst bedrückend fand. Er ermahnte mich zum Abschied: »Es wird noch vieles kommen, bitte sei vorsichtig.«

Am 8. November 1939 fand das mißglückte Attentat auf Hitler statt. Ich habe selten etwas so bedauert wie diesen Fehlschlag.

Zu Weihnachten 1939 bekam ich von schlesischen Freunden einen großen Karpfen und einen Hasen geschenkt. Ich habe beides zu Hirschels gebracht, denn Lebensmittel wurden knapp. Heiligabend haben wir zusammen gegessen und versucht, uns von dem schrecklichen Alltag abzulenken. Auch den ersten Feiertag verbrachte ich bei ihnen, denn ich war inzwischen mit Hans eng befreundet. Wir besprachen meinen festen Entschluß, wieder mit dem Studium anzufangen. Dieses Studium der Veterinärmedizin sollte mich gleichzeitig vor anderen Dienstverpflichtungen schützen. Durch den Krieg war ein enormer Mangel an Medizinern entstanden.

Ab Ostern 1940 bezog ich wieder die Universität. Verglichen mit meiner Studienzeit vor 1933 bestand jedoch ein Unterschied wie Tag und Nacht. Die munter fröhlichen Studentenvölkchen waren zur Gänze einer Masse von Uniformierten gewichen. An unserer Fakultät, an der Hunderte von jungen Soldaten zu Veterinären ausgebildet wurden, gab es ganze drei Zivilisten, und das waren Frauen. Die Soldaten wurden jeweils für zwei oder drei Semester freigestellt und mußten dann in den Kriegseinsatz. Vielen war die Rückkehr zum Studium nicht vergönnt, und für uns war es immer wieder ein Schock, wenn wir erfuhren, wer von unseren Kommilitonen gefallen oder zum Krüppel geschossen worden war. Einem Professor der Kleintierklinik kam seine ursprüngliche Nazi-Gläubigkeit dann auch abhanden, als sein Sohn im Krieg blieb.

Zu Beginn des Westfeldzugs 1940 fiel mein Bruder, wie bereits erwähnt, beim Sturm auf die Maginot-Linie und mein Schwager Strachwitz bei Calais. Besonders schlimm war für meine Schwester, daß sie zunächst ein Telegramm erhielt, in dem ihr mitgeteilt wurde, ihr Mann habe einen sogenannten Heimatschuß bekommen. In einem zweiten Telegramm folgte die Todesnachricht. Innerhalb von sechs Tagen verlor sie Bruder und Mann und stand mit Tochter und sechs Söhnen allein da. Der Kleinste war im Februar auf die Welt gekommen, und der Vater fiel im Mai. Als ein junger katholischer Kaplan zum Kondolieren kam, öffnete sie ihm die Tür mit dem Säugling auf dem Arm und der Schar ihrer Kleinkinder neben sich und sagte: »Sie können mich nicht trösten. Aber wenn Sie etwas für mich tun wollen, dann helfen Sie mir, daß aus der Brut was wird.«

Der Kaplan, der spätere Monsignore Overath in der Diözese Köln, hat die Worte meiner Schwester in die Tat umgesetzt, indem er der beste Freund meiner Nichte und Neffen geworden ist.

Als ich die Nachricht vom Tod meines Bruders bekam, war ich froh, daß es noch kurz vor Kriegsbeginn auf meinen Wunsch hin in Berlin zu einer Aussprache zwischen uns gekommen war. Ich wollte die feindselige Atmosphäre, die zwischen uns herrschte, soweit es ging, bereinigt wissen, ehe er ins Feld zog. Wir hatten uns zwar nie sonderlich gut verstanden und nicht viel zu sagen gehabt, aber wir gehörten zu einer Familie, und in dem Punkt ist mein schlesischer Familiensinn stärker als jedes Ressentiment.

Als ich mir zu Beginn meines nächsten Semesters den Rückstempel holen wollte, hieß es, den gäbe es nur, wenn man das Abonnement der nationalsozialistischen Studentenzeitung vorweise. Ich ließ mich auf der Stelle bei unserem Studentenführer melden und stellte ihn wegen dieses Ansinnens zur Rede. Er verschanzte sich hinter der Behauptung, das sei eine Verfügung vom Reichskulturminister Rust, woraufhin ich entgegnete: »Hören Sie, Sie können mir erzählen, was Sie wollen, aber nicht, daß von einem Minister eine Nötigung an einen Studenten ergeht. Das nehme ich Ihnen nicht ab. Tut mir leid, aber da muß ich mich im Ministerium erkundigen.« Das half. Ich durfte mich auch so zurückmelden und war vermutlich der einzige Student, der gegen dieses Blatt opponierte.

Im Fach Tierseuchenlehre wurden uns durch die damaligen Gegebenheiten Krankheiten gezeigt, die ein heutiger Student kaum kennt. Rotz zum Beispiel. Diese auch für Menschen tödliche Krankheit, die im Orient beheimatet ist, wurde durch Berberhengste eingeschleppt, die in Frankreich erbeutet worden waren und durch die Lockerung der Veterinärgesetze nach Deutschland gelangen konnten. Die traurige Folge war, daß in einem Gestüt fast zweihundert Stuten, die sich bei diesen Tieren infiziert hatten, notgeschlachtet werden mußten.

Bei der Sektion eines Rotzpferdes, die ich mitmachte, trugen wir wegen der ungeheuren Ansteckungsgefahr Gummianzüge und Gesichtsmasken und mußten hinterher eine stundenlange Desinfektion über uns ergehen lassen. Trotz aller Vorsichtsmaßnahmen haben wir einen Pferdepfleger verloren.

Die Desinfektionsmittel, die uns zur Verfügung standen, waren allerdings schlecht, und wenn ich im Sommer präpariert habe, dann war das eine ziemlich unangenehme Aufgabe. Die obligatorische Ausbildungsstation Schmiede, wo wir lernten, auf dem Amboß heiße Eisen zurechtzuschlagen und sie am Huf einzubrennen, hat mir da schon wesentlich besser gefallen.

Alles in allem konnte ich mein Studium sehr forcieren, weil mir ein Teil meiner naturwissenschaftlichen Ausbildung angerechnet wurde und ich außerdem in den Genuß der Einführung von Trimestern kam. Bereits 1941 konnte ich das Semester für Propädeutik belegen.

Im Winter dieses Jahres geriet mein Schwager Reichenau in einen Konflikt mit Göring. Er hatte die Oberste Heeresleitung nachdrücklich darauf aufmerksam gemacht, daß ohne genügende Luftunterstützung der Rußlandfeldzug nicht zu gewinnen sei. Göring verlangte als Luftwaffenchef eine Rücksprache. Reichenau suchte ihn in Karinhall auf. Der Reichsmarschall saß hinter einem überdimensionalen

Schreibtisch in altdeutschem Leinenhemd mit weiten Ärmeln und grasgrüner Lederweste. Als Göring ihm entgegentrat, merkte Reichenau, daß er zu einer grauen Hose kniehohe, ebenfalls grasgrüne Stiefel trug. Nach den allgemeinen Präliminarien kann man auf das Thema »Luftwaffe«. Göring behandelte meinen Schwager ziemlich von oben herab und erteilte ihm Order, woraufhin Reichenau ihm couragiert erklärte: »Herr Reichsmarschall, Sie sind mein dienstälterer Kamerad, nicht mein Befehlshaber.«

Abgesehen davon, daß er wegen Görings Starrköpfigkeit für seine Truppe nicht allzu viel erreichen konnte, dürfte sich Reichenau mit dieser Äußerung die Feindseligkeit Görings eingehandelt haben, die ihn letztlich das Leben kostete. Am 17. Februar 1942 erreichte mich die Nachricht, daß Reichenau gestorben sei. Es gibt zu seinem Tod verschiedene Versionen. Richtig dürfte wohl sein, daß er in seinem Hauptquartier einen leichten Schlaganfall erlitt, den er aber bei vernünftiger Behandlung ohne weiteres überlebt hätte. Reichenau wurde von der Ukraine nach Leipzig geflogen. Der Kommandant des Flughafens Lemberg, der den Anflug der Maschine beobachtete, hat mir später berichtet, daß ihn die rüde Art und Weise, in der der Pilot ständig seine Flughöhe änderte, äußerst befremdete. Als er die Besatzung nach der Landung deswegen zur Rede stellte, bekam er zur Antwort: »Anordnung von höchster Stelle. Die Flugreise ist ein Führerbefehl!«

Natürlich bekam Reichenau als Generalfeldmarschall ein Staatsbegräbnis. Ein Tag, der mir in entsetzlicher Erinnerung geblieben ist. Mit Leuten aus der obersten Parteiführung, die mich anwiderten, und hohen Vertretern der Heeresleitung saß ich bei der Zeremonie im Zeughaus. Göring hatte seinen Platz gleich hinter den Leidtragenden. Mir wurde bei seiner schmalzig-schneidigen Kondolation, besonders an die Kinder, fast übel. Nach der Trauerfeier gingen wir wieder hinaus in die Eiseskälte. Der arme General von Haase, der die Truppe kommandierte, welche die Lafette begleitete, stürzte steif vor Frost vom Pferd und mußte mühsam von seinen Leuten wieder darauf gesetzt werden, bevor sich der Trauerzug zum Invalidenfriedhof bewegte.

Nach der Beisetzung trafen sich Geschwister und Verwandte noch zu einem gemeinsamen Abend. Der älteste Sohn meiner Schwester Reinersdorff nahm daran in Leutnantsuniform teil. Diesen so besonders netten Jungen sah ich dort zum letzten Mal. Er fiel wenig später in Rußland. Mein Neffe Reichenau blieb noch einige Tage in Berlin und besuchte mich mit seinem Freund Axel Sixt. Wir führten lange ernste Gespräche, und was sie mir zu erzählen hatten, war erschütternd.

»Im Polenfeldzug haben wir als Arbeitsmänner Soldaten begraben, im Westen paßten wir beim Schießen auf, daß wir nicht trafen, doch in Rußland fing das große Morden an.« Und dann berichteten sie von einer grausigen Episode. In einem Waldabschnitt stießen sie mit ihrer Einheit auf viele tote Kameraden, die von russischen Panzern buchstäblich an die Bäume gewalzt worden waren. Nach einem etwa halbtägigen Fußmarsch trafen sie auf junge russische Soldaten, eröffneten haßerfüllt das Feuer und richteten ein blutiges Massaker an, bis jemand schrie: »Um Gottes willen, die waren das doch gar nicht!« Die beiden Jungen hatten an dem, was da geschehen war, schwer zu tragen und kamen sich wie Mörder vor. Das entsetzliche Kriegsgeschehen im Osten trieb Axel Sixt dann in den Selbstmord.

Anfang 1942 wurde Frau Hirschel ihre große Wohnung in der Kaiserallee gekündigt, und sie sollte mit ihrem Sohn eine wesentlich kleinere in der Düsseldorfer Straße beziehen. Da ich wußte, daß täglich Menschen deportiert wurden und bereits viele Freunde der Hirschels dieses Los ereilt hatte, wollte ich unter keinen Umständen, daß Hans mit seiner Mutter dorthin zog, was diese als selbstverständlich ansah, und Hans hielt es für seine Pflicht als Sohn, bei ihr zu bleiben. »Hans, wenn ihr nach Theresienstadt gebracht werdet, bedeutet das euren Tod«, beschwor ich ihn. Als ich merkte, daß ich ein Kind von ihm erwartete, kämpfte ich regelrecht um ihn. Hans besprach sich mit seiner Mutter, und als er ihr versicherte, daß ich das Kind austragen wolle, hatte Luzie Hirschel die Größe zu sagen: »Du gehörst nun zu Frau und Kind.«

So zog Hans zu mir. Zur Tarnung ließ ich ihn einen Abschiedsbrief an seine Mutter schreiben, in dem er mitteilte, im jetzigen Deutschland könne er nicht weiterleben und werde sich daher im Wannsee das Leben nehmen. Mit diesen Zeilen ging sie ein paar Tage später zur Polizei, die natürlich – ganz wie von mir erhofft – keinerlei Lust hatte, nach der Leiche eines jüdischen Selbstmörders zu suchen. In den Akten wurde er nun als tot geführt. Das war das Wichtige, auf das es mir ankam.

Bei seinem Einzug brachte Hans seine Bettcouch mit, ein massives Möbelstück mit einem stabilen Bettkasten, der von der Größe her durchaus geeignet war, einen Menschen darin zu verstecken. Als besonders günstig empfand ich, daß die Polsterung den Öffnungsschlitz total verdeckte, und so kam ich auf die Idee, die Couch für den Fall der Fälle zu präparieren. Im Bettkasten brachte ich Haken und Ösen an, so daß jemand, der darin lag, ihn von innen verriegeln konnte, wodurch er sich von außen nicht öffnen ließ.

Hans brachte den Einwand: »Dann kann ich aber möglicherweise ersticken.«

Mit einem Handbohrer bohrte ich daher etliche Löcher in die Bodenbretter, um die Belüftung zu gewährleisten. Damit sie nicht entdeckt werden konnten, beklebte ich ihre Unterseite mit rotem Rupfen, der farblich zum Bezug paßte.

Morgens, wenn ich zur Uni mußte, stellte ich Hans für alle Fälle ein Glas frisches Wasser und Codein in den Bettkasten, weil er häufig dazu neigte zu husten. Falls es zu einer Wohnungsdurchsuchung bei mir kommen sollte, hatte er in diesem Versteck wenigstens die Chance, nicht entdeckt zu werden.

Einen großen Teil seiner Bibliothek hatte Hans, von Haus aus Literat und Geisteswissenschaftler, in den letzten Monaten, in denen er noch in der Kaiserallee wohnte, zu mir gebracht, so daß er wenigstens seinen Studien weiter nachgehen konnte.

Hans wohnte noch nicht lange bei mir, als zwei seiner jüdischen Bekannten um Unterschlupf in meiner Wohnung baten. Dr. Holländer war der Sohn des Besitzers der großen Apotheke an der Ecke Friedrichstraße/Unter den Linden. Er stammte aus reichem Hause und hatte vor längerer Zeit seiner Frau den kostbaren Familienschmuck und viel Geld anvertraut, damit sie die Auswanderung für sie beide vorbereitete. Sie hatte es jedoch vorgezogen, mit diesen Werten zu verschwinden, und ihn mehr oder weniger mittellos sitzenzulassen. Nun war er froh, bei mir in Sicherheit zu sein. Der andere Gast war Günter Hirschel, ein sehr netter Mensch, aber nicht mit Hans verwandt.

In den kommenden Wochen wurde mir der große Unterschied zwischen den Juden, die sich in Sicherheit wiegten, und Leuten wie mir, die sie schützen wollten, klar. Der bedrückenden unmittelbaren Gefahr der Deportation entronnen, fühlten sie sich befreit, waren munter und fröhlich und konnten sich nicht vorstellen, in welche lebensbedrohliche Lage sie mich brachten, wenn sie sich manchmal nicht an die strikte Einhaltung der von mir geforderten Verhaltensregeln hielten. Da meine Wohnung sehr hellhörig war, hatte ich ihnen erklärt, sie dürften sich nur flüsternd unterhalten, die Wasserspülung nicht in meiner Abwesenheit benutzen, kein Licht anmachen und auch nicht den Ofen, dessen Rohr nach draußen ging, beheizen.

Ich war jeden Tag zehn bis elf Stunden in der Universität. Mit Fahrzeiten bedeutete dies mindestens dreizehn Stunden Abwesenheit von zu Hause. Zu der gewaltigen Schwierigkeit, vier Erwachsene mit nur einer Lebensmittelkarte ernähren zu müssen, kam die sich täglich wiederholende Angst, daß meine illegalen Mitbewohner entdeckt wurden und der Tod auch auf mich wartete. Durch diese übergroße Nervenanspannung wurde ich den dreien gegenüber regelrecht despotisch und sicher auch ungerecht. Hinzu kam, daß es für mich wegen der bedrückenden Enge keine Möglichkeit gab, mich auch nur einmal fünf Minuten zurückzuziehen. Ich war im vierten Schwangerschaftsmonat und fühlte mich daher oft elend und litt ständig unter Hunger.

Eines Tages habe ich stundenlang nach Blumenkohl angestanden. Als ich an der Reihe war, hatte die Frau vor mir den letzten Kopf gekauft. Ich habe so bitterlich geweint, daß mich der Metzger, den ich anschließend aufsuchte, trösten wollte, indem er mir von allem ein bißchen mehr gab – aber es reichte eben nie.

Zu meinen ganz wenigen Besuchern in der Detmolder Straße gehörte eine Amerikanerin, die mit einem Schauspieler verheiratet war. Ich wußte von ihr, daß sie Jüdin war. Sie galt aber als Arierin und war somit ungefährdet. Holländer und sie verliebten sich ineinander, und ich verstand und duldete diese Beziehung. Als ich von Hans allerdings erfuhr, daß Holländer tagsüber die Wohnung verließ, um sich mit ihr zu treffen, habe ich ihm einen geharnischten Vortrag darüber gehalten, daß dieser bodenlose Leichtsinn für uns alle ein tödliches Risiko sei. Er versprach, dies künftig zu unterlassen, hat sich aber leider dann nicht daran gehalten. Folglich bin ich zu ihr hin und habe ihr den Vorschlag gemacht, Holländer mit Ausnahme der Wochenenden, an denen ihr Mann nach Hause kam, bei sich aufzunehmen. Das war aber wieder ihr zu gefährlich, und so blieb mir notgedrungen nichts anderes übrig, als den leider nicht verläßlichen Holländer aufzufordern, sich an Stelle der Detmolder Straße eine andere Unterkunft zu suchen. Später habe ich erfahren müssen, daß er von der Gestapo geschnappt wurde und wahrscheinlich ums Leben gekommen ist. Obwohl ich mich nicht schuldig fühlte, habe ich unendlich unter dieser Nachricht gelitten.

In den Trimesterferien mußte ich meinen Schlachthauskursus absolvieren und arbeitete auf dem Zentralviehhof in der Landsberger Allee. Die Metzger hielten es im Gegensatz zu den Ärzten, die dort tätig waren, nun nicht unbedingt mit den Nazis und bildeten eine Rote Zelle. Ein alter Metzger merkte bald, daß ich schwanger war und daß es mir nicht gutging: »Essen Sie doch mal lieber bei uns in der Kantine.« Das habe ich dann auch getan und wurde seit langem wieder mal so richtig satt, denn ich bekam von allen Seiten tüchtig was ab. Wenn Kollegen mich fragten, warum ich nicht mit ihnen in der Ärzte-Kantine aß, sagte ich, das wäre mir zu teuer, weshalb ich mir belegte Brote mitbrächte. Außerdem brachten mir die Metzger aus ihren Schrebergärten Obst und Gemüse mit, was mich besonders freute. Die Frage nach dem Vater meines Kindes konnte ich ihnen leicht beantworten. Er sei von einem U-Boot-Kommandanten, dessen Schiff vermißt werde. U-Boote nannte man in Berlin auch die untergetauchten Juden, und damit erübrigten sich alle weiteren Fragen.

An die Arbeit bei der Fleischbeschau und den Geruch von Blut und Fleisch mußte ich mich erst gewöhnen. Ich weiß noch, als mir einmal schlecht wurde, haben mich die Metzger auf einen Wagen mit Schweinehälften gepackt und mich damit an die frische Luft gekarrt. Am schlimmsten für alle Beteiligten war die Tätigkeit im Seuchenschlachthaus. Die jungen Metzger waren einfach überfordert und kippten auch schon mal selbst um. Da das Fleisch der hochvirulent kranken Tiere dort nicht verwertbar war, konnten sie davon nichts für sich privat zur Seite schaffen, worunter sie am meisten litten. Daß ansonsten alle mal Fleisch mitgehen ließen, habe ich durchaus verstanden, denn wenn einer im Schlachthof arbeitet und verhungert, ist ihm nicht zu helfen. Ich überlegte mir, wie ich diesen armen Burschen im Seuchenschlachthaus helfen könne, bin dann zum Direktor hin und habe ihm geschildert, wie bedrückend und demoralisierend es für die Metzger dort sei, daß sie es immer nur mit schwerkrankem Vieh zu tun hätten. Ich regte an, für die Jungmetzger doch eine Art Rotationssysstem einzuführen; vierzehn Tage Schweineschlachthaus, vierzehn Tage Rinderschlachthaus, vierzehn Tage Seuchenschlachthaus, damit gerechterweise nicht immer nur die gleichen Leute die ekelhafteste Arbeit verrichten müßten. Zu meinem großen Erstaunen hat er diesen Vorschlag dann in die Tat umgesetzt. Als die Schlachterburschen spitzkriegten, wem sie eigentlich diese für sie hervorragende Lösung verdankten, haben sie sich erkenntlich gezeigt, indem sie mir etwas von ihrem Fleisch abgaben, das sie nun endlich alle beiseite schaffen konnten.

Als ich dann approbierte Tierärztin war, hat mich der Zentrale Viehhof noch oft zur Fleischbeschau bestellt. Jedem Arzt stand dabei ein Stempler zur Seite, der ihm die technische Arbeit der Fleischkennzeichnung nach Güteklassen abnahm. Meiner hieß Kurt, war besonders gewieft und klaute wie ein Rabe. »Mensch, Kurt«, habe ich da mal ganz treu zu ihm gesagt, »paß bloß auf, daß du nicht erwischt wirst.«

»Werd ich schon nicht, Frau Doktor«, erwiderte er. »Aber was soll ich machen? Meine Olle hat nur 'nen kleinen Kerzenladen, und die Dinger kann keener fressen.«

Da Kurt immer durch die Kontrolle durchkam, ohne

aufzufallen, interessierte es mich natürlich, wie er das bewerkstelligte.

»Sehn Se mal, Frau Doktor«, sagte er und zeigte mir seine Hosen, die innen am Bein jede Menge Taschen hatten, in die er alles hineinschieben konnte.

Ich hatte auf dem Schlachthof sogenannte Posten zu machen, die Fleischbeschau für vierzig Rinder oder zweihundert Schweine. Mitte 1944 wurde eine große Anzahl dänischer Bacon-Schweine geschlachtet, deren Speckseiten für die SS bestimmt waren. An einem Freitag und Sonnabend wurden dann sieben Eisenbahnwaggons damit beladen. Ich konnte nicht aufhören, mich darüber maßlos zu ärgern und unterdrückt herumzuschimpfen, bis der alte Metzger, mit dem ich mich so gut verstand, zu mir sagte: »Hör uff! Noch is nich aller Tage Abend.«

Als ich am Montagmorgen den Viehhof betrat, war dort der Teufel los. Es wimmelte nur so von Kripo, Gestapo und Ordnungspolizei. Ich fragte Kurt, was passiert sei.

»Ja«, sagte er, »wie so etwas eben geschieht.« Das war so seine Art, die Dinge zu schildern. Auf jeden Fall waren sämtliche Waggons mit Speck verschwunden, und kein Aas wußte offiziell, wie so etwas möglich war. Kein Mensch hatte natürlich etwas gesehen oder gehört, niemand die Lokomotive bemerkt, mit der die Waggons ja abgeholt worden sein mußten. Die Eisenbahner und Metzger hatten das Ganze hervorragend gedreht.

Etwa acht Tage später meinte der alte Metzger zu mir: »Na, zufrieden?« und grinste.

»Krieg ich denn wenigstens was ab?« wollte ich wissen.

»Warten Sie's ab. Da muß erst mal noch viel Wasser die Spree runterfließen.«

Nachdem ungefähr acht, neun Wochen vergangen waren, brachte mir der alte Mann sechs Speckseiten nach Hause – ein unvorstellbar wertvolles Geschenk.

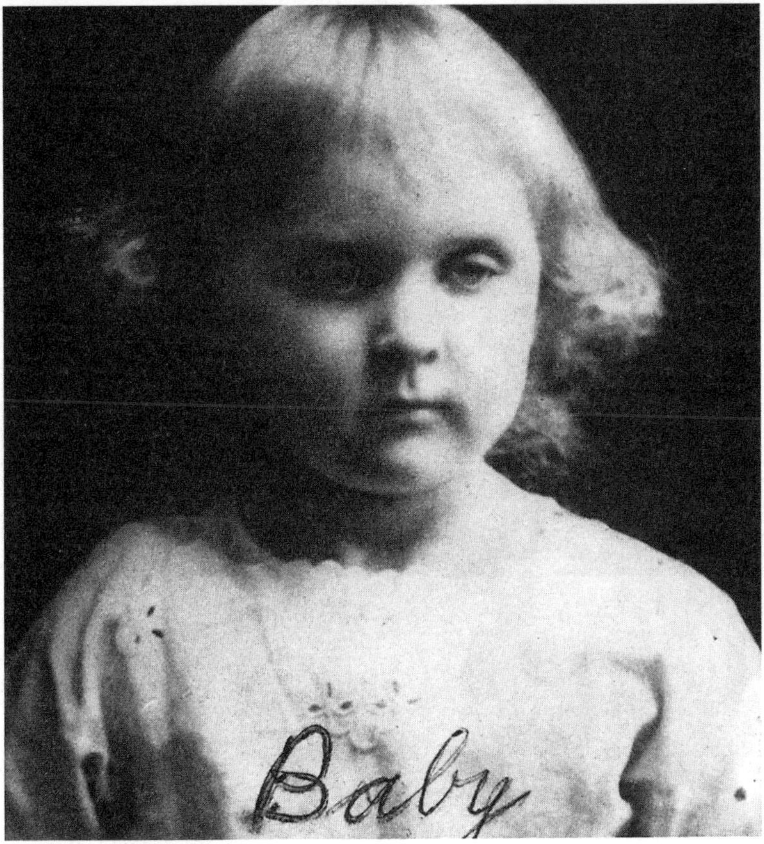

Komteß Maria Helene Françoise Izabel von Maltzan, Freiin zu Wartenberg und Penzlin im Alter von fünf Jahren mit einer ihrer ersten Unterschriften.

Das elterliche Schloß Militsch im Regierungsbezirk Breslau nach dem Um- und Erweiterungsbau im Jahr 1905. Von Kuppel zu Kuppel zieht sich der alte Teil des Schlosses. Links die Neubauten für die eigene Elektrizitätsversorgung und das Kesselhaus der Zentralheizung. Rechts Stallungen und Remise.

Die Mutter, Gräfin
Elisabeth Maltzan,
geb. Gräfin von der
Schulenburg aus dem
Hause Wolfsburg, im
Jahr 1900.

Der Vater, Graf
Maltzan, Freier Standes-
herr auf Militsch,
Herr auf Mislawitz,
Melochwitz und Klein-
Pinkotschine, im Jahr 1917.

Beim Pferderennen 1913
in Militsch. Das Kind
ganz rechts: die Autorin.

Mit neun Jahren auf der
Vollblutstute Gracy.

Nächste Seite:

Das Schloß Militsch
vom westlichen Park
aus gesehen (oben).

Als Studentin der
Fischereibiologie 1932
(links unten).

Ihr erster Mann
Walter Victor Hillbring
(rechts unten).

Militsch 1915,
die Familie mit Soldaten
aus dem Lazarett.
V. l. n. r.: die Autorin,
daneben ihre Mutter,
dahinter ihre Schwester
Eva, daneben ihr Bruder
Joachim Carl, vor dem
Tisch Huberta,
Gabriele, dahinter
Alixandrine, dahinter mit
Hut Asta.

1939 in Berlin.

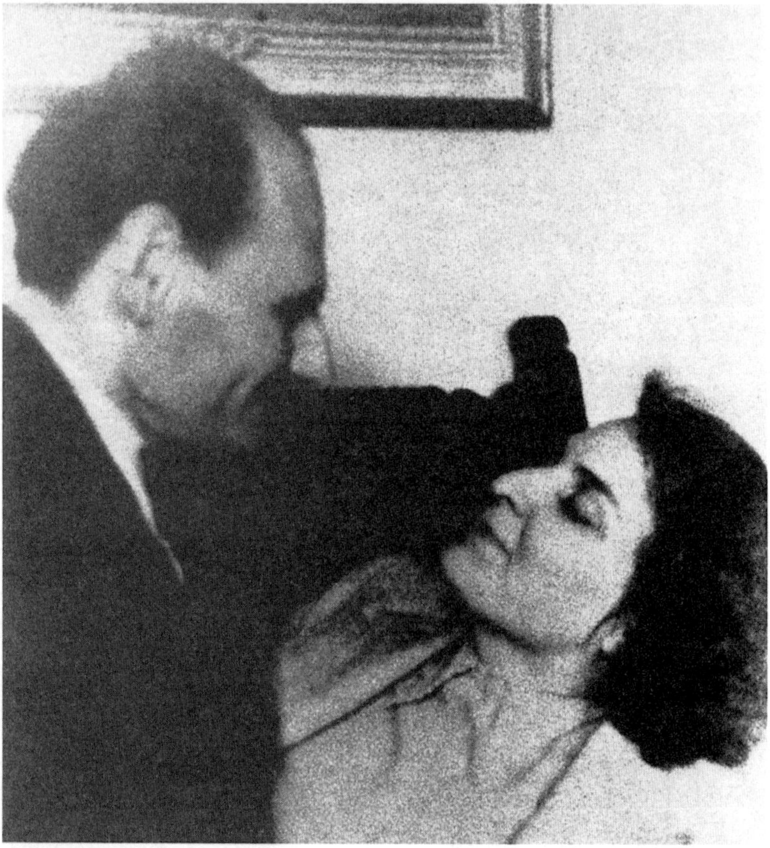

1942 mit Hans Hirschel.

Hans Hirschel 1939.

Auf der Bühne des Gloria-Palastes, Berlin, nach der Uraufführung des Filmes »Versteckt«. V. l. n. r.: die Hauptdarsteller Jürgen Prochnow, der Hans Hirschel verkörpert, und Jacqueline Bisset, die die Rolle der Gräfin übernahm. Daneben die Autorin.

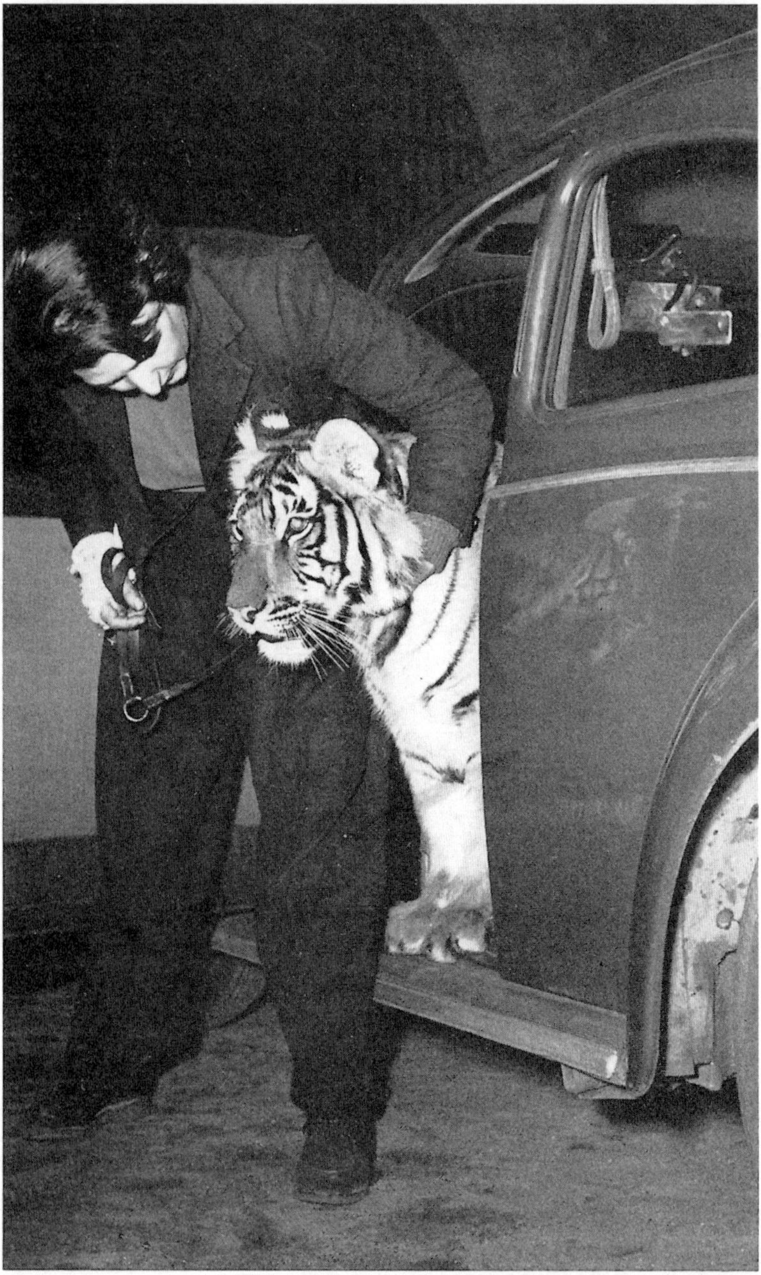

Die Autorin mit India
als Baby.

In der tierärztlichen
Praxis 1947.

Die Autorin mit der
Tigerin India, die sie
für die Tierdompteuse
Micaela Busch vom
ersten Lebenstag an
großzog.

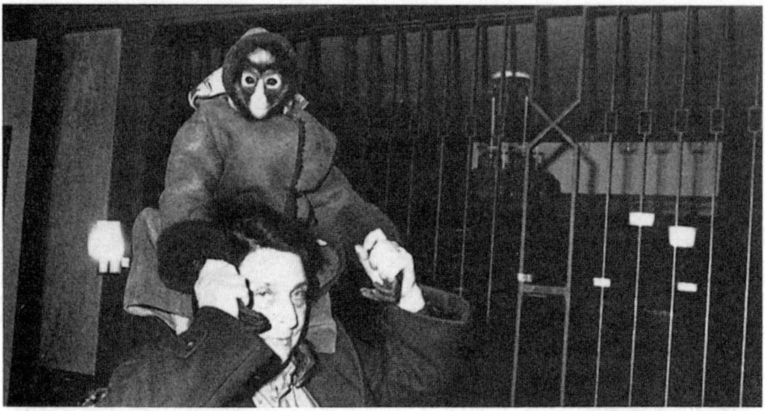

Die Autorin 1976 mit
dem Affen Denny.

1983 mit ihrer
Klammeräffin Texy.

1985.

Mit ihrem Hund
Zippora.

Mit dem Mastino
Blümchen.

Die Autorin in ihrer
Wohnung mit Kater
Esra vor einem Bild
ihres Vaters.

Die Autorin zur Zeit der Niederschrift ihrer Erinnerungen.

Da Hans seine Mutter ja nicht mehr besuchen konnte, habe ich mich, so oft es ging, um die alte Dame gekümmert. Eines Tages traf ich sie völlig aufgelöst in ihrer Wohnung an. Ein Gestapo-Mann hatte sie angezeigt, weil sie ihren Judenstern mit einem Schal verdeckt getragen hatte. Wenig später reichte sie mir wortlos ein Schreiben der Gestapo, in dem ihr das Datum ihrer Deportation mitgeteilt wurde.

Am späten Abend vor ihrem Abtransport habe ich Hans unter Beachtung aller erdenklichen Vorsichtsmaßregeln zu seiner Mutter gebracht, damit sie Abschied voneinander nehmen konnten. In den Tagen vorher hatte ich besondere Wertsachen wie Gold, Schmuck und Geld in die Schulterpolster ihrer Mäntel genäht, in der Hoffnung, daß ihr das in Theresienstadt nützlich sein könnte. Der Abschied der beiden bleibt mir unvergeßlich. Luzie Hirschel vergoß keine Tränen, sondern sprach die einfachen Worte: »Mein Leben hat so reich begonnen – das Ende ist bitter.«

Mich fragte sie dann: »Wird Hänschen überleben?«

»Wenn ich überlebe, überlebt er auch«, antwortete ich ihr. In ihre Augen trat ein kleines, dankbares Leuchten.

Auf dem Heimweg fragte mich Hans: »Maruska, meinst du, daß Mutter überlebt?«

Ich konnte darauf nur antworten: »Das wissen die Götter. Wir wissen über Theresienstadt viel zuwenig.« Daß auch aus Theresienstadt Transporte nach Auschwitz zusammengestellt wurden, habe ich lieber für mich behalten.

Am nächsten Tag bin ich noch einmal zu ihrer Wohnung hin in der schwachen wie trügerischen Hoffnung, sie könne vielleicht doch noch dasein. Ihre Nachbarin, eine Offizierswitwe, erzählte mir, wie Frau Hirschel abgeholt worden sei und welche Würde sie dabei gezeigt habe.

Dann flüsterte sie mir zu: »Hans ist doch bei Ihnen, stimmt's? Mir können Sie es ja sagen, denn ich würde Sie niemals verraten.«

»Hans ist tot«, sagte ich und ging.

Von Luzie Hirschel haben wir nie wieder etwas gehört. Ich nehme an, daß diese gescheite alte Dame mir aus Vorsicht nie geschrieben hat, da alle Post aus Lagern die Briefzensur durchlief.

Da ich beim Standesamt unmöglich Hans als Kindesvater angeben konnte, suchte ich im Juli 1942 meinen alten Freund, den Schweden Eric Svenson auf, der schon lange in Berlin lebte und auf Grund seiner Sprachkenntnisse für eine deutsche Abhörstelle arbeitete. Er war zwar verheiratet, lebte aber schon seit einem Jahrzehnt von seiner Frau getrennt. Natürlich war er zunächst nicht sonderlich davon begeistert, als ich ihm die Situation schilderte und ihn dann bat, den Vater zu mimen.

Darauf war ich gefaßt gewesen und hatte mir ein hervorragendes Argument zurechtgelegt.

»Überleg' mal, Eric, was Besseres kann dir in deiner Lage doch eigentlich gar nicht passieren. Deinem Ruf wäre dies in jedem Fall sehr zuträglich.«

Eric, der seine Ehe, die nur noch auf dem Papier bestand, lediglich deshalb aufrechterhalten hatte, um seine homosexuellen Neigungen besser bemänteln zu können, leuchtete dies natürlich ein.

Regelmäßig holte er mich nun abends zu einem Spaziergang ab, und ich machte ihm dabei in der Öffentlichkeit herrliche kleine Szenen. Er schaute etwa in einen Kinderwagen, und ich spielte die keifende Eifersüchtige. »Der Balg ist wohl auch von dir ...« Wenn ich einkaufen ging, begleitete er mich, und ich versäumte es nicht, ihn allen Ladenbesitzern, die ich kannte, als meinen zukünftigen Mann vorzustellen. Die Nächte, die er in meiner Wohnung verbrachte, verliefen ausgesprochen amüsant. Wir unterhielten uns, und ich drehte unentwegt Zigaretten für ihn auf

Vorrat, denn er war ein ziemlich starker Raucher. Die Leute haben sich sicher etwas anderes gedacht.

Selbst als ich hochschwanger war, hat man mir das äußerlich kaum angesehen. Unsere Portiersfrau hat mich mal gefragt: »Irre ich mich, oder sind Sie ein bißchen dicker geworden?«

»Nein«, sagte ich, »ich bekomme ein Kind.«

Sie hat diese Neuigkeit natürlich brühwarm überall weitererzählt mit der Bemerkung: »Die is nich so eene, die aussieht, wie wenn se 'nen Kürbis verschluckt hätte, die macht det viel feiner.« Anfang September, einen Monat zu früh, setzten bei mir überraschend die Wehen ein, und ich suchte das von den Nonnen vom Orden des heiligen Vincent geleitete Westsanatorium auf. Es wurde eine schwierige Zangengeburt, und der zarte Junge kam sofort in Inkubation. In der folgenden Nacht waren die Bombenangriffe auf Berlin besonders verheerend. Die elektrische Versorgung des Krankenhauses brach zusammen. Das Kind im Brutkasten hatte keine Überlebenschance. Irmelin, die mit meinem Neffen Reichenau befreundet war, mich in die Klinik begleitet und die Aufgabe übernommen hatte, in meiner Abwesenheit für Hans zu sorgen, mußte ihm nun die traurige Nachricht vom Tod seines Kindes überbringen, auf das er sich so gefreut hatte.

Auf meinen Wunsch hin wurde unser Junge in der Kapelle aufgebahrt. Die Oberin zeigte viel feinfühliges Verständnis für meine Bitte, sie möge erlauben, daß der Vater wenigstens nachts sein Kind sehen dürfte.

Nachdem Hans eine halbe Stunde neben dem kleinen Sarg verbracht hatte, begleitete ihn die Nachtschwester morgens um halb drei noch kurz in mein Zimmer. Unsere Traurigkeit war unbeschreiblich. Hans hielt wortlos meine Hand. Als er aufbrach, sagte er: »Ich bin nur froh, daß Mutter nichts davon weiß – und es auch nie erfahren wird.«

Der Tod unseres Kindes hat uns beide sehr mitgenommen, und trotzdem muß ich immer wieder sagen, das Kind hat seine Aufgabe erfüllt, so kurz es auch lebte: Es hat Hans' Mutter die Trennung von ihrem Sohn erleichtert und ihm dadurch das Leben gerettet. Im Grunde genommen lebt jeder Mensch so lange, bis er seine Aufgabe erfüllt hat. Der Kleine liegt auf dem Kinderacker in Stahnsdorf. Die taktvolle Beerdigung nahm Pfarrer Sivkovicz vor, den ich von Fräulein von Kuhlwein her kannte. Es gehört für mich zu den schlimmsten und pathetischsten Dingen, einem Kindersarg folgen zu müssen. Ich habe in meinem Leben vielen Beerdigungen beiwohnen müssen, aber diese hat mich menschlich am meisten getroffen, nicht nur weil es mein eigenes Kind war.

Je mehr im Lauf des Jahres die Bombardierungen zunahmen, desto größer wurde die Gefahr für untergetauchte Juden, da sie auch oftmals dadurch ihre Quartiere verloren. Bereits beim ersten Voralarm brachte ich meine Illegalen schnellstens in einen Nebenkeller, wo sie sich im Dunkeln ganz still verhalten mußten. Ich selber ging mit meinen Hunden in den Hauptkeller, damit die Leute auch ja sahen, daß ich allein war. Einen plausiblen Grund dafür zu finden, daß ich nicht den Luftschutzkeller aufsuchte, war nicht schwierig. Ich schob meine Tiere vor, die man dorthin nicht mitbringen durfte.

Hin und wieder unterließ ich es aber auch, in den Keller zu gehen. Im Radio wurde meist die Stärke des anfliegenden Bomberverbandes bekanntgegeben. Als wieder einmal einer dieser Angriffe gemeldet wurde, nahmen wir an, er werde sich auf das nördliche Industriegebiet konzentrieren, und blieben oben im hinteren Korridor.

Nach der Entwarnung verließ ich die Wohnung, stürzte aber sofort wieder zurück und rief: »Dem Motorengeräusch nach muß noch ein Bomber über uns sein.« Samt den Tieren eilten wir in den hinteren Korridor und hörten den Einschlag der Bombe in unser Haus. Bis zur Detonation herrschte für den Bruchteil einer Sekunde völlige Stille, bevor der explosionsartige Knall und das Bersten von Mauern und Gebälk erfolgte. Kalk und Staub rieselte auf uns nieder, und ich säuberte anschließend als erstes meinen Hunden mit Wasser die Augen. Der Teil unseres Eckhauses zur Weimarer Straße hin war voll getroffen und zerstört worden; in meiner Wohnung waren sämtliche Scheiben zu Bruch gegangen, und die Decke mußte mit einem Balken abgestützt werden. Damit meine illegalen Mitbewohner nicht entdeckt wurden, haben wir provisorisch Decken an den Fensterstöcken befestigt. Am nächsten Morgen organisierte ich Bretter, mit denen ich das ehemalige Schaufenster vernagelte. Erfreulicherweise wurde meine Wohnung relativ schnell wieder instand gesetzt.

Zu den wenigen erheiternden Erlebnissen dieses Jahres gehörte Silvester. Als höheres Semester hatte ich die ärztliche Wache in der Inneren Pferdeklinik. Später in der Nacht wurden von Klamotten-Schulze, wie die Berliner die städtische Müllabfuhr nannten, sieben Pferde mit Lumbago eingeliefert. Diese sogenannte Feiertagskrankheit entsteht, wenn Pferde, die harte Arbeit gewohnt sind, zuviel Stallruhe haben. Diese Krankheit führt durch chemische Veränderungen in der Muskulatur zu Lähmungserscheinungen.

Die zitternden und stark schwitzenden Pferde, die zu uns gebracht worden waren, knickten in der Nachhand ein und wollten sich legen. Die einzige Therapie, die es gab, war, die Tiere in Bewegung zu halten. Wenn das durch Antreiben nicht gelang, bekamen sie das Aufputschmittel Pervitin gespritzt. Als ich die mir zugeteilten Pferdepfleger holen wollte, fand ich die Kerle total betrunken vor. Da die Pferde aber unbedingt in Bewegung gehalten werden mußten, brauchte ich ihre Hilfe. Aus dem Giftschrank entnahm ich acht Ampullen Pervitin, von denen ich eine als zerbrochen in das Giftbuch eintrug. Ihren Inhalt verteilte ich auf vier Spritzen und verabreichte ihn einfach meinen Helfern. Durch die hohe Dosis wurden sie schlagartig munter und verwendungsfähig.

Am nächsten Morgen ließ mich der leitende Professor zu sich kommen. Er deutete auf das Giftbuch und sagte: »Ich bin Ihnen sehr dankbar, daß sie durch die ›zerbrochene Ampulle‹ die Männer vor vielen Unannehmlichkeiten bewahrt haben. Sie haben jetzt noch immer alle stark erweiterte Pupillen.«

Alles Pferdematerial, das zu uns gebracht wurde, galt als kriegswichtig. Ein Vorstoß gegen ihre Pflichten hätte die Männer nicht nur ihr Freistellungsprivileg vom Kriegseinsatz gekostet, sondern sie wahrscheinlich Bekanntschaft mit einer Strafkompagnie machen lassen. Über die ausländischen Sender, die wir verbotenerweise natürlich abhörten, erfuhren wir vom Aufstand der Juden im Warschauer Ghetto und von dem heldenhaften Kampf, den dort schlecht ausgerüstete, hungernde Menschen gegen ihren Abtransport in die Vernichtungslager der SS führten, doch die Übermacht der Deutschen war zu groß. Am 16. Mai 1943 wurde der Ghettoaufstand vollends niedergeworfen, und dem Führer konnte gemeldet werden: »Warschau ist judenfrei.«

Am 27. Mai 1943 wurde dann seitens Goebbels auch das »Reich« für judenfrei erklärt, was allerdings ein Trugschluß war, denn in ihm lebten ja noch eine Menge privilegierter Juden, und es gab Lager auf deutschem Boden, in denen Juden für die Industrie arbeiteten. Natürlich wußte auch die Gestapo, daß es beispielsweise in Berlin eine erhebliche Zahl untergetauchter Juden gab. Bei ihren verschärften Versuchen, diese aufzuspüren, arbeitete sie mit einem sehr gefährlichen Trick: Sie sicherte Juden für den Fall, daß sie Glaubensgenossen und deren Verstecke aufspürten und der

Gestapo meldeten, die Unversehrtheit von Leib und Leben zu. Ich erfuhr relativ schnell von den ewig wandernden Juden, daß diese Aktion im Gang war und auch schon Erfolge gezeitigt hatte. Die Gefährdung für uns war immens, denn bis dato hatten ja Juden den Juden vertraut, und ich konnte nicht einmal ahnen, wieviel Juden meine Adresse als Anlaufstelle bekannt war. Es blieb mir nichts anderes übrig, als noch vorsichtiger zu sein und jeden Kontaktversuch von Juden, die mir unbekannt waren, brüsk abzublokken, um den Kreis derer weiterhin zu schützen, die nun schon lange meine Fürsorge beanspruchten.

Zu einer der übelsten Häscherinnen gehörte eine Frau namens Stella Goldschack. Um den Nazis ihre Verläßlichkeit zu demonstrieren, hatte sie ihnen zunächst ihren ersten Mann ans Messer geliefert und war mittlerweile mit einem besonders eifrigen Gestapo-Schergen, einem Herrn Kübler, liiert.

Als die Gestapo bei mir erschien, war ich darauf gefaßt. Eine Hausbewohnerin hatte mir mittags eine gelbe Karteikarte ausgehändigt, von der sie annahm, sie gehöre mir, da mein Name darauf stand. Ich nahm sie an mich und las mit Entsetzen: »Bei Maltzan wohnen J.« Ich eilte in die Wohnung und veranlaßte Hans, sich sofort in das Zimmer zu begeben, in dem die Couch stand, um bei der geringsten Gefahr darin zu verschwinden.

Es dauerte gar nicht lange, da erschien Herr Kübler mit einem eher bieder wirkenden Mann um die Vierzig bei mir, der angeblich früher bei der Kripo gewesen war. Die beiden kamen gegen halb drei und machten sich bis kurz vor sechs in der Wohnung zu schaffen. Sie rissen sämtliche Truhen und Schränke auf. Triumphierend präsentierten sie mir Hans' Anzüge. In aller Ruhe erklärte ich ihnen, ich hätte schließlich im letzten September einen Jungen geboren und könne ihnen versichern, daß er nicht vom Heiligen Geist stamme. Ich benannte ihnen ohne Zögern meinen schwedischen Freund Eric Svenson als Vater, der zur Zeit nicht in Berlin war. Und dann machte ich etwas, was den beiden ziemlich auf die Nerven ging: Ich habe mit einem Ball geworfen und meine beiden Hunde sind immer »wupp« hinter dem Ball her und genossen dieses Spiel.

»Können Sie das denn nicht unterlassen?« wurde ich gefragt.

»Nein«, sagte ich. »Das ist jetzt die Stunde, in der ich sonst immer mit den Tieren spazierengehe, und ein bißchen Bewegung müssen die immerhin ja auch haben.«

Schließlich gingen sie ins Schlafzimmer, in dem sich die Bettcouch mit Hans und noch eine weitere befanden. Ich wurde aufgefordert, mich zu setzen, und sie begannen das Verhör.

»Wir wissen, daß Sie Juden beherbergen«, wurde mir vorgehalten.

»Das ist vollkommen lächerlich«, empörte ich mich und zeigte mit großer Geste auf das Bild meines Vaters in Uniform.

»Sie glauben doch nicht, daß ich als Tochter dieses Mannes Juden verstecke.« Meine Selbstsicherheit machte sie bis zu einem gewissen Grade unsicher. Trotzdem ließen sie nicht locker.

»Uns ist aber bekannt, daß ein jüdisches Mädchen zwei Wochen lang Ihre Wohnung benutzt hat.«

»Ja«, sagte ich, »es ist richtig, daß ich ein Mädchen bei mir beschäftigt habe, bloß war es keine Jüdin. Die Papiere waren absolut in Ordnung.«

»Nein, die waren gefälscht«, behauptete der Herr Kübler.

»Hören Sie«, entgegnete ich, »Sie werden doch nicht annehmen wollen, daß ich als angehende Tierärztin überhaupt auf die Idee kommen kann, daß es so etwas gibt.«

Nun verlangten sie von mir, ich solle beide Couches öffnen. Bei der einen ging dies ganz leicht, während sich bei dem schweren Mahagonimöbel natürlich nichts rührte.

»Tut mir leid, die geht nicht auf«, sagte ich. »Als ich mir das Ding vor drei Wochen kaufte, hab' ich es schon einmal vergeblich probiert.«

Kübler blickte mich höchst mißtrauisch an, während sich sein Begleiter, ebenfalls ohne Erfolg zu haben, an der Couch zu schaffen machte.

»Sie sind doch bestimmt warm angezogen«, sagte ich zu ihm und war froh, diesen rettenden Einfall zu haben. »Wenn Sie mir nicht glauben, brauchen Sie doch bloß Ihre Knarre rausnehmen und durch die Couch zu schießen. Allerdings bestehe ich dann darauf, daß ich von Ihnen den Bezugsschein für neuen Polsterstoff bekomme und Sie die Reparaturkosten bezahlen. Und das hätte ich jetzt gerne erst einmal schriftlich von Ihnen.«

Es war ein reines Vabanquespiel, das sich aber als erfolgreich erwies, da solche Seelen sich scheuen, ihre Kompetenzen zu überschreiten.

Wenig später verließen sie meine Wohnung, nachdem sie mir zur Auflage gemacht hatten, daß ich ihnen das jüdische Mädchen, sollte es wieder bei mir auftauchen, sofort zu melden hätte. Was sie natürlich nicht ahnen konnten, war, daß ich bereits neuen Besuch erwartete.

Als ich mich vergewissert hatte, daß Kübler und sein Begleiter tatsächlich weg waren, half ich Hans aus seinem Versteck. Er war kreidebleich und schweißbedeckt, als er endlich seinem »Sarg« entsteigen konnte. Ich kochte ihm Tee und versuchte ihm zu helfen, über die grauenvollen Stunden hinwegzukommen, die er soeben durchgemacht hatte. Damit er nicht erschrak, wenn es gleich wieder klingelte, informierte ich ihn darüber, daß zwei jüdische Bekannte kommen würden, um Urlaubermarken, die illegal gedruckt wurden, bei mir abzuholen. Als die beiden Jüdinnen da waren, drückte ich ihnen nur die gefälschten Essensmarken in die Hand, erzählte ihnen rasch, was vorgefallen war, und bat sie, sich in nächster Zeit von meiner Wohnung fernzuhalten, da diese künftig bestimmt von der Gestapo sehr streng observiert weden würde.

Meine Vermutung bewahrheitete sich. Besonders unangenehm war die nächtliche Überwachung, wenn die Leute vom Hof aus versuchten, an den Fenstern zu horchen. Meine Hunde schlugen jedesmal an, aber die Katze bemerkte die ungebetenen Lauscher grundsätzlich zuerst. Sie stand am Fenster und spannte. In mein Verdunkelungsrollo hatte ich mit einer Stecknadel ein Loch gebohrt, durch das ich die Gestapo-Schergen unauffällig beobachten konnte.

Die ganze Situation wurde mir aber doch allmählich zu brenzlig, und so brachte ich Hans bei einer günstigen Gelegenheit zu Freunden nach Ferch. Ich war fieberhaft damit beschäftigt, alle Juden, die gelegentlich bei mir übernachteten, wissen zu lassen, daß mein Haus im Moment hochgradig gefährdet sei. Das ist, zum Teil mit Hilfe meiner tierärztlichen Kollegin, Frau Dr. von Duehring, recht gut gelungen. Trotzdem war die ständige Überwachung äußerst unangenehm.

Es wurde kälter, und als es eines Abends nach einem schönen Nachtfrost aussah, habe ich die kleinen, mit Kacheln eingefaßten Wege auf dem Hof mit Wasser übergossen, das sofort gefror und zur Vervollkommnung der Aktion feinen Draht über die Wege gespannt. Nachts hörte ich kladderadatsch, kladderabums – die Kerle rutschten aus und knallten aufs Glatteis.

Ich rief sofort das Überfallkommando an und meldete, daß Einbrecher auf meinem Hof seien. Zusätzlich rief ich noch den Metzger von gegenüber zu Hilfe, der prompt mit seiner Axt erschien. Nun hatte ich alles, was ich brauchte: Auf dem Hof stand die Gestapo der Polizei, dem axtbewehrten Metzger und mir gegenüber. Ich machte hysterisch auf Angst – der Effekt war wirkungsvoll; die Gestapo kam nachts nicht wieder. Aber erst als die Luft über längere Zeit wirklich rein geblieben war, wagte ich es, Hans aus Ferch wieder zurückzuholen.

Zu allen diesen Schwierigkeiten kam mein veterinärmedizinisches Staatsexamen. Es war anstrengend, denn wir hatten alle erforderlichen Prüfungen binnen acht Wochen abzulegen. Wir mußten in der kurzen Zeit alles parat haben, was wir während des Studiums gelernt hatten. Zu zweit traten wir mehrmals in der Woche zu den Prüfungen an. Der Kommilitone, mit dem ich zusammen ging, war ein Volksdeutscher mit dem schönen Namen Nico Dostal.

Er war ein netter, fleißiger Junge, mit dem ich im Examen herrliche Situationen erlebte. Ein Professor fragte Nico: »Was verstehen Sie unter Telegonie?«

»Fernzeugung, Herr Professor.«

»Und wie stellen Sie sich Fernzeugung vor?«

Der arme Nico geriet ins Schwimmen. Da sagte der boshafte Professor Stang in seinem alemannischen Deutsch: »Ich nenne Ihnen ein Beispiel.«

Ich wußte, was für ein Nazifresser er war, und war äußerst gespannt.

»Also, eine Frau, germanengleich, eine echte Brünhilde, ist mit einem Juden verheiratet. Er hat Plattfüße und einen kleinen, runden Bauch. Jährlich empfängt sie von ihm ein Kind, und die Kinder haben Plattfüße und einen kleinen, runden Bauch. Und dann kommt die Zeit mit dem ehernen Schritt, die endlich das Germanentum auf seine Bedeutung weist, und unsere Brünhilde erkennt, daß ein Jude nicht der richtige Mann für sie ist. Sie läßt sich scheiden und ehelicht einen Siegfriedsgleichen, und wieder bekommt sie jährlich ein Kind, und wieder haben die Kinder Plattfüße und kleine, runde Bäuche. Herr Dostal, ist das Telegonie?«

Dostal meinte verlegen: »Ich weiß es nicht genau, Herr Professor.«

Dann fragte der Professor mich, ob ich eine Deutung dafür hätte. »Ich nehme an«, erwiderte ich, »die Dame hat noch ein Verhältnis mit ihrem ersten Mann.«

Stang darauf: »Sehen Sie, Herr Dostal, ich bin der gleichen Ansicht.« Natürlich hat er ihn aber deswegen nicht durchfallen lassen.

Nachdem ich das Examen bestanden hatte, begann meine praktische Lehrzeit bei einem Tierarzt, die ein halbes Jahr dauerte und für die man kein Geld bekam. Ich ging zu der von mir hochverehrten Frau Dr. von Duehring. Sie betreute außer ihrer Praxis noch den Tierschutzverein in Lankwitz, schickte mich nun dorthin und sorgte auch dafür, daß ich dort besoldet wurde. Vormittags hatte ich Sprechstunde in Lankwitz, nachmittags arbeitete ich bei Frau Dr. von Duehring. Ich hatte schon vor meinem Staatsexamen oft und sehr selbständig bei ihr praktizieren dürfen. Während sie mit ihrem Auto zu Hausvisiten unterwegs war, ließ sie mich operieren. Sie bemerkte bald, daß mir alles recht gut gelang, und hat mir diese Arbeit honoriert.

Der November brachte Serienangriffe der englischen und amerikanischen Bomber auf Berlin, welche die Stadt schwer in Mitleidenschaft zogen und den westlichen Teil der Stadt sehr zerstörten. Nach einem dieser schweren Angriffe bot sich mir in der Kaiserallee ein schauerlicher Anblick. Die meisten Häuser waren durch Spreng- und Brandbomben weitgehend zerstört, es ragten nur noch Brandmauern in die Höhe. In den Häusern hatten die zerschlagenen Gasleitungen Feuer gefangen und brannten nun vor dieser makabren Kulisse wie leuchtende Fackeln. Auf der Spichernstraße begegnete mir ein altes Ehepaar, das immer nur stereotyp vor sich hin sagte: »Was sollen wir denn bloß tun? Was sollen wir bloß tun?« Sie gingen mit ihren Köfferchen an einer schwankenden Hausmauer entlang. Im selben Moment krallte sich die Hand eines jungen Offiziers in meine Schulter – wir beide, wie auch andere, starrten gebannt und erwarteten, daß sie im nächsten Moment vor unseren Augen verschüttet würden. Das Schreckliche geschah, aber erst als sie gerade die Mauer passiert hatten. Geschockt, wie sie schon ohnehin waren, erfaßten sie das Geschehen wohl gar nicht.

Am gleichen Tag las ich in der Nürnberger Straße einen kleinen, völlig verängstigten Dingo auf, den ich zum Zoo brachte. Als ich dort ankam, sah ich, was die Bomber auch hier angerichtet hatten: Das Aquarium war zerstört worden; tote Fische, angesengte Krokodil- und Schlangenleichen lagen zuhauf herum. Die Wärter, die während der ganzen Nacht freigekommene Raubtiere hatten erschießen müssen, boten einen bemitleidenswerten Anblick.

Zusammenarbeit mit verschiedenen Widerstandsgruppen

So eng wie Hans und ich zusammenlebten, konnte es nicht ausbleiben, daß er von meiner Arbeit für antifaschistische Gruppen etwas ahnte. Mit dem Ausmaß der Gefahr, die mit diesen nächtlichen Einsätzen verbunden war, wurde er erstmals konfrontiert, als ich frühmorgens mit einem leichten Streifschuß im Schläfenbereich nach Hause kam. Natürlich mußte ich ihm Rede und Antwort stehen. Ich machte es knapp und sagte: »Lieber Hans, das hat alles nichts mit dir und mir zu tun. Ich kann dir nicht sagen, wo ich war, und ich werde dir auch in Zukunft nicht erzählen, wohin ich manchmal gehe. Ich kenne die Gestapo und ihre Methoden besser als du, und falls du denen, was Gott verhüten möge, jemals in die Hände fallen solltest, kannst du nichts ausplaudern, was du nicht weißt. Mach mir das Leben daher nicht schwer, und stelle bitte keine weiteren Fragen.«

Bis zur Überrollung 1945 hat er sich daran in bewundernswerter Weise gehalten, obwohl dies für ihn menschlich in jeder Hinsicht belastend war. Ich konnte es ihm oft ansehen, wie es ihn drängte, mir in irgendeiner Weise helfend beizustehen – aber das eben durfte unter gar keinen Umständen sein.

Trotzdem tat er etwas, das mich sehr berührte. Wenn ich nachts unterwegs war, fand ich häufig bei meiner Rückkehr ein Gedicht von ihm auf meinem Kopfkissen liegen. Ich besitze sie noch heute. Wegen der damals besonderen Sinnfälligkeit liebe ich das folgende am meisten.

Wir stehen untergangsbereit
Und bieten Trotz der Gewalt
Wir überdauern Raum und Zeit
Wir überstehen Tod und Leid
Denn wir geben dem Geiste Gestalt

Wir sind die Träger der Idee
Die nimmer und nie wird vernichtet
Wir sind des Glaubens Fels in der See
Der Barbarei und Trutz allem Weh
Das zum Ende vom Anfang gerichtet

Mag fallen was vernichtet fällt
Durch Mord und Gemeinheit und Tücke
Wir wissen was uns am Leben hält
Wir glauben und Glauben erhält eine Welt
Wir stehen und schließen die Lücke

Über Pfarrer Sivkovicz hatte ich seit 1940 Kontakt zur Schwedischen Kirche in Berlin, die zahllosen von den Nazis Verfolgten half, Deutschland zu verlassen.

Ihren Landsleuten war es erlaubt, ihr in der Reichshauptstadt vorhandenes Mobiliar in ihre Heimat zu verfrachten. Für diese Transporte wurden an bestimmten Tagen Eisenbahnwaggons der Reichsbahn zur Verfügung gestellt. Mit den nicht gerade hitlerfreundlich eingestellten Eisenbahnern eine auch mit Naturalien wie Kaffee und Zigaretten honorierte Vereinbarung zu treffen gelang dem jungen schwedischen Organisationsgenie Erik Wesslen, der ursprünglich nur nach Berlin gekommen war, um hier zu studieren.

Das mit den Eisenbahnern getroffene Agreement sah vor, daß das schwedische Mobiliar verladen und die Waggons anschließend plombiert wurden. Der Zug, der fahrplanmäßig spätabends in Berlin abging, hielt dann kurzfristig außerhalb der Stadt. Hier warteten Wesslens Leute, die die Waggons öffneten und die Möbel zerstörten und hinauswarfen. In die Waggons stiegen nun Menschen. Wir hatten mit großer Mühe Metallplatten besorgt, die mit den Menschen zusammen in etwa dasselbe Gewicht wie die Möbel ergaben.

Diese Menschen an die verabredete Stelle zu bringen war meine Aufgabe. Im Norden übernahm ich die jeweilige Gruppe, die als »Schwedenmöbel« in die Freiheit transportiert werden sollte. Ich mußte ihnen erst einmal klarmachen, daß sie nicht über sandige Stellen laufen durften, um keine verräterischen Fußspuren zu hinterlassen. Es galt, im Schutz des Waldrandes sich fortzubewegen und darauf zu achten, nicht auf Äste zu treten und auch sonst keinerlei Geräusch zu machen. Als wir bereits eine Zeitlang unterwegs waren, sah ich auf dem neben den Gleisen verlaufenden Sandweg Spuren von Knobelbechern und Hundepfoten. Offenkundig war ein von Hunden begleiteter SS-Trupp unterwegs gewesen, der diese Gegend wegen des nahe gelegenen Strafarbeitslagers Wuhlheide kontrollierte. Ich entschloß mich, die beiden jungen Männer, die mir als Begleiter zugeteilt waren, zurückzuschicken, um den Sachverhalt zumelden. Meine Schutzbefohlenen habe ich über die Gefahr, in der sie sich befanden, nicht unterrichtet, weil ich hoffte, meine Aufgabe dennoch erfüllen zu können. Wir hatten das Glück, unser Ziel unbehelligt zu erreichen, und ich übergab die armen, verängstigten Juden an einen der Unseren, der für die Verladung zuständig war.

Den Rückweg trat ich mit äußerster Vorsicht an, innerlich auf Gefahr eingestellt. Ich hatte fast die halbe Strecke zurückgelegt, als ich merkte, daß man die Schneisen des

Waldes mit Scheinwerfern entlangleuchtete, und mir klar wurde, daß man mich mit dieser Methode in ein großes Viereck einschloß. Ich begab mich sofort in den Schutz der Bäume. Waldeinwärts laufend stieß ich auf einer Lichtung auf einen kleinen Bach. Es hatte den Anschein, als sollte dort eine Baumschule angelegt werden, denn ich entdeckte ziemlich in der Mitte der Wiese einen Misthaufen. Da ich nicht wollte, daß meine Spur am Bach ein Ende nahm, bin ich hinübergesprungen, bis zum Misthaufen gegangen und dann in der eigenen Spur zum Bach zurückgelaufen. Mein Plan war, daß die Hunde meine Spur am Mist verloren und nicht am Bachrand. Es begann ein ziemliches Versteckspiel, denn das Hundegebell kam immer näher. Ich wußte, daß weiter oben der Bach in ein Gewässer mündete, dessen Ufer mit Bäumen bestanden waren, deren Äste bis tief ins Wasser reichten. Meine Hoffnung war, zu diesen Bäumen zu gelangen und mich vom Wasser aus in ihren Zweigen zu verstecken. Obwohl die Hunde offenbar meine Spur am Misthaufen verloren hatten, ging die Suche weiter. Im Morgengrauen wurden die Scheinwerfer zwar abgeschaltet, aber ich hörte dennoch das Geräusch, das die Patrouillen verursachten. Dieser Tag im Baum gehört zu den längsten, die ich durchlebt habe. Nach Sonnenuntergang gingen erneut die Scheinwerfer an, und das Spiel vom Vortage wiederholte sich. Gott sei Dank wurde ich wiederum nicht entdeckt. Es muß gegen Mitternacht gewesen sein, als ich die Luftschutzsirene hörte und wenig später entdeckte, daß der Norden Berlins angegriffen wurde. Kurz darauf erloschen die Scheinwerfer, und die SS-Leute mit ihren Hunden verschwanden. Mit steifen Gliedern verließ ich mein unbequemes Versteck. In einiger Entfernung war der Feuerschein brennender Häuser zu sehen. Ich eilte dorthin und beteiligte mich an den Löscharbeiten. Am Morgen ließ ich mir vorsichtshalber darüber von dem Luftschutzwart eine schriftliche Bestätigung geben. Stunden später erreichte ich den Hintereingang des Gemeindehauses der schwedischen Viktoriakirche und klopfte an der Tür das vereinbarte Zeichen. Der schwedische Pfarrer und der Leiter des Schwedischen Roten Kreuzes öffneten mir. Ich hörte sie gerade noch sagen: »Das ist ja unsere Veterinärin!« Dann sank ich zu Boden. Als ich wieder zu mir kam, bat ich sie, Hans zu benachrichtigen, daß ich noch am Leben war. Ein alter Mann wurde losgeschickt, mir saubere Kleidung zu besorgen. Ich hatte entsetzlichen Hunger, bekam zu meiner Enttäuschung aber nur Haferbrei, weil die Freunde meinten, alles andere würde mir nicht bekommen. Als ich spätabends in der Detmolder Straße ankam, war Hans überglücklich, mich wohlbehalten wiederzusehen. Sehr viel später habe ich erfahren, daß dieses Husarenstück, das doch vielen Menschen das Leben gerettet hatte, gelungen war.

Das Zentrum dieser »Flüchtlingsorganisation« war die Schwedische Kirche in der Landhausstraße, in deren Krypta die Verfolgten die Zeit bis zum nächsten Transport in Richtung Freiheit überbrücken konnten. Täglich kamen neue »U-Boote« hinzu, und es gab durchaus den einen oder anderen deutschen Polizeiwachtmeister vom gegenüberliegenden Revier, der ihnen, wenn sie sich dahin schlichen, bei seinem Streifendienst dezent den Rücken kehrte.

Trotzdem hatte Arvid Richert, der schwedische Botschafter in Berlin, Pastor Perwe vor der Gefahr gewarnt. »Wir können euch nicht helfen, wenn etwas passiert.«

»Die Kirche ist schwedisches Eigentum auf schwedischem Grund und Boden«, hatte ihm der Pastor daraufhin entgegnet und unerschrocken weitergemacht.

Der Einzelkämpfer Wesslen wiederum hatte Kontakte zur SS, von denen ich jedoch nicht sagen kann, wie sie verliefen. Über diesen »Draht« wurde verhandelt und Köpfe regelrecht zurückgekauft, Juden oder Politische gegen Zigaretten, Kaffee, Schnaps, Butter und Milchpulver. Meine Aufgabe war es dann, die Leute, die ich von Wesslen übernahm, irgendwo unterzubringen, bis wir gefälschte Papiere besorgt hatten, um sie aus Deutschland herauszuschleusen.

Als ich nachts mit zwei Freigekauften unterwegs war, die mir unauffällig in einigem Abstand folgten, so, als ob wir nicht zusammengehörten, wurde ich von Gestapoleuten angerufen und aufgefordert, stehenzubleiben. Da ich keine Schrecksekunde kenne, habe ich sofort ein Ablenkungsmanöver inszeniert, während meine »Politischen« das einzig Richtige taten und einfach ruhig weitergingen. Ich kletterte über eine Mauer, und die Gestapoleute schossen hinter mir her, was mir den bereits erwähnten Streifschuß eintrug, und machten sich an meine Verfolgung. Auch wenn es vielleicht merkwürdig klingen mag, Angst habe ich dabei nicht gehabt, sondern nur das Gefühl: Schießen sie dich tot, stirbst du für eine gute Sache; schießen sie dich nicht tot, kannst du noch weiteren Menschen helfen.

Als die nationalsozialistischen Menschenhändler dazu übergingen, die für teures Geld Freigekauften nach Möglichkeit gleich wieder zu verhaften, um so noch ein weiteres Mal abkassieren zu können, ersann Wesslen immer neue Fluchtrouten.

Eines Abends übernahm ich von ihm an einem Gully eine Gruppe von sechs älteren Juden, die er mit dem Auto bei der Gestapo persönlich abgeholt hatte. Als ich sie durch die unterirdischen Kanalisationsschächte führte, beschlich mich das Gefühl, daß sich jemand an unsere Fersen geheftet hatte. Ich verbarg mich in der Dunkelheit eines Abzweigs des Tunnels und wartete, bis der Verfolger die Stelle passiert hatte, und jagte ihm dann von hinten eine Kugel ins Bein. Ich war entsetzt über den lauten Hall, den der Schuß ausgelöst hatte.

Wesslen tobte, als ich ihm am nächsten Tag von dem Vorfall berichtete: »Das war das Dümmste, was du tun konntest, denn damit ist dieser Fluchtweg für uns unbrauchbar geworden. Du hättest ihn erschießen müssen!«

»Ich kann niemanden umbringen«, sagte ich zu ihm.

»Du bist zu nichts nütze«, schnauzte er mich an. Trotz dieser Meinungsverschiedenheit arbeiteten wir weiterhin zusammen.

An die Ausweise, die wir benötigten, sind wir auf allen möglichen und unmöglichen Wegen gekommen. Vom Polizeirevier in der Landhausstraße haben wir sogar gelegentlich Blanko-Ausweise bezogen, weil dort ein Familienvater saß, der von den Schweden mit Lebensmitteln bedacht wurde.

Es gab Leute, die ihre Ausweise verkauften, weil sie dringend Geld brauchten; aber auch solche, die die Dokumente Verstorbener versilberten. In einem Fall ist mir der Zufall zu Hilfe gekommen. Die Schweden hatten mich beauftragt, für eine ältere Dame einen Ausweis zu beschaffen. Beim Fleischer entdeckte ich eine Frau, die ihr vom Aussehen und der Größe her stark ähnelte. Ihr Ausweis lag oben in ihrem Einkaufskorb. Ich nahm das für einen Wink des Himmels – doch den Ausweis einfach zu klauen, brachte ich nicht über mich. Ich packte einige Hundertmarkscheine in einen Umschlag, den ich gegen den Ausweis unbemerkt tauschte.

Das Geld, das ich dabei hatte, war mir – wie schon ein paarmal zuvor – bei meinem Frisör in der Marburger Straße ausgehändigt worden. Dieser, ein Antinazi wie es besser nicht ging, hatte mir auf meine Bitte hin vor längerer Zeit schon beigebracht, wie man Herrenköpfe und Bärte schneidet, da ich die bei mir untergetauchten Männer schlecht zum Frisör schicken konnte. »Da Sie bereits Hunde trimmen können«, hatte er damals gemeint, »ist das Ganze weiter kein Kunststück.«

Als ich eines Tages bei ihm im Salon war, um mich frisieren zu lassen, kam er und sagte: »Es ist jemand da, der Sie sprechen will.« Fragend blickte ich ihn an.

»Ich habe ihn in den kleinen Raum gebeten, wo wir immer die Farben mischen. Von ihm haben Sie nichts zu befürchten«, fügte er beschwichtigend hinzu.

Der Mann, der mich dort erwartete und den ich noch nie zuvor gesehen hatte, drückte mir zehn Paar Seidenstrümpfe und ein geldgefülltes Kuvert mit den Worten in die Hand: »Als kleiner Dank der KP, Gräfin, denn Sie tun so viel auch für unsere Leute. Falls Sie uns irgendwann dringend brauchen sollten, rufen Sie an. Wenn sich jemand meldet, sagen Sie Ihren Decknamen und hängen sofort wieder ein.«

Sie müssen sehr gut orientiert gewesen sein. Von der Nummer, die er mir nannte, habe ich allerdings nie Gebrauch gemacht; bei jedem dritten oder vierten meiner Frisörbesuche bekam ich dann auf diese Weise Geld und andere nützliche Dinge überreicht.

Eine andere Form der Geldbeschaffung war der Verkauf von Schmuck. Für uns übernahm das eine blendend aussehende Jüdin, die wir mit Hilfe von Freunden voll arisiert hatten. Diese großartige Frau hat leider den letzten großen Angriff auf Berlin nicht überlebt. Als wir, zwei Mädchen und ich, zu dem verabredeten Treffen gingen, gehörte sie zu den Toten, die vorm »Bristol« aufgereiht lagen. Sie hatte an ihrer Linken noch den mindestens vierkarätigen Brillantring, den sie auftragsgemäß veräußern sollte und der ihr ja nicht gehörte. Wir mußten ihn daher wiederhaben. Laut heulend und weinend warfen wir uns über ihre Leiche, um ihr das kostbare Schmuckstück wieder abzunehmen.

Erik Perwe, der im Herbst 1944 einen größeren Transport von Juden nach Schweden vorbereitete, flog, um Pässe und Geld zu besorgen, vom Tempelhof aus in Richtung Heimat. Über der Ostsee wurde die Maschine jedoch abgeschossen. Sein Nachfolger wurde der dreißijährige Seemannspfarrer Erik Myrgren, mit dem ich dann in gleicher Weise wie mit seinem Vorgänger eng zusammengearbeitet habe.

Ich verkehrte seit Jahren im Haus der Exzellenz Solf, Hanna Solf. Ihr verstorbener Mann war der frühere deutsche Botschafter in Tokio und Gouverneur von Samoa.

Ich war mit ihrer Tochter befreundet, die mit dem schlesischen Grafen Ballestrem verheiratet war. Bei Hanna Solf traf ich auch etliche Persönlichkeiten wie den Grafen Yorck, der dem Kreisauer Kreis angehörte, dessen Ziel die Beseitigung des nationalsozialistischen Regierungssystems war. Was mich bei diesen Treffen von Widerständlern im Laufe der Zeit sehr bedenklich stimmte, war, daß immer wieder neue Gesichter in der Gruppe Solf auftauchten. Wie recht ich mit meinen Befürchtungen hatte, stellte sich im Januar 1944 kurz vor der Zerschlagung des Kreisauer Kreises heraus.

Frau von Thadden, die auch zu diesem Kreis gehörte, hatte uns alle zum Tee eingeladen. Ich stand bereits fertig angezogen in meiner Wohnung und wollte aufbrechen, als meine innere Stimme sich warnend meldete.

»Wenn du dich nicht beeilst«, sagte Hans zu mir, »kommst du zu spät.«

Ich erklärte ihm rundheraus, daß ich ein so merkwürdiges Gefühl hätte, weshalb ich nicht zu Frau Thadden gehen wollte. Selbst eine telefonische Absage lehnte ich ab.

Einige Tage zuvor war einer jener Fluchthelfer, der für die Gruppe Solf als »Schwarzer Schwimmer« Leute über den Untersee genannten Teil des Bodensees brachte, ausgefallen. Da ich als ausdauernde Schwimmerin bekannt war, wurde ich gefragt, ob ich nicht einspringen könnte.

So fuhr ich zunächst nach Garmisch zu meiner Cousine Maltzan, der Witwe des langjährigen Botschafters in Washington, Argo von Maltzan, und von da aus weiter an den Bodensee zu der mir genannten Kontaktstelle. Ich wurde nach Einbruch der Dunkelheit zu einem bestimmten Ort am Untersee gebracht und bekam ein Licht auf der Schweizer Seite gezeigt, nach dem ich mich orientieren könnte. Die Frau, mit der ich über den See schwimmen sollte, war eine etwa sechzigjährige Jüdin. Man reichte uns hochgeschlossene, langarmige schwarze Badeanzüge, um es den Besatzungen der Patrouillenboote zu erschweren, uns zu entdecken. Der ausgehöhlte Kürbis mit Augenlöchern und einem langen Stück Bindfaden daran löste allerdings Verwunderung und Fragen aus, wozu der denn gut sein solle.

»In meiner Kindheit habe ich den ›Lederstrumpf‹ von Cooper gelesen«, erklärte ich ihr, »und die Beschreibung der Indianertricks fabelhaft gefunden.« Daß diese Antwort nur Lachen auslöste, fand ich als große ›Lederstrumpf‹-Verehrerin ungerecht.

Die Energieleistung, welche die alte Dame über rund zwei Stunden aufbrachte, als sie mit mir über den See schwamm, habe ich sehr bewundert. Auf Schweizer Boden nahm sie ein Kontaktmann in Empfang, und ich trat nach einer kurzen Pause den Rückweg an, um noch im Schutz der Dunkelheit das deutsche Ufer zu erreichen.

In der nächsten Nacht brachte ich der Frau ihr Gepäck nach. Der wasserdicht verpackte Koffer wurde auf den aufgepumpten Schläuchen eines Pkw-Reifens festgemacht, den ich beim Schwimmen vor mir herschob, was ziemlich anstrengend war. Die Tour zum Schweizer Ufer verlief glatt. Auf dem Rückweg hörte ich das Motorengeräusch eines sich nähernden Polizeibootes. Immer wieder flammten starke Scheinwerfer auf, mit denen die Wasseroberfläche abgesucht wurde. Sofort stülpte ich mir meinen Kürbis über den Kopf. Als der Kürbis endgültig vom zunächst noch hin- und herwandernden Lichtkegel des Scheinwerfers fixiert wurde, holte ich ein paarmal tief Luft und tauchte, wobei ich versuchte, möglichst weit wegzukommen. Noch unter Wasser hörte ich dumpf das Geräusch der Maschinengewehrgarbe, die ihn in tausend Stücke zerfetzte. Als ich vorsichtig wieder auftauchte, sah ich das Patrouillenboot abdrehen. Mit großen Tauchstrecken erreichte ich nach Stunden erschöpft das rettende Ufer. Die Leistung der Kollegen, die so etwas öfter machten, und das Risiko, das sie dabei eingingen, muß hoch eingeschätzt werden. Dies ändert freilich nichts an meinem unerschütterlichen Glauben, daß ich mein Leben dem Kürbis verdanke.

Nachdem diese Aktion für mich gut abgelaufen war, rief ich dann in Garmisch die Solfs an, die dort ein Haus hatten. Es meldete sich eine mir völlig unbekannte Stimme, und ich wurde gebeten, es noch einmal in einer halben Stunde zu versuchen, wenn die Gräfin wieder da wäre. Ich habe eingehängt und mich gehütet, noch einmal anzurufen.

In Berlin erfuhr ich dann von der Verhaftung der Thaddenschen Teegesellschaft.

Imponiert hat mir das Auftreten von Exzellenz Solf vor dem Volksgerichtshof. Diese etwa sechzigjährige, kleine drahtige Frau hatte dem tobenden Freisler, der brüllte: »Ihr Mann war doch auch schon so ein Liberaler, oder wollen Sie das bestreiten«, erwidert: »Ja, liberal im Goetheschen Sinne.«

Exzellenz Solf, die im Zuchthaus Brandenburg landete, und ihre Tochter Lagi, die nach Ravensbrück verbracht wurde, waren die einzigen, die für ihre Teilnahme an der konspirativen Teerunde, bei der einer der Anwesenden nicht »echt« gewesen war, nicht mit dem Tod büßen mußten.

Im Lauf der Zeit habe ich so manches Verhör bei der Gestapo über mich ergehen lassen müssen. Manchmal bin ich denunziert worden, und das wurde dann meist recht unangenehm. Ein anderer Grund war, daß die Pferde und großen Hunde, die ich in der Praxis betreute, bei Gestellungsbefehl niemals kriegsverwendungsfähig waren. Bei den Pferden, die vorgeführt werden mußten, wendete ich einen Trick an, den ich in meiner Jugend von den in großen Scharen durch Schlesien ziehenden Zigeunern erlernt hatte. Die Sinti hatten mir gezeigt, daß eine Stecknadel, kurz oberhalb des Hufs in einer bestimmten Art und Weise eingestochen, das Pferd stark lahmen läßt. Nach Entfernen der Nadel geht das Tier sofort wieder frei. Die Hunde, die für den Einsatz gegen Partisanen schußfest sein mußten, behandelte ich anders. Ich ging mit ihnen spazieren, nahm sie, wenn weit und breit kein Mensch zu sehen war, ganz kurz an die Leine und feuerte direkt vor ihrer Nase ein paar Schüsse in den Boden. Logischerweise waren so vorbehandelte Hunde bei der Prüfung auf Schußfestigkeit perfekte Nieten. Wenn alle Stricke rissen, griff ich auch zu fieber- und durchfallerzeugenden Spritzen.

Dies muß aufgefallen sein, und die Gestapo lud mich vor, um mich zu befragen. Ich machte es kurz: »Sämtliche Tiere, mit denen ich es zu tun habe, sind krank. Was erwarten Sie denn von mir – veterinärmedizinische Wunder?«

Das nächste Mal wurden mir wegen meiner Worte auf einer Versammlung von Airedaleterrier-Freunden Schwierigkeiten bereitet, bei der ein SS-Mann im Brustton der Überzeugung propagierte: ›Der Kamerad Hund gehört genauso an die Front wie der Mann, der sein Vaterland verteidigt.«

Ich konnte nicht umhin, zu bemerken: »Ich stimme Ihnen völlig zu, muß Ihnen aber folgendes berichten: Mir ist bekannt, daß auf einem Bahnhof im ostdeutschen Raum verwundete Hunde ausgeladen wurden, die in ein Hundelazarett weitertransportiert werden sollten. Ein betrunkener SS-Trupp machte sich den Spaß, diese Tiere als Zielscheiben zu benutzen. Mein Herr, ich frage Sie daher allen Ernstes, behandelt man so einen Kameraden?«

Der SS-Mann schwieg dazu. Schön fand ich die lakonische Feststellung eines Hundebesitzers: »Ich will meinen Hund bei mir auf dem Teppich haben und nicht eine Urkunde über seinen Heldentod an der Wand.«

Das Tierheim in Lankwitz wurde zu einem Sammelplatz für Hunde, die aus dem Partisaneneinsatz zurückkamen. Eines Tages kam ein Barsoi zu uns, der auf der Partisanenjagd etwa siebzig Menschen getötet hatte. Sein Hundeführer war gefallen, und keiner wagte sich an ihn heran. Ein Soldat brachte ihn, nachdem man dem Hund einen Maulkorb verpaßt hatte. Wir steckten ihn in einen großen Zwinger. Anfangs war es schwer, ihn zu füttern, weil keiner von uns sich zu ihm hineinwagte. Die Leiterin des Tierheims hat es durch ihre fröhliche, vertrauenerweckende Art geschafft, eine Beziehung zu ihm aufzubauen, so daß es allmählich ein nettes, freundliches Tier wurde. Es ist dann gelungen, einen Lankwitzer Eisenbahner zu finden, der zunächst mit dem Hund spazierenging, bis das gegenseitige Vertrauen so groß wurde, daß wir ihm das Tier ganz übergeben konnten. Als der Mann zum Volkssturmeinsatz eingezogen wurde, mußten wir den Hund notgedrungen einschläfern. Eine nochmalige Umgewöhnung hielten wir für ausgeschlossen.

Es kamen auch Boxer ins Tierheim, die Erfrierungen bis zum Mittelhirn hatten. Durch die kupierten Ohren war ihnen die Möglichkeit genommen, diese gegen die Kälte zu schützen. Seitdem bin ich erst recht gegen diese Unsitte.

Es war außerordentlich schwierig in dieser ganzen Zeit, für die Tiere Futter zu beschaffen. Es gab eine Zuteilungsstelle, bei der man einmal in der Woche zu unglaublich früher Tageszeit anstand, um nach einigen Stunden ein entsetzlich stinkendes Zeug zu kaufen, das nur nachts abgekocht werden konnte, da man sich am Tage wegen des Gestanks nicht traute.

Wenn ich zur Fleischbeschau ging, nahm ich die Teile,

die für den menschlichen Genuß nicht verwandt wurden, als Futter für meine Tiere und die der Nachbarn mit. Eines Tages holte ich bei einer Notschlachtung aus einem Schwein eine ganze Reihe ungeborener Ferkel heraus. Ich packte sie dick in Zeitungspapier, um sie mit nach Hause zu nehmen. In der Straßenbahn platzte das Papier, und der erstaunliche Inhalt verteilte sich auf dem Boden. Das Entsetzen der Leute ob dieser nicht voll entwickelten Ferkel war groß. Ich hatte ein Handtuch dabei, in das ich die Föten notdürftig zusammenraffte, um so die Mitfahrer von diesem unästhetischen Anblick zu befreien.

Als ich ein andermal nach der Arbeit auf dem Zentralviehhof an der Station Landsberger Allee in die S-Bahn steigen wollte, dachte ich, meinen Augen nicht trauen zu können. Der kleine Laden des Gemüsehändlers quoll regelrecht über von Honigmelonen, die ich seit Jahren nicht mehr in Berlin gesehen hatte. Und billig waren sie außerdem. »Wieviel kann ich denn haben?« fragte ich sofort.

»Soviel Sie wollen«, bekam ich zur Antwort.

»Dann nehme ich fünfzig Stück«, erklärte ich.

»Wie bitte?« sagte der Verkäufer und sah mich verdutzt an. »Wie wollen Sie die denn um alles in der Welt transportieren?«

»Das lassen Sie mal meine Sorge sein«, versicherte ich und reichte ihm das Geld. Aus meiner Bereitschaftstasche holte ich eine Knopfsonde mit Öse und eine Rolle Kastrationsschnur hervor, wie man sie bei Pferden verwendet. Die Melonen fädelte ich wie bei einer Perlenkette auf und schlang sie mir mehrreihig um den Hals. Daß ich auf dem gesamten Nachhauseweg unentwegt nur begafft wurde, tat meiner Freude über diesen Einfall keinen Abbruch.

Mein schönstes Kabinettstückchen war freilich die Sache mit der Gans. Von der Frau des Pfarrers Sivkovicz war mir bekannt, daß sie ihre Finger ziemlich dick im Schwarzmarktgeschäft hatte. Deswegen hatte ich mal versuchsweise bei ihr angefragt, ob sie mir nicht dies oder jenes besorgen könne. Sie hat mich allerdings ob dieses Ansinnens ziemlich empört abblitzen lassen. Mir war sofort klar, warum: Ich kannte ihren Mann, und der wußte offenbar nichts von ihren diesbezüglichen Aktivitäten.

Na ja, und dann hatte mein Neffe »Brummi«-Reichenau Fronturlaub und war mit seiner Braut Irmelin bei uns zu Besuch. Es war nur schlimm, daß ich ihnen fast nichts zu essen anbieten konnte. Ich entschloß mich, mein Glück noch mal bei Frau Sivkovicz zu probieren. Ich griff zum Telefon, um bei ihr anzufragen, ob sie nicht Zeit für eine persönliche Unterredung mit mir hätte. Und nun passierte etwas Fabelhaftes: Ich geriet als Dritte in ein Gespräch, das sie mit einem ihrer Lieferanten führte. Zu den Posten, die verhandelt wurden, gehörte unter anderem auch eine vierundzwanzig Pfund schwere Gans. Obwohl ich persönlich Gans überhaupt nicht mag, wurde ich sofort sehr hellhörig.

Ich verließ die Wohnung und rief sie gleich darauf von einer öffentlichen Telefonzelle an, wobei ich ein Taschentuch um die Sprechmuschel legte.

»Frau Sivkovicz?« fragte ich mit meiner ohnehin schon etwas tiefen Stimme.

»Ja.«

»Geheime Staatspolizei. Wir haben soeben Ihr Telefongespräch abgehört. Wirklich höchst interessant, was Ihnen da so alles geliefert wird.«

Die Reaktion der Pfarrersfrau bestand in einem kaum unterdrückten Schluchzen. Also machte ich munter weiter.

»Hören Sie«, sagte ich, »ich bin selbst Familienvater und habe Kinder. Darum will ich mal nicht so sein und mache Ihnen einen Vorschlag: Sie deponieren heute nacht die Gans diskret verpackt hinter der Mauerruine rechts bei Ihnen um die Ecke, und ich vergesse, daß ich Sie abgehört habe.«

Zu später Stunde ging ich mit meinen Hunden ums Karree und rechnete damit, daß die arme Frau Sivkovicz viel zuviel Angst hatte, um sich etwa auf die Lauer zu legen und zu beobachten, wer die Gans abholte. In aller Gemütsruhe nahm ich das fast einen Viertelzentner schwere Paket an mich und schleppte es nach Hause, wo ich die noch von mir ausgenommene Gans in die kalte Bratröhre schob.

Am nächsten Morgen sagte ich zu Irmelin, Brummi und Hans ganz beiläufig: »Wenn ihr möchtet, gibt es heute abend bei uns einen schönen Gänsebraten.«

»Wie bitte?« fragte Brummi in einem Ton, als könne dies gar nicht sein.

Ich ging in die Küche und zeigte ihnen meinen Prachtvogel. Sie haben so gestaunt, daß sie eine ganze Weile brauchten, bis sie sich wieder beruhigt hatten.

Abschied von Militsch

Im Frühjahr 1944 zeichnete sich schon sehr deutlich ab, daß der Krieg militärisch gesehen eine Wende zum Schlechten für die Deutschen nehmen würde. An der Ostfront hatte die Rote Armee bereits Anfang Januar die polnische Ostgrenze überschritten. Die deutschen Zeitungen berichteten von Frontverkürzungen, doch wer die Auslandssender hörte, wußte es besser. Die Zerschlagung des Tausendjährigen Reiches bahnte sich an. Mir war allerdings klar, daß mit dem Einmarsch aus dem Osten auch vieles andere vernichtet werden würde, und so bereitete ich in Berlin alles vor, um noch einmal nach Militsch fahren zu können.

Es wurde eine Reise des Rückerinnerns. Ich wußte, es würde meine letzte »Heimkehr« sein.

Ich hatte mich entschlosen, mit meiner Schwägerin über meine Abfindung zu sprechen, denn ich war die einzige von uns Schwestern, die nach dem Tode unseres Vaters nicht ausbezahlt worden war. Mir lagen auch die Kunstschätze, die dieses Schloß barg, sehr am Herzen. Ich dachte an den Cranach, die Dietrichs und Wouwermans. Militsch besaß außerdem die wohl größte Kupferstichsammlung, die sich in Europa in privater Hand befand. Ich überlegte mir, wie ich es meiner Schwägerin klarmachen sollte, daß es das Klügste wäre, diese Kunstschätze auszulagern, etwa nach Westösterreich.

Ich kam am Spätnachmittag in Militsch an und aß dann mit meiner Schwägerin, meiner Schwester Reichenau, die gerade zu Besuch da war, und einigen der einquartierten Offiziere zu Abend. Auch bei dem anschließenden Beisammensein im Salon erwiesen sich die Offiziere als angenehme und sehr gebildete Leute. Lange und sehr ernst unterhielten wir uns, mit der gebotenen Vorsicht freilich, über die politische Lage.

Am nächsten Morgen stand ich früh auf und begann – unbewußt in der gleichen Haltung wie mein Vater, Hände auf dem Rücken – den Park zu durchwandern.

Von der Gartenseite aus gelangte ich über die kleine Brücke, die den sogenannten Mühlgraben überspannte, in das eigentliche, großzügig angelegte Parkgelände, das von Teichen und Wasserläufen durchzogen war. Die Rhododendren, manche Büsche so hoch wie ein Haus, hatten schon wie die Azaleen Knospen angesetzt, die bald aufbrechen würden. Unser alter Spielplatz war überrankt von Flieder und Goldregen, die vor dem Erblühen standen.

Mein Vater hatte einmal jedem von uns Kindern aus Südfrankreich vier große Walnüsse mitgebracht. Aus einer Nuß sollten wir etwas herstellen, ich hatte damals mit unendlicher Mühe ein Segelboot gebastelt. Die anderen drei Nüsse hatte ich nicht aufgegessen, sondern sie am Rande des Spielplatzes in den Boden gesteckt und mich unsinnig gefreut, als dort dann tatsächlich ein Nußbäumchen zu wachsen anfing. Etwa achtundzwanzig Jahre war das nun her. Ich habe von meinem Nußbaum einen ganz stillen und sehr persönlichen Abschied genommen.

Anschließend verließ ich den Park und benutzte die Chaussee, um zu der eingefriedeten Grabstätte meines Vaters zu gehen, wo auch meine Mutter ihre letzte Ruhe gefunden hatte. Ich öffnete das alte byzantinische Tor, das mein Vater aus Italien mitgebracht hatte, und trat vor das Grabmal mit dem bronzenen Halbrelief meines Vaters im

Ordensmantel der Johanniter. Lange habe ich da verweilt. Mein Weg zurück zum Schloß führte über die von alten Eichen gesäumte Schwarzallee, auf der ich als Kind Tausende von Malen fröhlich gerannt war. Diesmal wurde mir der Gang schwer.

Als ich nach Hause kam, traf ich Schwägerin und Schwester beim Frühstück an. Hinterher bat ich meine junge Schwägerin um eine Unterredung und erklärte ihr, daß ich gern den mir zustehenden Teil des Vermögens ausgezahlt bekommen hätte.

Sie lehnte dieses Ansinnen rundum ab mit der Begründung: »Du kommst doch mit deiner Apanage ganz gut aus.«

Ich deutete ihr dann die Möglichkeit an, daß Militsch durch die Kriegsereignisse vielleicht verlorengehen könne und somit auch die Quelle, aus der ich mein Geld erhielt.

Meine Schwägerin war äußerst überrascht und erstaunt darüber, daß ich so etwas überhaupt in Erwägung zog.

Ich versuchte, ihr verständlich zu machen, daß die ungeheuren Kunstschätze, die das Schloß barg, unbedingt in Sicherheit gebracht werden müßten, denn das Militscher Inventar sei schon im Januar 1914 von der Versicherung auf dreizehn Millionen Goldmark geschätzt worden. Aber auch davon wollte sie nichts wissen.

»Um Gottes willen«, sagte ich, »glaubst du denn etwa, daß wir diesen Krieg gewinnen? Die T 31 rollen auf Deutschland zu, und die Panzer werden nicht aufhören zu rollen, bis sie in Berlin stehen.«

Meine Schwägerin meinte empört, das seien äußerst defätistische Äußerungen. Sie wurde recht schwierig und unangenehm, so daß ich mich entschloß, möglichst schnell abzureisen, weil ich mich nicht gefährden wollte und durfte.

Ich ging noch einmal durch das ganze Schloß, durch die Säle in meines Vaters Arbeitszimmer und hinauf in die Boudoirs meiner Mutter.

Das Schloß war hell und licht durch seine nach Süden gehenden großen Empirefenster. Dieses Licht begleitete mich bei meinem Gang über die Galerie in das sogenannte Museum, wo in Glaskästen kostbare Musikinstrumente aufgestellt waren, die einst Friedrich der Große einem meiner Ahnen schenkte. Dort wurden auch die Spitzen der Fahnen aufbewahrt, mit denen Karl XII. in der Gegenreformation das Gelände für die protestantische Kirche abgesteckt hatte. Militsch besaß eine der sechs sogenannten Gnadenkirchen Schlesiens, eine Fachwerkkirche mit fünf Emporen und einem Turm mit der für eine ländliche Kirche beachtlichen Höhe von sechsundfünfzig Metern.

Vom Museum kam ich in die Bibliothek, in der die vielen Schränke standen, in denen die Kupferstichsammlung untergebracht war. Als Kinder hatten wir hier oft mit unserem Vater gesessen, während er uns die Blätter in den Mappen zeigte. Daß dies alles verlorengehen sollte, war für mich unbegreiflich und schmerzlich. Aber mit meiner Schwägerin noch einmal darüber zu reden erschien mir absolut sinnlos.

Aus der Bibliothek führte mein Rundgang mich in den ovalen Saal mit seinen dreißig Metern Länge und zehn Metern Breite. Er war lichtblau gehalten und mit Empire-Möbeln eingerichtet. Ich liebte diesen Saal mit seinen zwei Kaminen sehr, denn in ihm hatten wir immer Weihnachten gefeiert. Dicht am Stamm des etwa sechs Meter hohen Weihnachtsbaums, der nur mit Lametta und Wachskerzen geschmückt wurde, befanden sich bunt leuchtende Laternen. Die hintere Treppe war für uns tabu, da sie dem Weihnachtsmann persönlich vorbehalten war. Vor der Bescherung versammelten wir Kinder uns im kleinen blauen Salon in erwartungsvoller Aufregung. Alle Lichter wurden ausgemacht. Im Dunkeln warteten wir auf das Läuten der Weihnachtsglocke. Und dann war es soweit. Die Türen des Saals öffneten sich, und wir durften hinein. Ich als Kleinste, die sonst immer grundsätzlich als letzte drankam, durfte den Anfang machen. Die Kerzen auf dem Weihnachtsbaum brannten, und in einer langen Reihe standen die Gabentische da. Der erste war der für meine Mutter, an den sich die der Kinder und unseres gesamten Erziehungspersonals – von der französischen Gouvernante bis zur englischen Kinderfrau – anschlossen. Nachdem die Geschenke besichtigt waren, gingen wir alle gemeinsam zu Tisch. Es gab traditionell Karpfen polnisch, Hasenbraten und hinterher echten, flambierten Plumpudding. Einmal war ich den Tränen nahe, weil er, bis er mir serviert wurde, nicht mehr brannte.

»Was hast du denn?« fragte mein Vater, als er mein trauriges Gesicht bemerkte.

»Bei mir brennt er nie!« schluchzte ich.

Da gab mein Vater dem Haushofmeister einen Wink. Über den dann erneut brennenden Plumpudding auf meinem Teller habe ich mich fast mehr gefreut als über alle meine Geschenke.

Im Anschluß an das Weihnachtsessen durften wir Kinder nur etwa eine halbe Stunde mit unseren Sachen spielen, weil dann das Defilee des gesamten Schloßpersonals zur Bescherung im ovalen Saal erfolgte, mit dem Haushofmeister an der Spitze. Dann kamen die Diener bis hinunter zu den Buttonboys, den Lehrlingen; danach die Beschließerin und die Kammerfrauen, die Mutter und meine älteren Schwestern bedienten, und die Hausmädchen. Es folgten der Koch und das Küchenpersonal. Hinter ihnen hatten sich der Oberkutscher, die Kutscher und die Staller angestellt. Sie alle bekamen von meinem Vater Kuverts mit Geld und persönliche Geschenke und dazu beutelweise Pfefferkuchen und alles, was so zu Weihnachten dazugehört.

Alles in allem war die Weihnachtszeit schön, aber anstrengend. Ab dem 17. oder 18. Dezember begannen die Weihnachtsferien: in unserem Altersheim, im Siechenheim und auf den Höfen. Für uns Kinder bestand Anwesenheitspflicht. Da gab's auch kein »wir wollen nicht«. Wir mußten ganz einfach zu unseren Leuten – und das finde ich auch richtig.

An den ovalen Saal grenzte ein kleiner Salon, in dem unter anderem auch die Kinder-Porträts von meinen Geschwistern und mir hingen. Dann betrat ich das Renaissance-Zimmer mit den kostbaren Gobelins. Wenn sich die Familie dort aufhielt, war der für die Kinder bestimmte Platz eine Bank, deren Rückenlehne geschnitzte Engel zierten. An ihren Flügeln stießen wir uns leicht die Köpfe, deshalb nannten wir das Möbelstück nur die »Marterbank«.

Ich durchwanderte das unter einer der Kuppeln gelegene Eßzimmer, das sogenannte Marmorhaus, die schönen Gästezimmer, alles, was mir von klein auf lieb und vertraut war. In allen Räumen und auf den breiten Gängen hingen wunderbare Gemälde. Schönheit und Kultur, wohin man blickte.

Dann marschierte ich in den Stall und zu den Boxen, in denen einst meine Ponys gestanden hatten, ging durch die Pferdewaschküche in die Geschirrkammer und betrachtete noch einmal die silberbeschlagenen Prachtgeschirre unserer Pferde, mit denen sie die Equipagen an den Hochzeiten meiner Schwestern zur Kirche gezogen hatten.

Am Nachmittag nahm ich Abschied vom Städtchen Militsch.

Beim Abendessen waren auch Alix, Mortimer und Christine, die Kinder meiner Schwägerin, zugegegen, und ich konnte nicht umhin, mir Gedanken zu machen, was aus ihnen wohl werden würde. Daß Mortimer sein Leben nicht als Herr auf Militsch vollenden würde, stand für mich außer Frage. Die Diskrepanz zwischen diesem Wissen und der unbeschwerten, ahnungslosen Fröhlichkeit meiner Schwägerin und ihrer Kinder war für mich bedrückend. Was sich so bedrohlich anbahnte, schienen sie noch nicht zu spüren.

Meine russischen Kinder

Durch den Tod unseres Sohnes war speziell in Hans' Leben eine gewisse Sinnlosigkeit eingetreten. Als er dann mit mir für das veterinärmedizinische Examen paukte und mich immer wieder abfragte, hatte er wenigstens das Gefühl, eine Aufgabe zu haben, gebraucht zu werden – und ich muß sagen, er hat das fabelhaft gemacht.

Danach war ich bemüht, ihm und den anderen Juden, die teilweise bei mir wohnten, abends durch die Schilderung dessen, was ich tagsüber erlebt hatte, das Gefühl zu vermitteln, an dem, was sich so tat, teilzunehmen.

Da an Tierärzten ein eklatanter Mangel herrschte, arbeitete ich vormittags im Tierheim Lankwitz und nachmittags in der Hauptstelle des Tierschutzvereins in der Schicklerstraße. Bei dem Leiter kreuzten eines Tages zwei Polizisten auf, die mich dringend sprechen wollten. Man holte mich sofort, und mir war dabei ziemlich mulmig zumute. Ich traute deshalb meinen Augen kaum, als ich die beiden grinsenden Musiker von den Philharmonikern sah, die man offenbar zur Polizei eingezogen hatte.

»Was fällt euch denn ein?« fragte ich empört und erleichtert zugleich.

»Wann können Sie denn hier Schluß machen?« lautete die Gegenfrage. »Wir haben nämlich eine Kneipe aufgetan, in der es heute Pferdebouletten gibt.«

Na ja, das waren eben so die kleinen Geschichten, mit denen ich versuchte, ein wenig Fröhlichkeit in die Detmolder Straße zu bringen. Dazu gehört noch eine Begebenheit aus der S-Bahn. Ich fuhr über den Lehrter Bahnhof nach Hause, wo ein paar Angetrunkene beim Zusteigen den Reichsbahnbeamten auf dem Bahnsteig aufforderten: »Nu heb mal die Kelle, damit det zügig losgeht!«

Der darauf pikiert: »Ick laß mir nich von euch in meen Amt reinreden. Det verbitt ick mir!«

Das ging dann mindestens eine Viertelstunde lang hin und her mit: »Komm Junge, ooch wenn wa besoffen sind, heb doch mal die Kelle!« und dem Dienstverständnis eines sturen deutschen Beamten, dem es gegen den Strich ging, auf eine derartige Aufforderung von wildfremden Leuten zu reagieren.

Vom Spätherbst 1944 an strömten die ersten Flüchtlinge aus dem Osten nach Berlin. Schulen und andere öffentliche Gebäude dienten den Menschen zunächst als Unterkunft, und die Pferde, die sie teilweise mitbrachten, wurden in den Sommerställen der Rennbahn Mariendorf untergebracht. Ich bin etliche Male in diese Auffanglager geholt worden, um die Tiere der Flüchtlinge zu versorgen. Speziell die Leute, die aus Ostpreußen kamen, wußten Entsetzliches zu erzählen und waren körperlich in einem furchtbaren Zustand. Ich sah Kleinkinder, die während der Flucht statt Milch nur Kaffee-Ersatz bekommen hatten und deren Lebenserwartung gleich Null war. Auch über diese fürchterlichen Dinge mußte ich abends mit Hans sprechen.

Von der früheren Kinderschwester einer meiner Geschwister erfuhr ich, daß man in Berlin daranging, ein russisches Kinderlager aufzulösen und die Kinder deutschen Haushalten als Arbeitskräfte zuzuleiten. Sie suchte einen Platz für ein Geschwisterpaar, das nicht getrennt werden sollte, das aber niemand haben wollte, weil das jüngere Kind erst sieben war – und da hatte sie an mich gedacht.

Natürlich mußte ich die Sache erst mit Hans besprechen, der allerdings sofort sagte: »Maruska, nimm doch um Gottes willen diese armen Würmer bei uns auf!« Uns beiden war bewußt, auf welches Risiko wir uns da einließen, denn wenn sich die Kinder wegen Hans verplappern würden, war alles verloren.

Mitte Oktober wurde ich in das Lager in der Nähe des Alexanderplatzes bestellt, um die Kinder in Empfang zu nehmen. Ich wurde in einen Raum geführt, in dem viele Mädchen in Gruppen herumstanden, fast alle heulend, weil entstandene Freundschaften gefühllos auseinandergerissen wurden.

Als ich die zwölfjährige Tamara und ihre Schwester Lucie nach Hause brachte, war Hans ganz reizend zu ihnen, ohne sie aber aus ihrer Verschüchterung herauslocken zu können. Nachdem ich ihnen etwas Ordentliches zu futtern vorgesetzt hatte, entschloß ich mich, sie einer gründlichen Körperreinigung zu unterziehen. Zu meinem Entsetzen entdeckte ich, daß sie sowohl Läuse als auch Krätze hatten. Über Nacht band ich ihnen die Köpfe in Tücher ein und begann dann am nächsten Morgen mit der Entlausungsprozedur. Besonders bei Lucies braunem Lockenkopf ging dies unter furchtbarem Geheule vonstatten, weil die Kopfhaut durch die Nissen bereits wund war. Tamara mit ihrem langen dünnen Haar bekam ich leider nicht ganz läusefrei. Rührenderweise erklärte sich mein Frisör in der Marburger Straße, dem ich von meinem Problem erzählte, bereit, für Abhilfe zu sorgen. Nach Ladenschluß verpaßte er Tamara einen neuen Haarschnitt, der mit einer Heißdauerwelle verbunden war. Das Läuseproblem war damit zwar erledigt, doch dauerte es noch ungefähr drei Wochen, bis die Krätzemilben beseitigt waren, die zwischen sämtlichen Fingern, Zehen und Gliederbeugen ihre tiefen Bohrgänge angelegt hatten.

Ich hatte mich schon zuvor auf dem Schwarzen Markt und bei Gott und der Welt nach gebrauchter Kinderkleidung umgetan, so daß ich die beiden Mädchen wenigstens einigermaßen nett anziehen konnte. Tamara, die auf der Kominternschule in Minsk gewesen war, sprach ganz gut Deutsch und war in der Lage, für mich einkaufen zu gehen. Als ich sie das erste Mal losschickte, fiel ihr auf, daß ich ihr nur drei Lebensmittelkarten in die Hand drückte – meine und die zwei Fremdarbeiter-Karten, die ich für die Kinder bekam. Mit dem Finger deutete sie auf Hans. »Und er?«

Lakonisch erklärte ich ihr, Hans habe keine.

Da trat ein Leuchten in ihre Augen, und sie fragte knapp: »Politisch oder Jude?«

Eindringlich machte ich ihr klar, wie verhängnisvoll es wäre, falls irgend jemand davon erführe, daß er bei mir versteckt sei.

Tamara begriff das sofort, wirbelte durch das Zimmer und jubilierte: »Du bist kein Nazi, du bist kein Nazi!« Es war ganz merkwürdig, aber was Hans und meine Widerstandsarbeit anbelangte, hatte ich zu der Verschwiegenheit meiner Russenkinder weit mehr Vertrauen als ich je zu der meiner Landsleute gehabt hätte.

Am ersten Sonntag, den wir gemeinsam verbrachten, erzählte uns Tamara von ihrem Schicksal. Sie stammte aus Minsk. Ihre Mutter war bei einem deutschen Luftangriff auf die Stadt ums Leben gekommen. Die Großmutter, die sich ihrer dann annahm, wurde von der SS mißhandelt und von ihnen getrennt.

Tamara und Lucie waren über verschiedene Lagerstationen nach Berlin gekommen. Die Kinder hatten Fremdarbeiterbücher bekommen und alle möglichen Dreck- und Küchenarbeiten verrichten müssen. Tamara, die bei ihrer Ankunft sehr verhärmt wirkte, hatte sich immer vor ihre kleine Schwester gestellt, die noch nicht in der Lage war, ihr Arbeitssoll zu erfüllen. Für mich war erstaunlich zu beobachten, wie aus Tamara, der kleinen Erwachsenen, wieder ein Kind wurde, nachdem sie die Verantwortung für ihre Schwester auf mich abgewälzt hatte. Die Hunde bereiteten beiden die größte Freude, besonders die Hündin, die gerade Junge hatte.

Mit Tamara und Lucie ging ich auch zur Schwedischen Kirche, wo ich sie Pfarrer Myrgren vorstellte. Er schenkte ihnen Zahnbürsten und Seife, Raritäten, die sonst kaum noch zu bekommen waren.

Wenn ich zur Arbeit ging, nahm ich fast immer die Kleine mit. Tamara blieb zu Hause, führte die Hunde aus und erledigte die Einkäufe. Durch sie hatte Hans nun auch tagsüber eine Ansprache, die ihm wohltat. Tamara war für ihr Alter sehr vernünftig und wußte viel Interessantes zu berichten. Von einer deutschen Lagerleitung waren die Kinder zum römisch-katholischen Glauben geführt worden und hatten die Taufe bekommen. In ihrer Lage war dieser Glaube das einzige, an das sie sich noch klammern konnten.

Ich fühlte mich daher moralisch verpflichtet, mit den beiden jeden Sonntag zur Messe zu gehen. Als Tamara von einer meiner Freundinnen seidene Strümpfe geschenkt bekam, die sie sonntags in der Kirche tragen wollte, fragte sie mich, wie sie es vermeiden könnte, sich hinzuknien. Für die Bedenken, die sie wegen ihrer schönen Strümpfe plagten, hatte ich ja Verständnis, und so sagte ich: »Mach die Strapse los, aber knien mußt du.«

Im Tierheim Lankwitz arbeiteten zwei junge Ukrainer, die von einem nahe gelegenen Lager jeden Tag zu uns kamen. Als einer von ihnen schwer erkrankte, schlug ich ihm vor, sich im Lager krank zu melden. »Bitte nein«, flehte er mich an, »dort werde ich abgespritzt.« So arrangierte ich mit der Lagerleitung, daß er einen Kollegen vertreten sollte und Tag und Nacht bei uns Dienst tun müßte. Die Heimleiterin des Tierschutzvereins, mit der ich den Fall besprach, war sofort bereit, in einem Nebenraum ein Bett aufzustellen und mit für den Jungen zu sorgen. Nach zwei Wochen war er über den Berg. Er war der dankbarste Patient, den ich je gehabt hatte.

Nach seiner Genesung sorgte ich dafür, daß sein Freund und er sonntags von den weißrussischen Familien, die ich kannte, ab und an eingeladen wurden. Vor allem die ehemaligen zaristischen Offiziere standen zu Beginn des Rußlandfeldzuges den Nationalsozialisten sehr positiv gegenüber, da sie sich von ihnen die Beseitigung der bolschewistischen Herrschaft und die Errichtung eines Regimes erhofften, das ihren Vorstellungen mehr entsprach. Als jedoch die Nachrichten über die Grausamkeiten durchsickerten, mit denen die Deutschen zeitweise gegen die russische Bevölkerung vorgingen, war ein grundlegender Einstellungswandel eingetreten.

Bereits im Spätherbst 1944 fing ich gezielt an, Lebensmittel für die Zeit nach dem Einmarsch der Russen zu hamstern und die Dinge so zu verstecken, daß sie die Rotarmisten nach Möglichkeit nicht finden konnten. Ich rückte mit Hans' Hilfe die Badewanne von der Wand ab, befestigte unter ihrem breiten Rand Haken, an die ich Dauerwürste und geräucherten Speck hing, und schob das Metallmonstrum an seinen angestammten Platz zurück. Geld versteckte ich in Schmalztöpfen, denn die würden von den Russen im Gegensatz zu denen mit Marmelade nicht geklaut werden. Ich habe auch unglaublich viele Eier mit Wasserglas in Eimern eingemacht, die dann einfach so herumstanden. Da Wasserglas so schmutzig aussah, konnte ich davon ausgehen, daß keiner da hineinfassen würde.

Werner Keller, der 1956 mit seinem Buch »Und die Bibel hat doch recht« als Sachbuchautor weltberühmt wurde, kannte ich bereits damals gut. Schon bei unserer ersten Begegnung bei Verwandten seiner Frau sagte mir mein Gefühl, daß dieser Mann, obwohl er im Ministerium Speer arbeitete, ganz bestimmt kein Nazi sei. Wir trafen uns häufig, und ich erfuhr von seinen illegalen Tätigkeiten. Er gehörte zu einer kleinen Gruppe von Leuten, die sehr viel für die Verbreitung wichtiger innen- und außenpolitischer Informationen tat. Sie besaßen einen transportablen Sender, der in ein Bügeleisen eingebaut war. In Kellers Auftrag habe ich zu bestimmten Nachtzeiten die Meldungen abgehört, die in den Äther gingen. Er wußte, daß ich beurteilen konnte, ob die Art der Nachrichtengestaltung bei den Hörern auch gut ankam. Durch Flüsterpropaganda sorgte ich dafür, daß sich der Kreis derer, die diese Sendungen hörten, ständig vergrößerte.

Im Herbst 1944 bekam ich durch die Vermittlung von Werner Keller und einem seiner Freunde und Mitarbeiter, der in Goebbels' Ministerium beschäftigt war, für Hans einen Lichtbildausweis, der ihn zu einem »Beauftragten des Einsatzes zur Rundumverteidigung Berlins« werden ließ. Gemäß diesem Dokument, das nur in einer sehr begrenzten Anzahl ausgestellt wurde, waren Angehörige der SS, der SA, des Militärs und der Polizei gehalten, den Anordnungen des Betreffenden unbedingt Folge zu leisten. Mit diesem Papier war es Hans nun möglich, wenigstens hin und wieder das Haus zu verlassen. Ich konnte es sogar riskieren, ihn damit in die Mark Brandenburg zu Bekannten zu schicken, bei denen ich meine Pelze und Wintersachen eingelagert hatte. Außerdem ging ich davon aus, daß so ein Auftrag ihm und seinem Selbstbewußtsein, dem die Jahre der Isolation nicht gerade förderlich gewesen waren, nur guttun würde.

Hans hat diese Reise sehr genossen. Dank des Ausweises versuchte jeder, ihm, dem vermeintlich linientreuen hohen Nazi, gefällig zu sein. In einem Bahnhofsrestaurant sorgten

SS-Leute persönlich dafür, daß ihm ein für damalige Zeiten bemerkenswert gutes Essen serviert wurde.

Von den warmen Sachen, die Hans mitbrachte, bekam Tamara eine dreiviertellange Schafspelzjacke, die für sie einen schönen Mantel abgab.

Im Winter war Brummi Reichenau wieder bei uns. Er war vor Stettin schwer an der Hand verwundet worden und kam nach Berlin ins Lazarett. Ich ging zu seinen Ärzten und machte ihnen klar, daß es ein Wahnsinn sei, einen Mann mit so einer Verletzung im Lazarett zu behalten, wo jedes verfügbare Bett bestimmt dringend für die Schwerverwundeten benötigt wurde. Sie sollten daher doch ihre Einwilligung geben, daß ich die Versorgung der Wunde übernähme, und versprach, den Patienten einmal pro Woche zur Kontrolle zu ihnen zu schicken. Die Kollegen gingen darauf ein, und ich verwandte alle Sorgfalt darauf, daß Brummis Hand stets infiziert blieb und nicht heilte, weil ich unbedingt verhindern wollte, daß er nochmals an die Front geschickt wurde.

Bei einem der fürchterlichen Bombenangriffe auf Berlin saß Brummi mit Lucie in meinem Keller und hatte die Kleine mit unter seinen Militärpelz genommen.

»Brummi, haben Offiziere im Krieg auch Angst?« fragte ihn Lucie.

»O ja, sehr«, war die lakonische Antwort, und dann herrschte Schweigen.

Für die Kinder war er eine Art Vetter, und so schmiedeten sie mit mir eifrig Pläne für seinen Schutz bei dem bevorstehenden Einmarsch der Russen.

Tamara hatte eine ausgezeichnete Idee. »Russen«, erklärte sie, »haben eine furchtbare Angst vor Tuberkulose. Wenn sie kommen, sagen wir ihnen, daß Brummi Tbc hat und sie nicht nahe an ihn herangehen sollen.«

Diesen Plan haben wir, als es soweit war, auch durchgeführt, und er hat hervorragend funktioniert. Ich hatte diverse Taschentücher mit rotem Farbstoff so verfleckt, daß sie aussahen, als spucke Brummi Blut.

Weihnachten 1944 nahte, und ich war froh, daß ich es geschafft hatte, am Heiligen Abend ein gutes Essen auf den Tisch zu bringen. Es war mir sogar gelungen, ein paar Flaschen Rotwein aufzutun. So konnten wir uns einen schönen Teepunsch brauen. Da es an diesem Abend keinen Alarm gab, saßen wir mit den Kindern fröhlich beisammen, die über die Kleinigkeiten, die ich ihnen nur schenken konnte, glücklich waren. Dazu gehörten auch Lumpenpüppchen, die ich für sie von den Nonnen, die wußten, daß sie bei mir waren, bekommen hatte.

Die Kinder baten mich dann darum, ihnen von Weihnachten auf Militsch zu berichten. Am schönsten fanden sie, als ich ihnen von der Bescherung der Tiere im tiefverschneiten Wald erzählte, denen ich in meiner Jugend immer einen »Weihnachtsbaum« ganz für sie allein mit Futter geschmückt hatte. Und gespannt lauschten sie auch der Geschichte, die sich zutrug, als ich nach einem Ball mit dem Pferdeschlitten unterwegs war. Die Bäume ächzten regelrecht unter der Last der schweren Schneemassen. Plötzlich stürzte etwa zehn Meter vor mir eine riesige Tanne über den Weg, und ich hatte Mühe, die erschrockenen Pferde zu halten. Kaum hatte ich gewendet, als der nächste Baum krachend niederging und ich erneut festsaß. Da ich allein war, blieb mir nichts anderes übrig, als aus dem hohen warmen Fußsack zu kriechen und die kalten Stiefel anzuziehen, die ich im Schlitten mitführte. Ich spannte die Pferde aus und führte sie durch den Wald auf die Chaussee. Da es bis nach Hause noch gut sechs bis sieben Kilometer waren, bestieg ich in Ballkleid und Mantel eines der Pferde und führte das andere. Als ich um vier Uhr morgens unseren Stall erreichte, hatte ich das Gefühl, ein Eisklumpen zu sein. Am nächsten Morgen bin ich mit einem unserer Kutscher und Schlitten und Sägen hinaus in den Wald gefahren, um meinen Schlitten zu bergen. Der Kutscher hat darüber netterweise nie etwas verlauten lassen, so daß meine Mutter von dem Vorfall nichts erfuhr.

Dann begannen die Kinder, Geschichten aus ihrer Heimat zu erzählen. Als ich sie zu später Stunde zu Bett brachte, war zu spüren, wie glücklich sie über dieses schönste Weihnachtsfest seit ihrer Verschleppung waren.

Hans und ich saßen noch lange zusammen. Wir wußten beide, daß das Ende des Tausendjährigen Reiches kurz bevorstand, und fragten uns, ob wir es wohl erleben würden.

Am nächsten Morgen ging ich mit den Kindern in die katholische Kirche in der Hildegardstraße. Das Gotteshaus war voll, doch es hatten sich fast nur alte Frauen, ein paar Greise und Verwundete eingefunden. Kinder waren kaum anwesend, da die meisten evakuiert worden waren. Als wir die Kirche verließen und draußen standen, wo sich blasse verhärmte Menschen »Fröhliche Weihnachten« wünschten, kam mir alles unwirklich vor. Wirklichkeit war nur das leise Gebet »Laß uns überleben« an einen für uns schon völlig unbegreiflich gewordenen Gott.

Ende 1944 wurden die Verhältnisse in meiner Wohnung noch beengter. Eines Abends stand zitternd ein gehetzt wirkender, etwa zwanzigjähriger Mann in Drillichzeug vor meiner Tür.

»Lassen Sie mich schnell rein, bitte!« keuchte er.

»Moment mal«, sagte ich. »Wer sind Sie überhaupt?«

»Ich heiße Hammerschmidt und bin gerade der Gestapo entwischt.«

Ich ließ ihn in die Wohnung, und er berichtete mir die Geschichte seiner Flucht. Er war Halbjude und erst vor einigen Tagen von der Gestapo verhaftet und ins Lager Oranienburg gebracht worden. Die Gestapo hatte ihm einen Handel angeboten. »Nennen Sie uns zehn Adressen, wo Juden untergeschlüpft sind, und wir lassen Sie wieder laufen.« Das könne er tun, hatte er behauptet. Die Adressen wisse er aber nicht auswendig, er müsse dazu in seine Wohnung. Er war nach Wilmersdorf gebracht worden, wo es ihm gelungen war, durch das Toilettenfenster zu fliehen.

»Ist die Gestapo hinter Ihnen her?« fragte ich.

»Nein, da bin ich mir ziemlich sicher. Ich habe mich über zwei Stunden versteckt, bis ich es wagte, zu Ihnen zu kommen.«

»Sind Sie nicht auf die Idee gekommen, daß die Gestapo Sie möglicherweise absichtlich hat entkommen lassen, um herauszufinden, wohin Sie anschließend gehen?«

Das war zuviel für ihn. Als ich ihm aufhalf, merkte ich, daß er hohes Fieber hatte. Ich horchte ihn ab und stellte eine schwere Lungenentzündung fest. Medizinisch bekam ich die Sache selber nicht in den Griff. So ging ich am nächsten Tag zu dem Hausarzt meiner Kollegin Duehring, der seine Betreuung übernahm. In der kritischen Phase seiner Erkrankung beriet ich mich mit Hans, was zu tun wäre, falls der Junge bei uns stürbe, als sich plötzlich die praktische Tamara einmischte: »Wenn er tot ist, könnten wir ihn doch zersägen, in Säcke packen und diese nachts in den Anlagen verteilen.« Gottlob, er wurde gesund, nicht zersägt und nicht verteilt.

Der nächste, den ich bei mir aufnahm, war der Schwiegersohn der Kohlenhändlerin, die schräg gegenüber wohnte. Er war von der Westfront desertiert und hatte die beachtliche Leistung vollbracht, sich ohne Papiere bis Berlin durchzuschlagen. Da zu erwarten stand, daß man auch bei seiner Schwiegermutter nach ihm suchen würde, konnte sie ihn nicht selbst versorgen, und so brachte sie ihn eben zu mir.

Einige Tage später, als ich abends nach Hause kam, lief

mir Tamara entgegen und sagte, sie habe Hans und die anderen im Schlafzimmer eingeschlossen, und gab mir den Schlüssel. Vorn im Wohnzimmer säße ein sehr merkwürdig aussehender Mann. Als ich zu ihm hineinging, teilte er mir als erstes mit, er habe meine Adresse vom schwedischen Pavillon. Das Wort Pavillon machte mich stutzig. Ich setzte mich an meinen Schreibtisch und zog eine Schublade auf. Da schrie er: »Lassen Sie Ihren Revolver liegen!« Ich zog in aller Ruhe ein Blatt Papier heraus, auf das ich ein paar Zeilen schrieb. Den Briefumschlag adressierte ich an den Pfarrer der Schwedischen Kirche und schickte Tamara damit los. In der Zwischenzeit berichtete mir der Mann, der mir sehr unangenehm war, er habe im Lager Oranienburg SS-Uniformen gereinigt, und es sei ihm gelungen, in einer solchen aus dem Lager zu flüchten.

Ich habe ihm dann erklärt, ich könnte ihm in keiner Weise helfen, da meine Wohnung laufend von der Gestapo überwacht würde. Ich gab ihm die Anschrift eines KPD-Funktionärs, der nicht weit weg wohnte, und sagte ihm, wenn die nächste Gestapo-Streife wieder weg sei, hätte er genau eine halbe Stunde Zeit, um im Schutz der Dunkelheit aus meiner Wohnung zu verschwinden. Da ich das Gefühl hatte, daß der Mann bewaffnet sei, war ich ihm gegenüber sehr vorsichtig.

Als Tamara zurückkehrte, war ich diesen unsympathischen Typen schon los, hatte die Männer befreit und meine Pistole in der Hosentasche. Wie ich erwartet hatte, war der Mann den Schweden nicht bekannt.

Am 30. Januar hörten wir uns die letzte Rundfunkrede Hitlers an, die er von der Reichskanzlei aus hielt. Das Herz sollte stärker gemacht, die Waffen weiter geführt, der Geist des Widerstandes aufrechterhalten werden.

Es war gespenstisch, zumal wir dem Feind eigentlich nicht viel mehr entgegenzusetzen hatten als schlecht bewaffnete Greise und Kinder. In Berlin wurden überall fieberhaft Panzersperren gebaut und alle Kräfte für die Schlacht um die Hauptstadt zusammengezogen.

Ganz in der Nähe meines Hauses arbeitete eine Gruppe von Juden und kriegsgefangenen Italienern, Franzosen und Polen. Der Anblick, den die schwer schuftenden, ausgehungerten Gestalten boten, war erbarmungswürdig. Zu meinem Geburtstag im März kam ich auf die Idee, bei meinen Bauern eine große Menge Hülsenfrüchte und Gemüse zu organisieren, und bat jeden der Metzger, bei denen ich Fleischbeschau ausübte, mir zwei bis drei Fleischwürste mitzugeben. In einem riesigen Gefäß, das ich zum Sterilisieren von Weckgläsern noch hatte, bereitete ich auf einem selbstgebauten Herd im Hof einen Erbseneintopf mit Wurst zu, für den ich mich auch von einer Speckseite meines »Badewannenvorrats« trennte. Dann marschierte ich zu den Bewachern hin und erläuterte ihnen, was ich vorhatte.

Ihre Zustimmung zu bekommen war längst nicht so schwierig, wie ich erwartet hatte. Unter der Voraussetzung, daß ich mich dafür verbürge, daß keiner der Leute abbhauen würde, waren sie bereit, die Männer zu mir zum Essen zu bringen. Den Kriegsgefangenen und Juden habe ich dann von meiner Einladung erzählt und ihnen erklärt, unter welcher Auflage ich sie einladen durfte. Sie alle versprachen, keinen Fluchtversuch zu unternehmen.

Gegen die Mittagszeit kamen dann diese Elendsgestalten mit ihrem Eßgeschirr an und waren überglücklich, sich endlich einmal satt essen zu können.

Nach dem Essen haben sie mir jeweils in ihrer Muttersprache noch ein Geburtstagsständchen gebracht, bevor sie wieder alle brav an ihre Arbeit zurückkehrten. Es war für mich ein bewegender Moment, daß so kurz vor dem Ende sich Freund und Feind so warmherzig und menschlich begegnen konnten.

Am 19. April hörten wir noch einmal eine auf mich ungeheuerlich wirkende Durchhalterede von Goebbels, die aus allen Lautsprechern tönte. Es war seine letzte, und er sprach davon, daß er neben dem Führer stünde, da das Schicksal ihn und sein Volk auf die letzte, schwerste Probe stelle, um beiden den Lorbeer zu reichen. Er sei sich dessen gewiß.

Die Rote Armee schloß Berlin sechs Tage später ein. Zusätzlich zu den nächtlichen Fliegerangriffen lag nun die Stadt unter dem ständigen Trommelfeuer der Russen. Ihr Einmarsch war nur noch eine Frage der Zeit. Vorsichtshalber vernagelte ich die Fenster der Wohnung wieder mit Brettern, machte noch einen Kontrollgang durchs Haus und entdeckte dabei zwei SS-Leute, die oben auf dem Dachboden des Eckhauses damit beschäftigt waren, ein sogenanntes »Maschinengewehrnest« zu errichten. Leise zog ich mich zurück und eilte zu den Polen, die mittlerweile die ehemalige Portierswohnung bezogen hatten. Ich berichtete ihnen von meiner Entdeckung, die für uns alle höchst gefährlich werden konnte, und machte ihnen klar, daß dagegen etwas unternommen werden müsse. Sie sahen das sofort ein, und ich drückte einem von ihnen meine zweite Pistole, eine Browning, in die Hand.

Vorsichtig schlichen wir uns nach oben und riefen die SS-Männer von hinten an: »Hände hoch, oder wir schießen!«

Total verdutzt leisteten sie dem Befehl erst einmal Folge und drehten sich dann um. Mit knappen Worten erklärte ich ihnen, daß der Krieg ohnehin verloren sei und es für sie nur zwei Möglichkeiten gäbe: entweder von uns auf der Stelle erschossen zu werden oder uns ihre Waffen auszuhändigen, die Uniformen abzulegen und zu versuchen, in unseren Kellern den Einmarsch der Russen als Zivilisten zu überleben.

Von ihrer zunächst heldenhaften Argumentation rückten sie bald ab und entschieden sich fürs Überleben. Ihre Waffen und die Browning vergruben wir im Hof unter Schutt und Müll. Nachdem ihre Uniformen in meinem Ofen verbrannt waren und das Ofenrohr wieder abgekühlt war, versteckte ich dort meine Parabellum, denn wir hatten ohnedies kein Heizmaterial mehr. Als die ersten russischen Soldaten und Panzer in der Detmolder Straße auftauchten, die wir vom Wohnzimmerfenster aus durch einen Spalt zwischen den Brettern davor beobachteten, war Tamara nicht mehr zu halten und stürzte zu ihren Landsleuten hinaus. Was sie ihnen erzählt hat, weiß ich nicht, aber zurück kam sie mit zwei reizenden jungen Panzerfahrern, die uns mit Fleischbüchsen beschenkten. Ihre große Herzlichkeit hat mich zu dem Fehler veranlaßt, die Barrikaden vor unseren Fenstern wieder zu entfernen. Von der nachfolgenden Truppe wurde dann direkt neben unserem Haus eine Stalinorgel in Stellung gebracht. Der pausenlose Lärm, der von diesem Raketenwerfer ausging, raubte uns jede Möglichkeit zu schlafen. In der Livländischen Straße besetzten die Russen eine Schule und benutzten sie als Kaserne. Unentwegt zogen die kämpfenden russischen Truppen durch unsere Straße, denn unweit meiner Wohnung wurden die Wilhelmsaue und die angrenzenden Anlagen noch verteidigt.

Bald darauf machte die Nachricht die Runde, daß sich Hitler und Eva Braun das Leben genommen hätten, und auch die Kunde von Goebbels' Selbstmord mit Frau und Kindern drang zu uns, ebenso die Hiobsbotschaft vom Eindringen der Wassermassen in die U-Bahn-Schächte, die von Tausenden Berlinern als Luftschutzbunker benutzt wurden. Wie es hieß, hatte die SS die Sprengung der Brükken vorgenommen, die zu dieser Katastrophe führte.

Kriegsende

Am 2. Mai 1945 kapitulierte Berlin, doch das Leid der Zivilbevölkerung nahm damit erst recht seinen Anfang. Nicht umsonst hatten die Berliner gesagt: »Genieße den Krieg, der Frieden wird fürchterlich.« Marschall Schukow gab die Stadt zum Plündern frei. Russen durchkämmten die Wohnungen und nahmen alles mit, was ihnen brauchbar erschien. Natürlich sind auch viele Vergewaltigungen vorgekommen. Hier muß aber der Gerechtigkeit halber gesagt werden, daß viele Berlinerinnen sich nett anzogen und die Soldaten, die Lastwagen mit Lebensmitteln in die Stadt brachten, um Speck und anderes anbettelten. Schließlich hätten diese Frauen sich darüber im klaren sein müssen, daß sie so etwas nicht umsonst bekamen.

Mich holten die Russen eines Nachts um vier aus dem Bett, damit ich mich um ihre kranken Pferde kümmern sollte. Was mich natürlich interessierte, war, woher sie überhaupt wußten, daß ich Tierärztin war. Sie hatten sich schlicht in unserem Viertel auf der Straße umgehört und waren dabei an eine meiner Nachbarinnen geraten, eine wilde Nazisse, die mich nicht mochte und wohl dachte, sie könne mir eins auswischen, indem sie meinen Namen und Adresse den Russen angab, sicher auch in der Hoffnung, daß mir etwas zustieße.

Die Pferde, die mir auf dem Hof der zur Kaserne umfunktionierten Schule in der Livländischen Straße vorgeführt wurden, hatten entweder Kolik oder konnten kaum noch laufen. Die ostpreußischen Beutepferde, die zu einem großen Teil unbeschlagen waren, hatten sich auf dem weiten Weg bis Berlin die Hufe blutig gelaufen. Dem für die Pferde verantwortlichen Offizier sagte ich, selbstverständlich sei ich in der Lage, den Tieren zu helfen, müsse dazu aber einen Schmied haben. Ich wußte, wo ein Mann wohnte, der für die Heereslehrschmiede gearbeitet hatte, und bat darum, ihn zuziehen zu dürfen. Zur Bedingung machte ich allerdings, daß vor seiner Wohnung eine Offizierswache aufgestellt würde, damit seiner Frau und den Kindern nichts passierte. Das sagte man mir zu.

Auf dem ehemaligen Schulhof errichteten wir eine provisorische Schmiede. Für die Russen war es ein Erlebnis zu sehen, daß Pferde, die von uns mit Hohleisen beschlagen wurden, in die wir Taue einlegten, hinterher beinahe schon wieder frei laufen konnten.

Koliken zu behandeln war in Anbetracht der Medikamente, die mir zur Verfügung standen, nur manuell möglich; keine sehr schöne Beschäftigung, denn ich mußte dabei mit bloßem Arm den Pferden den verhärteten Kot ausräumen. Als ich gerade wieder einmal mit meinem Arm tief im Darm eines Pferdes steckte, ging hinter mir ein Russe vorbei und zwickte mich in den Po. Ich zog meinen Arm heraus, schlug ihm den Dreck links und rechts um die Ohren und versetzte ihm einen sauberen Handkantenschlag gegen den Hals, worauf er zu Boden ging. Die Russen, die beim Rasieren an den Fenstern standen, amüsierten sich köstlich über den Vorfall.

Ich arbeitete ruhig weiter. Es dauerte allerdings nicht lange, bis ein aufgebrachter Kommissar ankam und mich auf jiddisch anbrüllte: »So etwas darf nicht geschehen!«

»Sie haben vollkommen recht«, erwiderte ich ihm in

meinem schönsten Jiddisch. »Es ist unerhört, einen Tierarzt bei seiner Arbeit in dieser Weise zu belästigen.«

So ging das eine Weile hin und her, bis der Kommissar wütend seine Pistole zog und mich anschrie: »Ich könnte Sie jetzt auf der Stelle erschießen.«

Lachend entgegnete ich ihm: »Das halte ich aber für eine ausgesprochen russische Therapie, von der bloß die armen Pferde kaum profitieren dürften.«

»Haben Sie eigentlich vor nichts Angst?« fragte er erstaunt.

»Mir sind jahrelang die Bomben um die Ohren geflogen, und ich habe das überlebt. Daher kommt mir so eine Pistole ziemlich albern vor.«

Das schien ihm zu imponieren, denn er sagte: »Nun gut, aber wie einigen wir uns jetzt?«

»Ganz einfach«, erklärte ich. »Ich gehe jetzt nämlich nach Hause. Falls Ihnen daran gelegen ist, daß ich meine Arbeit fortsetze, sollten Sie mit Ihrem Kommandanten sprechen. Ich wünsche, in den Rang eines Majors versetzt zu werden, damit ich vor solchen Übergriffen geschützt bin.«

»Warum denn das?«

»Sie wissen genausogut wie ich, daß ich vom Range des Majors ab eine andere Position habe und meine Arbeit unbehelligt fortführen kann.« Ich packte meine Sachen zusammen und marschierte nach Hause.

Am Nachmittag wurde ich erneut von den Russen geholt. Daß ich dann tatsächlich zum Major der Roten Armee gemacht wurde, hat mich selbst etwas überrascht. Dieser Rang brachte allerdings nicht nur Vorteile mit sich, sondern auch die Verpflichtung, mit den russischen Offizieren in deren Kasino zu essen.

Bei dem Gedanken daran war mir nicht sehr wohl zumute, aber es gab kein Zurück. Ich nahm meinen Platz an der riesigen gedeckten Tafel ein. Wodka war in rauhen

Mengen vorhanden und wurde aus großen Wassergläsern getrunken, nur mir hatte man ein kleines Schnapsglas hingestellt. So etwas lasse ich mir nun auch wieder nicht bieten. In guter russischer Manier schmiß ich das Ding an die Wand, griff mir das volle Glas meines Nachbarn und trank es in einem Zug leer. Damit hatte ich mir mit einem Schlag die Sympathien aller Offiziere gesichert. Im Hintergrund des Raums entdeckte ich ein Fäßchen französischen Cognac und bat darum, statt Wodka lieber den trinken zu dürfen. Aus einem Sahnekännchen, das sicher einmal der Stolz eines bürgerlichen Haushalts gewesen war, bekam ich daraufhin von einer Ordonnanz den Cognac kredenzt. Je weiter der Abend fortschritt, desto mehr kamen die Russen in Stimmung, und ich überlegte mir krampfhaft, wie ich aus dieser Situation wieder ungeschoren herauskäme. Ich fragte die Offiziere, ob sie nicht irgendwelche Familienphotos dabei hätten, die sie mir zeigen könnten. Ich dachte einfach, daß das gemeinsame Betrachten von Bildern mit Frau und Töchtern mir unter Umständen eine eventuelle Vergewaltigung ersparen würde. Es ging auch alles gut.

Gegessen wurde im ersten Stock des Schulhauses, auf dem es auch eine Toilette gab. Deren Fenster war zwar winzig, aber für meine dünne Nachkriegsfigur kein Problem. Zu fortgeschrittener Stunde zog ich mich klammheimlich auf diesem Umweg zurück und ging nach Hause. Nach ein paar Abenden fiel allerdings auf, daß ich in die Toilette hineinging, aber nicht wieder herauskam. Die Offiziere wollten wissen, auf welche Weise ich immer verschwände. Ich habe ganz keß behauptet, die Spülung zu betätigen und immer auf diese Weise nach Hause transportiert zu werden. Ob sie mir dies wirklich glaubten, wage ich zu bezweifeln, aber schrecklich gelacht haben sie auf jeden Fall. Unangenehm sind sie mir gegenüber nie geworden, und ich kam gut mit ihnen zurecht.

Mittags, wenn ich Pause machte, ging ich in der Regel

reich bedacht nach Hause. Die Butter und die Milch, die ich bekam, gab ich an Mütter mit Kleinkindern weiter, die diese nötiger hatten als wir. Hans, der sich bei der jüdischen Gemeinde, die eine provisorische Unterkunft in der Prinzregentenstraße gefunden hatte, als lebend gemeldet hatte, bekam als Jude fünf oder zehn Pfund Kartoffeln pro Woche zugeteilt – für damalige Verhältnisse geradezu eine Kostbarkeit.

Eines Abends tauchten bei mir in der Detmolder Straße NKWD-Leute auf, die mich baten mitzukommen, was Hans sehr beunruhigte. Sie brachten mich zu einem relativ jungen russischen Politoffizier.

»Wir wissen von Ihnen«, übersetzte sein Dolmetscher, »daß Sie politisch integer sind. Ich selbst bin hier fremd, und täglich bekomme ich Hunderte von Denunziationen. Deshalb möchte ich mit Ihnen die Namenslisten durchgehen.«

Es war eine gräßliche Aufgabe. Abgesehen von wenigen kurzen Schlafpausen, habe ich mit ihm drei Tage lang Denunziationslisten durchgekämmt. Einige Leute konnte ich wieder herauspaucken, bei hundertprozentigen Nazis war ich hingegen ganz froh, daß sie ihrer gerechten Strafe zugeführt wurden.

Es ist schwer zu beschreiben, wie Berlin damals aussah. Man ging durch riesige wüste Steinmeere, durch Straßen, die voller Schutt und Dreck waren, die eingesäumt wurden von zerstörten Häusern und Fassaden. Immer wieder stürzten Mauern ein und begruben Menschen unter sich.

Ich unternahm gewagte Touren, um Tierpatienten zu besuchen, deren Besitzer sich aus Angst vor den russischen Besatzern nicht mehr auf die Straße wagten. Mir bot meine Armbinde mit der Aufschrift »Arzt« immerhin einen gewissen Schutz. Hinzu kam, daß ich gleich nach Kriegsende von Hans eine Bullterrierhündin geschenkt bekommen hatte, die mich auf all meinen Wegen begleitete.

Als ich eines Tages mit Rita die S-Bahn bestieg, sprang sie einem russischen Major, der leicht vornübergebeugt dasaß, von hinten in den Rücken, um mir den Platz frei zu machen. Der Offizier saß plötzlich unverhofft vor dem Sitz auf dem Boden.

»Hund is Kavalierr«, sagte er in gebrochenem Deutsch. Und dann öffnete dieser offenbar ausgemachte Tierliebhaber seine Tasche und verfütterte vor meinen hungrigen Augen eine Riesenwurst an den Hund.

Kurz darauf bekam Hans einen völligen Kreislaufkollaps, begleitet von schweren Magen- und Darmstörungen. Es gelang mir immerhin, ihn in einem guten von den Amerikanern konfiszierten Krankenhaus in Schlachtensee unterzubringen. Auf Grund der miserablen Verkehrsverbindungen war es für mich allerdings ungeheuer anstrengend, ihn dort zu besuchen. Dank meiner Arzt-Armbinde war ich wenigstens nicht an die Sperrstunden-Regelung gebunden.

Als ich nach einem Besuch am Krankenbett zu später Stunde auf dem Nachhauseweg war, pöbelten mich in Steglitz zwei angetrunkene GIs an. Meine Hündin knurrrte, die Männer aber ließen nicht von mir ab. Rita wurde das zuviel, sie sprang einen GI voll an und warf ihn zu Boden. Dabei brach er sich das Bein. Ich stellte mich auf die Straße und winkte der ersten amerikanischen Militärpolizeistreife zu, die vorbeikam. Sie nahmen meine Personalien auf und transportierten den Verletzten ab.

Der Vorladung zum Militärgericht, die bald darauf folgte, kam ich nach. Mir war klar, welch unangenehme Konsequenzen dies alles für mich nach sich ziehen könnte.

Der Militärrichter Sheppard, der über die Angelegenheit zu befinden hatte, war einfach großartig. Er erklärte zunächst einmal, er könne sich über den Sachverhalt keine Meinung bilden, bevor er nicht den Hund gesehen hätte.

Also wurden zwei Militärpolizisten losgeschickt, Rita zu holen. Im Gerichtssaal war die Bullterrierhündin fabelhaft. Sie begrüßte mich schwanzwedelnd und setzte sich gleich passenderweise zu mir auf die Anklagebank.

»Komm, hopp«, rief Mr. Sheppard.

Rita faßte diese Aufforderung so auf, daß sie mit einem Satz gleich auf den Richtertisch sprang. Mr. Sheppard, der wußte, wie man mit Hunden umgeht, kraulte sie und faßte ihr mit seiner Hand ins Maul. Rita genoß die Streicheleinheiten und blieb ungeheuer friedlich, worauf Mr. Sheppard verkündete: »Wenn dieser Hund einen unserer Soldaten angefallen hat, ist der selber schuld. Gräfin, Sie sind damit freigesprochen.«

Meine vielsprachige Tierarztpraxis

Noch Anfang Mai 1945 bin ich mit Hans zu Fuß in das sogenannte Margarinehaus am Hohenzollerndamm gegangen, in dem die provisorische Bezirksverwaltung von Wilmersdorf untergebracht war. Hier bekam ich die Erlaubnis zur Eröffnung einer Tierarztpraxis, was erfreulich unproblematisch abging. Ich bekam eine Wohnung in der Hildegardstraße 1 zugewiesen und machte mich mit einer gewissen Kühnheit daran, in der dritten Etage des Hauses die Praxis einzurichten. Als Helferinnen beschäftigte ich eine Bekannte, die fließend Französisch sprach, und eine Baltin, die perfekt Russisch konnte. An Patienten fehlte es nicht, zunächst waren es Russen und später auch die Angehörigen der West-Alliierten, die meine Praxis beanspruchten. Die Erledigung des Papierkrams und die Führung der Kartei übernahm Hans. Als Tierärztin bekam ich auch sehr schnell einen Telefonanschluß.

Eines schönen Sonnabends erschien bei mir eine gute Bekannte, die in Schmöckwitz-Werder in einer Bootskolonie wohnte und ganz verzweifelt war. Ihr drei Monate alter Säugling sei schwer erkrankt, er hätte hohes Fieber, Atemnot und starken Husten. Doch da draußen könne sie keinen Arzt auftreiben. Am nächsten Morgen sind wir über Grünau nach Schmöckwitz-Werder gefahren, wir brauchten fast sechs Stunden. Das Baby hatte eine Bronchopneumonie. Ich hatte einige Medikamente mit, die ich über den Krieg gerettet hatte.

Dank des Kampferöls, das ich unter anderem dabei hatte, konnte ich dem Säugling rasch Erleichterung verschaffen. Die Mutter bot mir an, ich solle doch bei ihr und ihrer Familie übernachten und den strapaziösen Rückweg erst am nächsten Morgen antreten. Mir war das sehr recht.

Von meinen Gastgebern erfuhr ich, daß die Kolonie nachts manchmal von marodierenden Russen überfallen wurde, die Frauen suchten. Um zu verhindern, daß es zu Vergewaltigungen kam, hatte man ein einfaches Warnsystem entwickelt. Sobald Russen auftauchten, weckten die Männer mit Trillerpfeifen die ganze Kolonie, so daß die Frauen, die alle in Trainingsanzügen schliefen, sich im Wald verstecken konnten.

Wegen der Übernachtung mußte ich mich bei dem kommunistischen Obmann melden, der in Schmöckwitz-Werder eingesetzt worden war. Ihm und seiner Frau schien es allerdings gar nicht zu passen, daß ich eine Gräfin war, und sie mokierten sich darüber, daß ich als Tierärztin in so einem Fall konsultiert wurde. Natürlich bekamen sie von mir darauf die passenden Antworten. Als ich eine Anspielung auf die »lieben Russen« fallenließ, vor denen hier draußen die Frauen geschützt werden müßten, haben sich die beiden mächtig über diese idiotische, völlig überflüssige Maßnahme mit den Trillerpfeifen echauffiert.

Prompt ertönten in dieser Nacht die Trillerpfeifen. Als ich wieder in meine Bleibe zurückkehrte, wurde ich zum Obmann geholt. Die Russen hatten dem Mann eins über den Schädel geschlagen, und auch die überzeugte Genossin hatte Schaden an ihrer Keuschheit genommen. Nun war ich allerdings nicht darauf eingerichtet, chirurgisch zu arbeiten. Mittels eines festen Kopfverbandes ist es mir aber gelungen, die aufgeplatzte Schädelhaut wieder zusammenzufügen.

Eines Tages erschien bei mir in der Hildegardstraße Sergej Tscherkassow, ein Weißrusse, den ich schon aus der Zeit vor dem Krieg gut kannte. Er bat darum, ein paar Tage bei mir wohnen zu dürfen. Nun, ich kenne Russen und ihr Zeitgefühl. Eine russische Tante hatte sich bei Verwandten von mir für vierzehn Tage zu Besuch angesagt. Sie blieb weit über dreißig Jahre bis zu ihrem Tod. Trotzdem hatte ich nicht das Herz, Sergej abzuweisen, und so zog er eben bei uns ein.

Tscherkassow, der wegen seiner Nazifeindlichkeit lange in einem Gestapo-Gefängnis eingesessen hatte, bis er von den Russen befreit worden war, genoß bei seinen Landsleuten deswegen ein gutes Ansehen. Sergej trieb munter Handel mit den russischen Soldaten und besorgte uns Lebensmittel, an die wir sonst nie herangekommen wären. Allerdings hat er wohl im Lauf der Zeit seine Schwarzmarktgeschäfte etwas zu weit getrieben, denn eines Morgens standen NKWD-Leute vor meiner Tür, die wissen wollten, ob bei mir ein Sergej Tscherkassow wohne, was ich sofort verneinte. »Sie können sich aber gern selbst davon überzeugen«, sagte ich. »Ich lasse bloß schnell meinen Tierpfleger die Hunde rausführen, weil die ziemlich gefährlich sind. Sie können sich dann die ganze Wohnung in Ruhe ansehen. Warten Sie noch einen Moment in meinem Sprechzimmer.«

Rasch weckten wir Sergej, zogen ihm weiße Klinikhosen und einen Wärterkittel an. Mit einer Doppelkoppel Bullterrier marschierte er fröhlich an den Russen vorbei.

Natürlich konnte er nun nicht mehr länger bei mir wohnen bleiben, und wir brachten ihn bei Bekannten unter. Dennoch erschien er ungeniert des öfteren bei mir, und ich mußte ihm sagen, daß ich es für besser hielte, nachdem immer noch nach ihm gefragt wurde, wenn er sich gen Westen absetzen würde.

Eines Tages erschien er, um sich von mir zu verabschieden. Er wollte mit russischen Lastautos bis zur Zonengrenze fahren und zu Fuß über die Grüne Grenze. »Sergej«, sagte ich, »Sie haben ja über ein Jahr bei mir gewohnt. Tun Sie mir daher den Gefallen und rufen Sie mich an, wenn Sie drüben gut angekommen sind.«

Er versprach es hoch und heilig. Als wir nach vier Wochen noch immer ohne Nachricht waren, befürchteten wir das Schlimmste.

Eines Nachts schrillte mein Telefon, und ein Weißrusse, den ich kannte, rief aus München an. Den Geräuschen im Hintergrund war zu entnehmen, daß ein fröhliches Fest gefeiert wurde. Ich sprach mit ihm und anderen Russen ungefähr eine halbe Stunde, dann war plötzlich Sergej am Apparat. Ich schrie: »Mensch, warum rufen Sie erst heute an?«

»Nu, als ich die Grüne Grenze überschritten hatte, da hab' ich getrunken ein Schnäpschen und noch ein Schnäpschen, und plötzlich hatte ich Ihren Namen vergessen!«

Über diese Antwort mußte ich sehr lachen, und er erzählte mir in aller Ausführlichkeit, wie er nach München gelangt wäre und daß er mit den alten russischen Freunden aus Berlin wieder vereint sei.

Nach etwa einer Stunde meinte ich: »Sergej, dieses Telefongespräch muß doch schon ein Vermögen kosten. Wollen wir nicht lieber Schluß machen?« Mit unbekümmerter Fröhlichkeit entgegnete er: »Nein, nein, kostet nix! Wir sind bei Bekannten in Wohnung, und die sind verreist.«

Später schrieb er mir manchmal kurze Postkarten. Eines Tages erschien seine alte Berliner Wirtin in Tränen aufgelöst bei mir. »Sergej ist tot. Ich habe die Nachricht aus München bekommen. Bitte, sagen Sie es auch seinen Freunden.«

Schweren Herzens ging ich mit dieser traurigen Botschaft zu den Russen in die Nachodstraße. Ich klingelte, wurde eingelassen und übermittelte die Hiobsbotschaft:

»Leider muß ich Ihnen die betrübliche Mitteilung machen, daß Sergej tot ist.« Ich erntete schallendes Gelächter.

»Nein, nein, Sergej nix tot, nur für Mänschen, er läbt wieder in finfte Kolonne.« Das war nun wirklich das letzte, was ich von Sergej hörte.

Als Wilmersdorf britische Besatzungszone wurde und die Russen aus unserem Viertel abzogen, beschenkten sie mich zum Abschied großzügig mit jeweils eineinhalb Zentnern Zucker und Mehl sowie eingesalzenem Gemüse, weil ich für ihre Tiere so viel getan hatte. Dies vermochte mich allerdings nicht über den Verlust von Tamara und Lucie hinwegzutrösten. Die Russen sammelten regelrecht alle russischen Kinder ein, die in deutschen Haushalten untergebracht waren, um sie in die Heimat zurückzubringen. Tränen flossen reichlich, da die beiden nicht von mir wegwollten. Besonders schwer fiel die Trennung von der Kleinen, die an mir wie an einer Mutter hing. Ich versuchte, ihr gut zuzureden, daß sie nun wieder nach Hause käme und mit ihren Landsleuten mitgehen solle. Genutzt hat es nichts. Selbst von der Straße her drangen noch lange ihre herzzerreißenden Schreie an mein Ohr. Außer der Nachricht, daß sie von einer russischen Offiziersfamilie aufgenommen worden seien, habe ich nie wieder etwas von den beiden gehört. Ich hoffe zu Gott, daß es das Schicksal gut mit ihnen gemeint hat.

Durch den sich ständig vergrößernden Zulauf, den die vielsprachige Praxis fand, wurde ich immer stärker beansprucht, so daß mir nichts anderes übrigblieb, als mir eine Haushälterin zu nehmen. Zunächst hatte ich eine sehr nette und fleißige Polin, die aus Posen stammte, sie kehrte aber leider wieder in ihre alte Heimat zurück. Ihre Nachfolgerin wurde Frau Doerschlag, eine Halbchinesin. Sie war ein Wunder, was das Zubereiten von Mahlzeiten anbetraf. Es ist mir heute noch unerfindlich, wie sie es schaffte, aus fast nichts schmackhafte Mahlzeiten zuzubereiten.

In der Zeit, als Sergej noch bei uns wohnte, kam ich eines Abends die Treppe hoch und hatte wie üblich eine brennende Zigarette im Mund. Sergej stand vor der Wohnungstür, entriß sie mir und machte sie sofort aus. »Sie werden gleich merken, warum«, sagte er.

Beim Betreten der Wohnung nahm ich sofort den unverkennbaren Geruch von Gas wahr, obwohl Sergej bereits kräftig gelüftet hatte. Frau Doerschlag hatte in der Küche versucht, sich das Leben zu nehmen. Dank der undichten Fenster und Türen hatte das austretende Gas nicht tödlich gewirkt, so daß Frau Doerschlag nur besinnungslos wurde.

Nachdem ich sie medizinisch versorgt hatte, kam sie bald wieder zu sich. »Warum, um Himmels willen, haben Sie das bloß gemacht?« fragte ich sie und bekam die höchst verwunderliche Antwort: »Mir wurde auf einmal bewußt, daß ich nicht mehr in Nordchina bin.« Da sie schon seit der Vorkriegszeit in Deutschland war, hatte sie ja sehr lange gebraucht, bis ihr das bewußt wurde.

Damals mußte man sehr praktisch denken, um mit den Kontingenten an Gas und Strom, die einem zugeteilt waren, über die Runden zu kommen. Ich meldete daher den Gaswerken sogleich den Selbstmordversuch meiner Haushälterin und die damit verbundene Überziehung meines Gasverbrauchs. Nun zog ich über Land und schleppte soviel wie möglich zum Einwecken heran. Es wurde die reinste Einkoch-Orgie. Wegen des Gasverbrauchs machten wir uns keinerlei Sorgen – und dann kam das böse Erwachen: In der Zwischenzeit war der Zähler abgelesen worden. Hans hatte die Gasrechnung bezahlt – bloß ich wußte nichts davon. Als die nächste Gasrechnung ins Haus flatterte, stand darauf zu lesen, daß ich wegen erheblicher Kontingentüberziehung eine Buße von sage und schreibe zwölftausend Mark zu entrichten hätte. Fieberhaft dachte ich darüber nach, was jetzt zu tun sei.

Ich zog mich an so elegant es ging, nahm zwei meiner Bullterrier mit und suchte die britische Militärverwaltung auf. Dort trat ich als Engländerin auf, die kein Wort Deutsch konnte, und schaffte es auf diese Weise, bis zu dem zuständigen Oberst vorzudringen. Als ich in sein elegantes Büro geführt wurde, erhob er sich höflich von seinem Schreibtischstuhl, begrüßte mich und fragte, was er für mich tun könne. Da hielt ich es für das Beste, ihm die Wahrheit zu sagen. Ich erzählte ihm, wie schwierig es für mich sei, mit den Kontingenten auszukommen, da ich in meiner Praxis noch einen kleinen Klinikbetrieb unterhielte und dort viele Tiere zu versorgen seien. Dann rückte ich damit heraus, daß ich den Selbstmordversuch meiner Wirtschafterin zum willkommenen Anlaß genommen hatte, fleißig einzukochen. Der Oberst mußte schallend darüber lachen und ließ einen Offizier kommen, der die Anweisung erhielt, mein Gas- und Stromkontingent rückwirkend zu erhöhen, was für mich in jeder Hinsicht eine Erleichterung bedeutete. Eine weitere angenehme Folge dieses Besuches war ferner, daß viele britische Tierhalter in meine Praxis kamen.

Auf Grund der Alliierten Kontrollratsbeschlüsse vom August 1945 begann die planmäßige Entnazifizierung der Deutschen. Mittels schematisch angelegter Fragebögen versuchte man, den Grad der Beteiligung eines jeden am Nazi-Regime zu ermitteln. Es gab dafür verschiedene Einstufungen in Hauptschuldige, Belastete, Minderbelastete, Mitläufer und Nichtbelastete. Die Bestätigung für letzteres hieß allgemein nur »Persilschein«. Den zu ergattern war das Ziel vieler Deutschen. Es war erstaunlich, wer so alles zu Hans und mir kam, um von uns bestätigen zu lassen, daß er nie etwas Böses getan hätte, geschweige denn jemals für Hitler gewesen sei.

Bei den nun einsetzenden Entnazifizierungsverfahren

war ich oft als Beisitzer oder Zeuge dabei. Es waren unerfreuliche Verhandlungen, in denen viele persönliche Rankünen und Denunziationen mitspielten. Als besonders beschämend empfand ich, daß plötzlich so gut wie keiner mehr ein Nazi gewesen sein wollte. Es gab auch Ausnahmen. Die Engländer legten mir den Fragebogen eines Kollegen vor, der ganz ehrlich angegeben hatte, in der HJ und der Partei gewesen zu sein und am Anfang begeistert mitgemacht zu haben. Im Laufe des Krieges sei er erwachsener und kritikfähiger geworden und hätte innerlich davon wieder Abstand genommen. Das war eine Aussage, die man glauben konnte.

Bei diesen Prozessen trat immer wieder Erstaunliches zutage. Ich wurde zur Entnazifizierung des Gerichtsvollziehers vorgeladen, der bei mir immer die vergessene Hundesteuer eingezogen hatte. Herr Krause war ein kleines, bescheidenes Männlein. Als zweiter Zeuge war ein jüdischer Textilkaufmann geladen. Im Laufe der Verhandlung stellte sich heraus, daß dieser Mann 1943 aus einem Zug, der Juden abtransportierte, geflohen und auf den Gleisen nach Berlin zurückgelaufen war. Dort angekommen, fand er niemanden mehr, den er kannte – nur seinen Gerichtsvollzieher. Der hat ihn ganz selbstverständlich bei sich aufgenommen, seine letzte Schnitte Brot mit ihm geteilt und ihn bis 1945 durchgebracht.

Als in den Ostgebieten die systematische Ausbürgerung der Deutschen begann, schwoll die Zahl der Flüchtlinge, die nach Berlin und in das übrige Deutschland strömten, enorm an. Sie kamen aus Schlesien, Ost- und Westpreußen – ein Heer von armseligen Gestalten, die teilweise ihre letzte Habe verloren hatten. Sie wurden in Lagern zusammengefaßt, sie hausten in Trümmern, Kellern oder Bunkern. Es wurden schrecklich aussehende Wellblechbaracken aufgestellt, die man Nissenhütten nannte, aber die

Leute waren überglücklich, wenn sie wenigstens in ein solches Quartier kamen.

Der Winter 1945/46, der bitterkalte, nahte. Heizmaterial gab es kaum. Ich besaß damals einen blauen Mantel, in den ich innen Schlaufen eingenäht hatte, in die ich einen Fuchsschwanz einhängte. Diese Säge, die ich stets mitführte, erwies sich als ausgesprochen nützlich. Ein Spötter hat später behauptet, wo immer ich ging oder stand, hätte ich alles zersägt. Das sei soweit gegangen, daß meine Treffen mit irgendwelchen Schätzchen auf Parkbänken immer stehend hätten enden müssen, da ich im Lauf des Tête-à-tête die jeweilige Bank zersägt hätte. Die Geschichte ist zwar erlogen und erstunken, aber trotzdem gut. Tatsache ist, daß man in der Zeit mit allem geheizt hat, was sich irgendwie verbrennen ließ. Zucker hatte ich von den Russen genügend zum Abschied bekommen, und so fabrizierte ich aus Sägemehl, Kohlengrus und Zuckerwasser eine Art Brikett, die fabelhaft heizten. Die Kehrseite der Medaille war, daß ich ungefähr alle vier Wochen sämtliche Ofenrohre auseinandernehmen und jede Menge schmierigen, teerähnlichen Dreck herausholen mußte. An solchen Tagen glichen Praxis und Wohnung einem Hüttenwerk.

Ein freundlicher Zufall bescherte mir dann ein eigenes Kohlebergwerk. Einer meiner Hunde verschwand in einer Ruine in einem Loch und kam nicht wieder zum Vorschein. Also kroch ich hinterher und stieß auf einen riesigen Kohlenkeller. Jede Nacht bin ich dann mit einem Handwägelchen dorthin gezogen. Obwohl es etwas mühsam war, habe ich das Loch jedesmal wieder mit aufeinandergeschichteten Steinen zugemacht, damit auch ja kein anderer »meine« Kohlen fand.

Doch auch dieser Winter nahm ein Ende. An einem lauen Maiabend des Jahres 1946 ging ich mit meinen Bullterriern in den Anlagen der Wilhelmsaue spazieren. Plötzlich erschien einer meiner Rüden mit einer amerikanischen Offiziershose im Maul, deren Besitzer wohl irgendwelchen Frühlingsgefühlen nachging. Ich nahm sie mit nach Hause. Sie aufzuheben wagte ich allerdings nicht, sondern verbrannte sie, denn auf den Besitz von jeglichem Militärgut standen hohe Strafen. Ich hatte wegen des armen Amerikaners beinahe ein schlechtes Gewissen.

Ansonsten waren die Hunde aber sehr nützlich. Es kamen viele Leute zu mir, die Angst hatten, abends allein nach Hause zu gehen und sich einen Bullterrier als Begleitung mieteten. Die Tiere bekamen ein Kettenhalsband und die »Mieter« eine kurze Führleine in die Hand. Die Leute zeigten mir ihre Ausweise, und ich konnte in etwa ausrechnen, wie weit die Strecke war, die mein Hund sie begleiten mußte. Das fällige Kilometergeld bekam ich im voraus. Wenn die Leute an ihrer Haustür ankamen, nahmen sie dem Hund das Halsband ab und gaben es ihm samt Führleine ins Maul, damit niemand ihn anhalten konnte.

Irgendwann erschien sogar die Polizei bei mir, die auf die Hunde aufmerksam gemacht worden war, und bat um Unterstützung. In einem Ruinenhaus in unserer Nähe hatten sich »displaced persons«, wohnungslose Mitbürger, eingenistet, die von dort aus muntere Diebeszüge unternahmen. Die Polizei wußte das, kam aber an die Leute nicht heran. Als ich mit einem Tierpfleger und zwei Dopelkoppeln Bullterrier ankam, hieß es, ich solle den Hunden Maulkörbe anlegen. »Ich denke gar nicht daran«, entgegnete ich. »Wie sollen denn die Hunde in einem Haus, in dem es keine Treppen mehr gibt, die Leiter raufkommen, wenn ihnen die Möglichkeit genommen wird, sich mit dem Gebiß an den Sprossen festzuhalten? Außerdem kann ich dafür garantieren, daß meine Hunde niemanden beißen.« Nach einigem Palaver wurden die Hunde ohne Maulkörbe von mir ins Haus geschickt. In weniger als einer Viertelstunde hatten sie die darin befindlichen Leute flachgelegt. Die Hunde arbeiteten so, daß einer dem Opfer in die Kniekehlen sprang und der andere ihn von vorn anging. Dabei bleibt keiner stehen, und sei er noch so groß und kräftig. Die Ganoven zu verhaften war dann weiter kein Problem. Für diesen Einsatz bekamen die Hunde eine Menge Futter und ich ein Anerkennungsschreiben des Polizeipräsidenten.

Die Hunde haben mir das Leben gerettet, als ich eines Nachts gegen drei Uhr von einer Geburt zurückkam. Ich hatte einen guten Mantel an und eine sehr schöne lederne Bereitschaftstasche dabei. Am Hohenzollerndamm, Ecke Emser Straße, hörte ich hinter mir ein schepperndes, metallisches Geräusch. Als ich mich umsah, lag ein Kerl am Boden, und einer der Hunde hatte sein beachtliches Gebiß dicht vor seinem Hals.

Ich hob den Vierkant auf, den er fallengelassen hatte und fragte: »Was wollten Sie denn damit?«

Darauf wußte er keine passende Antwort. Ich ließ ihn aufstehen, die Hände hochnehmen und tastete ihn vorsorglich nach einer Schußwaffe ab. »So«, sagte ich, »Sie können jetzt mit den Händen im Nacken die Emser Straße runtergehen, doch falls sie nur eine Sekunde die Hände runternehmen, schicke ich die Hunde hinter Ihnen her.«

Ich sah ihm noch eine ganze Weile nach, wie er leicht verstört die Emser Straße runterwankte. Den Vierkant, der gereicht hätte, mir den Schädel einzuschlagen, nahm ich mit nach Hause und war froh, solch mannfeste Tiere um mich zu haben.

Der Kundenkreis meiner Parxis vergrößerte sich immer mehr. Ich arbeitete bei Fuhrgeschäften, auf dem Lande und auch im Zoo. Eines Tages wurde ich zu einem amerikanischen General beordert, dessen Hund krank war. Ich nahm mir mein Fahrrad und radelte los. Als ich den Wachsoldaten erklärte, ich sei die Tierärztin, die der General erwarte, haben sie nur gegrinst. Da mein Englisch weiß Gott gut ist, konnten sie mich eigentlich nicht mißverstanden haben. Trotzdem unternahm ich einen weiteren Anlauf, bekam darauf aber nur kategorisch erklärt, ich dürfe da nicht hinein. Als ich sie aufforderte, sich wenigstens davon zu überzeugen, daß das, was ich sagte, stimmte, reagierten sie überhaupt nicht mehr. Das wurde mir zu bunt. Ich setzte mich wieder auf mein Fahrrad und fuhr nach Hause. Keine halbe Stunde später klingelte das Telefon. Der General war dran und fragte barsch, warum ich noch nicht bei ihm wäre.

»Ich war bereits da«, sagte ich. »Sie allerdings sollten Ihre Soldaten besser informieren, denn sie haben mich nicht durchgelassen. Außerdem denke ich gar nicht daran, nochmals mit dem Fahrrad zu Ihnen zu kommen; für solche Extratouren reichen meine Lebensmittelkarten nicht aus!«

Er bot mir an, ein Auto zu schicken.

»Das geht jetzt nicht«, erklärte ich.

»Und warum nicht?«

»Jetzt ist meine Sprechstunde, und ich habe das Wartezimmer voller deutscher Patienten. Rufen Sie mich im Anschluß daran an; und ich werde sehen, ob ich kommen kann.«

Ein paar Stunden später schickte er mir seinen Fahrer vorbei und bot mir, als ich bei ihm war, erst einmal einen Drink an, den ich jedoch ablehnte.

»Zigarette?« fragte er, und ich verneinte wiederum. »Trinken und rauchen Sie denn überhaupt nicht?«

»Beides wahnsinnig gern – nur nicht bei Ihnen. Könnte ich bitte jetzt den Patienten sehen?«

Zur täglichen Visite holte er mich mit seinem Wagen ab, der mich auch nach Hause zurückbrachte. Als der Hund wieder gesund war, wollte der General von mir wissen, ob es mich beim ersten Mal sehr gestört hätte, daß er aus Sicherheitsgründen hinter Gittern wohne.

»Nein, überhaupt nicht«, sagte ich. »Ich arbeite nämlich auch im Zoo.«

Einige Zeit später erhielt ich einen Anruf von seiner Frau, die mittlerweile nach Berlin gekommen war. Sie war am Telefon ganz reizend und sagte, sie möchte mich schrecklich gern mal kennenlernen. Ihr hätte die Art und Weise imponiert, in der ich damals mit ihrem Mann umgesprungen wäre.

Wir verabredeten uns zum Mittagessen bei ihr. Wieder wurde ich mit dem Wagen des Generals abgeholt. Nach einigen anregenden Stunden wollte ich mich von ihr verabschieden und in meinen blauen Mantel schlüpfen, kam aber nicht hinein. Die Ärmel waren unten mit Sicherheitsnadeln zugesteckt und prall mit Kaffee, Tee, Zigarettenpäckchen und allem, was gut und teuer war, gefüllt worden.

»Da dies nicht von meinem Mann stammt, sondern von mir, können Sie's ruhig annehmen«, meinte sie und lächelte.

Die erste Ehe mit Hans

Wenn ich heute aus der Rückschau meine Beziehung zu Hans betrachte, sehe ich manches anders als kurz nach 1945. Unser Verhältnis während des Krieges war geprägt durch seine totale Abhängigkeit von mir; ich hatte das absolute Sagen und war in puncto Sicherheit ein Despot, weil Hans zunächst wirklich nicht begriff, in welcher Gefahr er sich befand. Erst nach dem Krieg erfuhr ich beispielsweise, daß auch Hans einmal die Wohnung in der Detmolder Straße verlassen hatte, um einen Spaziergang zu machen. Er dachte wohl, mit Bart und blauer Brille würde ihn niemand wiedererkennen. Und dann traf er einen alten Freund, der aus allen Wolken fiel, als er ihn sah: »Um Gottes willen. Wir haben ja gar nicht gewußt, daß du überhaupt noch lebst!«

Fröhlich soll Hans zu ihm gesagt haben: »Ich wohne doch bei der Maruska und und und ...«

Bei der Vorstellung, was alles hätte passieren können, wenn das jemand anderes gehört hätte, wird mir heute noch schlecht. Wahrscheinlich gab es auch unter den bei mir versteckten Männern viel mehr Spannungen wegen mir, als ich mitbekam. Hans hatte immerhin eine Frau, etwas, worauf die anderen notgedrungen verzichten mußten.

Das Leben, das er so viele Jahre bei mir führen mußte, hat ihm sicher den Absprung in ein normales Leben erschwert, und bestimmt habe ich überhöhte Erwartungen an ihn gestellt. Ich habe mir vorgestellt, nach dem Kriegsende ist ein Mann da, der dir bei allem tatkräftig zur Seite steht und mit zupackt. Dies war nur sehr begrenzt der Fall. Auch was die Schriftstellerei anbelangte, versuchte er nicht wieder Fuß zu fassen, obwohl ihm alle Möglichkeiten offenstanden. Obwohl es hart klingt – Hans machte in stolzer Trauer über seine verstorbenen jüdischen Verwandten.

»Hans«, sagte ich, »auch in unserer Familie gibt es viele Tote, aber wir können uns nicht an unseren Toten festhalten, wir müssen nun leben und aus dem Nichts etwas aufbauen.«

Ein weiteres Ärgernis war, daß Hans eine Schwäche für Leute hatte, die schön daherredeten und ihm schmeichelten. Da konnte es passieren, daß ich abends nach Hause kam und er mir sagte: »Du, ich habe heute den und den getroffen, und die brauchten dringend Geld. Da hab' ich ihnen zweihundert Mark geborgt!«

»Hans, wie konntest du nur!« empörte ich mich. »Die sind beide ganz miese Nazis gewesen.«

»Meinst du? Die waren aber doch so schrecklich nett zu mir.«

»Hans, jedem echten Kommunisten oder Sozialisten würde ich immer mit Geld aushelfen – aber doch nicht ausgerechnet denen!«

Was das Zusammenleben auch nicht erleichterte, war die Tatsache, daß ich als Tierärztin stark gefordert und häufig rund um die Uhr im Einsatz war. Ich hatte kaum Zeit für Hans. Trotzdem haben wir 1947 geheiratet. Es sollte meine zweite Kurzehe werden.

Bald nach der Überrollung durch die Russen sprachen mich auf der Straße zwei junge Mädchen an. Die eine kannte ich, sie wohnte in der Hildegardstraße. Die andere hieß Wally Schulz und hatte auf Grund ihrer hervorragenden Russischkenntnisse in Goebbels' Propagandaministerium gearbeitet. Verlobt war sie mit einem Adjutanten des weißrussischen Genrals Pjotr Nikolajewitsch Krasnow, der ein bemerkenswerter Romancier war. Viele seiner Schriften waren von der Tendenz her stark antibolschewistisch, und Wally war gerade dabei, sein letztes Manuskript ins Deutsche zu übersetzen. Sie fragte, ob ich sie nicht bei mir beschäftigen könne. Da eine Menge Schreibkram aufgelaufen war, den sie erledigen konnte, willigte ich ein.

Wally war nur wenige Tage für mich tätig, als das NKWD sie bei mir aufsuchte. Ob sie wegen des Krasnow-Textes kamen oder weil Wally früher für Goebbels gearbeitet hatte, weiß ich nicht. Als die Russen bei mir in der Detmolder Straße erschienen und verlangten, Frau Schulz zu sprechen, war mir doch etwas ängstlich zumute. Daher entschuldigte ich mich damit, daß ich meine Hunde ausführen müsse, und raste zu Wallys Wohnung in der Hildegardstraße, trat ihre verschlossene Zimmertür auf und raffte in Windeseile alle maschinengetippten Seiten und alle russischen Manuskriptblätter, die ich fand, zusammen. Als ich die Treppe wieder hinunterstürzte, hörte ich bereits Wallys Stimme und russische Laute an der Eingangstür.

Gott sei Dank kannte ich den Bewohner der ersten Etage, Denès von Mihaly. Ich klingelte Sturm, wurde sofort eingelassen und zog die Tür hinter mir zu. Durch den Spion sah ich Wally mit ihrer russischen Begleitung die Treppe hochgehen. Ich erklärte dem Ungarn die Situation, und er versteckte sofort alle Papiere.

Für diese spontane Hilfeleistung habe ich mich später, ohne direktes eigenes Zutun allerdings, revanchieren können. Als ich meine Praxis in demselben Haus eröffnet hatte, erschienen wieder Leute vom NKWD, um Mihaly, diesen bedeutender Physiker und Pionier auf dem Gebiet des Fernsehens, abzuholen. Als sie gerade aus ihrem Auto steigen wollten, fuhren zwei Wagen der britischen Militärpolizei vor. Die Russen vermuteten einen Zusammenhang, der nicht bestand, und rückten sofort wieder ab. Dabei brachten die Militärpolizisten nur einen Hund zu mir, der mein Patient war. Mihaly hatte den Vofall von seinem Fenster aus beobachtet. Von da an hatten wir von Wohnung zu Wohnung einen heißen Draht, um uns gegenseitig warnen zu können. Mihaly, der zwei Jahre im KZ für die Nazis hatte arbeiten müssen, war es satt, noch einmal in Unfreiheit für andere das gleiche zu tun.

Wally wurde von den Russen mitgenommen, doch die Nachforschungen nach dem Krasnow-Manuskript liefen weiter. Eines Tages erschien in meiner Praxis ein Mann, der erklärte, er käme von der britischen Militärregierung und sei beauftragt, bei mir das Krasnow-Manuskript abzuholen, das Frau Wally Schulz mir zu treuen Händen übergeben habe.

Ich spielte die Erstaunte und entgegnete ihm, ich wüßte gar nicht, wovon er spräche. Außerdem besäße ich überhaupt nichts Schriftliches von Frau Schulz. Durch mein festes Auftreten wurde er unsicher. Zufälligerweise ließ er seine Brieftasche fallen, dabei rutschte ein Fahrschein heraus. Er hob ihn zwar blitzschnell wieder auf, aber ich hatte bereits gesehen, daß Cottbus darauf stand. Nun war völlig klar, daß er nicht von den Engländern kam.

Im Lauf der Zeit erfuhren wir manches, was beim Einmarsch der Russen in Schlesien geschehen war. Einige Magnaten, die ich gut kannte, hatten auf den Freitreppen ihrer Schlösser gestanden, gewillt, den Russen einen gastfreundlichen Empfang zu bereiten, weil sich die Deutschen ihnen gegenüber in Rußland so schlecht benommen hatten. Diese Geste wurde von den Rotarmisten falsch aufgefaßt, sie schlugen sie mit Gewehrkolben tot oder erschossen sie. Der Bruder meiner Schwägerin wurde in seinem elterlichen

Schloß in Thüringen ebenfalls erschossen. Das alles waren äußerst betrübliche Nachrichten, die mich sehr getroffen haben.

1947 klingelte Karl Uder, unser alter Diener aus Militsch, an der Tür meiner Praxis, die ich mittlerweile in die Prager Straße verlegt hatte. Von ihm erfuhr ich, daß die Russen die Leichen meiner Eltern ausgegraben hätten und die Knochen in der Gegend herumgestreut worden wären. Ich tröstete den alten Mann und sagte: »Immer noch besser Gräber zu schänden als Lebende zu töten.«

Den Verlust meiner Heimat habe ich nie verwunden. Ich hing mit jeder Faser meines Wesens an Militsch. Ich liebte das Land, das Schloß und alles, was dazugehörte. Obwohl mir in späteren Jahren vielfach die Gelegenheit geboten wurde, Militsch wiederzusehen, habe ich darauf verzichtet. Mein Zuhause in Schlesien trage ich lieber als unberührte Erinnerung tief in meinem Herzen.

Es muß so 1948/49 gewesen sein, als ein junger Mann in meiner Praxis erschien und mich um ein ganz persönliches Gespräch bat. Ein Freund von ihm, der während der Zeit seiner Kriegsgefangenschaft in Amerika psychiatrisch behandelt worden war, sei entlassen worden und nach Berlin zurückgekehrt. Der Freund war als Pilot mit seiner Maschine abgeschossen worden und mit dem Fallschirm auf freiem Feld gelandet, über das deutsche Panzer zum Angriff auf die Briten anrollten, die ihrerseits sogenannte Minenhunde einsetzten. Das waren meist Bullterrier, denen man Minen auf den Rücken schnallte und die so dressiert waren, daß sie unter die Panzer rannten. Bei der Explosion der Mine sind sie natürlich mit getötet worden. Seit der junge Flieger dies hatte mitansehen müssen, litt er unter einer schweren Phobie vor großen Hunden. Ich besaß zu dieser Zeit einen Hund, der mir zugelaufen war und den ich recht gern hatte, eine Mischung aus Dogge und Bernhardiner, mit gelblich braunem Fell und ungeheuer lieb und gutmütig. Da er einen ständig mit seinem dicken Kopf anstieß, nannten wir ihn »Bummkopf« oder kurz »Bumm«.

Ich schlug dem jungen Mann vor, er möge seinen Freund doch mal zu einer Tasse Tee mitbringen. Meine Assistentin war dahingehend instruiert worden, daß sie nach einer Weile »versehentlich« die Tür aufmachen und den Hund hereinlassen sollte.

Als Bumm hereinkam, erstarrte der ehemalige Jagdflieger. Der Hund blickte ihn freundlich an, ging auf ihn zu und legte seinen dicken Kopf auf dessen Knie.

»Streicheln Sie ihn ruhig«, forderte ich ihn auf. »Das arme Tier hat ein schlimmes Schicksal hinter sich und ist so dankbar, wenn man ein bißchen nett zu ihm ist.«

Der Mann genierte sich, nein zu sagen, und streichelte Bumm ganz vorsichtig. Nach einer Weile bat ich ihn, ob er mir nicht den Gefallen tun könne, mit dem Hund ab und zu spazierenzugehen, weil ich dafür leider wenig Zeit hätte. Er sagte dies zu und kam dann auch tatsächlich – erst so alle drei, vier Tage und dann täglich. Zwischen Bumm und ihm entwickelte sich eine regelrechte Freundschaft. Nach etwa drei Monaten hielt ich den Zeitpunkt für gekommen, ihn auch mit einem meiner Bullterrier zu konfrontieren, denn das war ja jene Hunderasse, die den schrecklichen Schock bei ihm ausgelöst hatte. Das Experiment gelang ebenfalls, und er freundete sich nach und nach mit allen meinen Hunden an. Ihm hatte ich helfen können – doch ich selbst hätte auch Hilfe bitter nötig gehabt.

Gesundheitlich ging es mir nach Kriegsende gar nicht gut. Ich hatte üble Gallenschmerzen, die durch die Unmöglichkeit, Diät zu leben, und meine ständige Arbeitsüberlastung immer schlimmer wurden. Bereits in der Zeit der Widerstandsarbeit hatte ich zu Aufputschmitteln gegriffen, ohne die ich die enormen körperlichen Leistungen bei wenig Schlaf und Nahrung nicht hätte erbringen können. Hinzu kam, daß meine Beziehung zu Hans immer problematischer wurde und ich seine resignative Lethargie schwer ertragen konnte. Seine Einstellung zum Leben war passiv, während ich als Tierärztin manchmal Tag und Nacht auf den Beinen war. Das allein schon waren schlechte Voraussetzungen für eine »normale« Ehe. Auch war Hans meiner immer stärker werdenden Medikamentenabhängigkeit überhaupt nicht gewachsen. Er konnte mir nicht mit der notwendigen Härte begegnen, um mir aus dieser Situation herauszuhelfen.

1949 ging unsere Ehe auseinander. Über meine Kontakte zu den Engländern besorgte ich Hans eine Zwei-Zimmer-Wohnung in der Wilhelmsaue. Wally Schulz, aus mehrjähriger russischer Haft entlassen, tauchte wieder in Berlin auf. Da sie keine Bleibe hatte, zog sie zu Hans. Ihr russischer Verlobter war längst zusammen mit Krasnow und seinen Offizieren von den Engländern an die Russen ausgeliefert und als Vaterlandsverräter hingerichtet worden.

Durch die Tatsache, daß auch nach der Scheidung Hans und ich sehr freundschaftlich verbunden blieben, da uns beide die Jahre seiner Illegalität doch stärker zusammengeschweißt hatten, als wir uns dessen damals bewußt waren, entwickelte sich bei Wally ein latenter Haß gegen mich. Daß ich ihr seinerzeit, als es um das Krasnow-Manuskript ging, durch mein rasches Handeln möglicherweise das Leben gerettet hatte, zählte für sie nicht. Ich kann mir dies nicht anders erklären, als daß sie sich stets als drittrangig empfand: Erst kam Hans' Mutter, dann ich und dann erst sie.

Eines Tages bekam ich von Walter Hillbring, meinem geschiedenen Mann, mit ein paar nett ironischen Zeilen einen Brief zugeschickt, den ihm Wally Schulz geschrieben hatte. Sie hatte die Unverschämtheit besessen, bei Hille anzufragen, ob er aus früheren Zeiten nicht etwas wüßte, was gegen mich zu verwenden sei.

Ich habe Hans Wallys Brief gezeigt. Hans war das mehr als peinlich. Was ich aber viel trauriger fand, war, daß er später nicht mal den Mut aufbrachte, mir persönlich mitzuteilen, daß er Wally Schulz geheiratet hatte.

Freundschaft mit dem Theater

Auf der sicher unbewußten Suche nach einem »starken« Mann, der mir aus meiner Drogenmisere heraushelfen könnte, geriet ich an Hannes Küpper, einen Freund von Hans. Die beiden Männer waren nicht miteinander zu vergleichen. Hans war von einer stillen Introvertiertheit, liebevoll und ungeheuer tolerant, ein Mensch, der für alles und jedes – und damit auch für meine Schwächen – großes Verständnis aufbrachte. Küpper hingegen, eine schillernde, beim Berliner Rundfunk beschäftigte Persönlichkeit, sagte meiner Sucht einen gigantischen Kampf an und bestand darauf, daß ich mich operieren ließ, weil meine Gallenschmerzen immer unerträglicher wurden. Ich selbst hoffte sehr, nach der Operation von den Medikamenten loszukommen. Es gelang mir leider nur für kurze Zeit.

Bald nach der Verlegung des Berliner Rundfunks in den Ostteil der Stadt bekam Küpper das Angebot, das Stück »Lindenbaum« am Dresdner Theater zu inszenieren.

Meine Wochenendreisen zu ihm nach Dresden waren mit unglaublichen Strapazen verbunden. Der Zug fuhr morgens um sieben Uhr vom Schlesischen Bahnhof ab und kam um drei Uhr nachmittags in Dresden an. Ich war jedesmal hundemüde und kaputt, denn ich bekam nie einen Sitzplatz. Küpper flehte mich an, ich solle doch bereits um fünf Uhr morgens auf den Bahnhof gehen, um einen Sitzplatz zu ergattern. Am nächsten Wochenende saß ich also um fünf Uhr früh mit Koffer und Hund in meinem Abteil und war fröhlich und zufrieden. Die Freude dauerte nicht lange. In Großbeeren hielt der Zug, und ausgerechnet mein Waggon brannte. Nun stand ich mit Koffer und Bullterrier laut schimpfend auf dem Bahnsteig und mußte mich anschließend in eines der überfüllten Abteile drängeln. Plötzlich stand ein russischer Leutnant neben mir und sagte: »General will wissen, warum Frau so böse.«

Ich bemühte mich, ihm mein erfolglos frühes Aufstehen und meine Verärgerung zu erklären. Er kam nach ein paar Minuten zurück und sagte: »General sagt, du mit ihm in seinem Abteil reisen.«

Er brachte mich in ein Coupé erster Klasse zu zwei russischen Generälen, die nach Dresden fuhren. Sie sprachen etwas Deutsch und Französisch, so daß wir uns ganz gut verständigen konnten. Sie fragten mich, wie ich mir eine Reise mit russischen Offizieren vorstellte, und ich antwortete darauf: »Wissen Sie, da ich in der russischen Literatur recht gut bewandert bin, nehme ich an, daß demnächst Kaviar und Sekt gereicht werden und wir eine fröhliche Reise miteinander haben werden.«

Die Offiziere haben herzhaft gelacht. Sie waren entzückt von meinem Hund, der auf dem Sitz liegen durfte. Nach etwa drei Stunden waren wir in Riesa, und siehe da, es kamen russische Ordonnanzen mit einem Fäßchen Kaviar und einer Kiste Krimsekt. Nun begann ein rauschendes Fest. Im Abteil hatte ich nicht die Möglichkeit, den Sekt unauffällig wegzugießen.

Als der Zug am Nachmittag in Dresden ankam, erwartete Küpper mich auf dem Bahnsteig. Hannes war höchst erstaunt, als ich mit zwei russischen Generälen ausstieg, die sich sehr um mich bemühten. Ich konnte ihm nur im Vorbeigehen zuflüstern: »Wir treffen uns im Hotel.«

Er mußte mit seinem Hund, auch einem Bullterrier, den

ich ihm geschenkt hatte, mit der Straßenbahn ins Hotel zurückfahren, wo ich schon auf ihn wartete. Die Russen hatten mir ihren Generalswagen abgetreten und selbst mit einem Jeep vorliebgenommen. Ich aber fuhr nun, mit NKWD davor, NKWD dahinter, mit Tatütata beim Elbhotel vor. Der Besitzer, der alles andere als ein Kommunist war, bekam einen fürchterlichen Schreck, als er dieses Aufgebot anrücken sah. Er war sehr erleichtert, als ich leicht angetrunken mit meinem Hund ausstieg. Küpper war sehr aufgebracht, doch ich erklärte ihm, daß dies die einzige Möglichkeit für mich gewesen wäre, sitzend nach Dresden zu kommen.

Am Premierenabend des Stückes traf ich auf dem Wandelgang des Theaters Major Rom wieder, der damals einer der höchsten Politoffiziere war. Ich hatte diesen hochgebildeten, feinsinnigen Juden über die Praxis kennengelernt. Er fragte mich, ob ich eine Einladung zum deutsch-russischen Freundschaftsmahl bekommen hätte, was ich verneinen mußte.

Er ließ daraufhin den Schauspieldirektor rufen, der mich nicht sonderlich mochte, und fragte: »Warum ist die Gräfin heute abend nicht eingeladen?«

Der Mann wand sich hin und her und ging dabei immer einen Schritt zurück.

Rom rückte nach und meinte schließlich lakonisch: »Hinter Ihnen ist jetzt die Wand. Weiter zurück geht's nicht. Also, was ist?«

Der Schauspieldirektor stammelte irgend etwas von einem bedauerlichen Versehen, das er aber sofort in Ordnung bringen würde.

Nach der Vorstellung stellten mir die Russen einen Wagen zur Verfügung, der mich zum Hotel brachte, damit ich mich für das große Fest umziehen konnte. Hinterher wurde ich zum russischen Kulturzentrum gefahren, das sich in einer Villa befand, die im Auftrag der Russen von einem deutschen Architekten renoviert worden war. Dieser hatte die Boshaftigkeit besessen, Schiebetüren einziehen zu lassen, deren leicht erhöhte Führungsschienen am Boden den Russen, die kräftig getrunken hatten, gewisse Probleme bereiteten. So mancher stolperte darüber und knallte der Länge nach hin.

Das ganze Fest war überhaupt sehr komisch. Die hufeisenförmig aufgebaute Tafel zierten als Dekoration Tomaten und Radieschen. Das war wohl das einzige Rot, das die linientreuen Dresdener zu diesen Zwecken zur Verfügung hatten.

Der erste Gang wurde serviert – eine Art Mayonnaise und sonst nichts. Ich griff mir einfach Tomaten und Radieschen, schnitt sie in Scheiben und machte mir mit der Mayonnaise einen Salat. Meine Tischnachbarin, die Schauspielerin Manja Behrend, und der Bühnenbildner Karl von Appen taten mir dies nach, und andere Gäste auch. Unser Teil der Tafel ging jedenfalls in Windeseile seines Schmukkes verlustig. Wir haben uns deshalb köstlich amüsiert, Witze gerissen und herzhaft gelacht. Einer der russischen Generäle, mit dem ich zusammen nach Dresden gereist war, kam und erkundigte sich interessiert nach dem Grund unserer Fröhlichkeit.

»Ach, das liegt nur an der Gräfin«, wurde ihm gesagt.

In melancholischer Trunkenheit meinte er daraufhin:

»Es ist schade, daß es in Rußland so wenig Frauen gibt, die so lustig sein können.« Keß und leicht beschwipst, sagte ich:

»Kein Wunder, wenn man Gräfinnen köpft. Ohne Kopf lacht es sich schlecht.«

Als Küpper später Shaws »Cäsar und Cleopatra« inszenierte, fiel seine Regieassistentin durch Krankheit aus. Hannes rief mich an und bat mich, ihre Funktion zu übernehmen. Ich war baß erstaunt darüber, denn dieses Metier war für mich Neuland. Es reizte mich sehr, mich darin zu versuchen. Als ich die Zusage bekam, daß das Honorar meiner tierärztlichen Vertretung vom Theater übernommen würde, sagte ich sofort zu.

Ich bekam das sogenannte durchschossene Regiebuch in die Hand gedrückt und erklärt, worin meine Aufgabe im einzelnen bestand. Viel falsch machen konnte ich nicht, da die Proben schon weit gediehen waren. Eine Textstelle ging mir allerdings völlig gegen den Strich. In der Szene, in der Cleopatra, bei der Sphinx liegend, das erste Mal Cäsar trifft, heißt es bei Shaw: »Meine Großmutter, eine schwarze Katze ...« Das klang zwar nicht schlecht, war aber leider falsch, da es zu der Zeit in Ägypten nur Falbkatzen gegeben hat. Als fanatische Katzenliebhaberin und -kennerin habe ich durchgesetzt, daß aus der schwarzen Katze in Dresden eine rote wurde. Ansonsten war ich bemüht, soviel wie möglich vom Theaterhandwerk zu lernen. Zum Beispiel, wie man ausleuchten muß, damit die Körper der Schauspieler keine Schatten auf die Kulissen werfen.

Was mich während der Probenzeit immer sehr belustigte, war eine Fanfare, die zur Mittagszeit erklang, und eine Stimme, die schrie: »Das Befehlsessen 411 muß eingenommen werden.«

Es gab Befehlsessen 411 und 412, und beide waren gleichermaßen scheußlich. Der einzige Unterschied war, daß 411 Schauspielern und Regie vorbehalten war, während Beleuchter, Bühnenarbeiter und alle anderen 412 vertilgen mußten.

Die Aufführung von »Cäsar und Cleopatra« war ein großer Erfolg, und Hannes Küpper wurde im Anschluß daran engagiert, den »Faust« zu inszenieren, wobei ich es allerdings ablehnte, wiederum die Regieassistenz zu übernehmen, da ich meine Tierarztpraxis in Berlin nicht länger »verwaist« lassen wollte.

Das Publikum am Premierenabend klatschte zwar heftig, und es gab für das glänzende Ensemble und den Regisseur zahllose Vorhänge, doch die Kritiken am nächsten Tag waren vernichtend. »Nicht dialektisch genug«, hieß es übereinstimmend in den von der Zensur verordneten Verrissen.

Danach war Hannes als Regisseur in Dresden nicht mehr gefragt. Obwohl ihm noch zugestanden wurde, weiterhin für den Berliner Rundfunk zu arbeiten, griff er leider immer häufiger zur Flasche – und ich zu Aufputschmitteln. Ich fiel durch Eigenrezeptur auf und wurde von der Kripo verhaftet. Die Nacht in einer Zelle des Polizeireviers verbringen zu müssen war für mich ein Schock. Man sperrte mich mit einer Taschendiebin zusammen und einer Frau, die mir in allen Einzelheiten schilderte, wie sie ihre Großmutter erschlagen hatte.

Am nächsten Tag wurde ich von der Kriminalpolizei sehr eingehend vernommen und durfte dann wieder nach Hause zurück. Dafür bekam ich nun ständig Vorladungen zu Spontanuntersuchungen im Landesgesundheitsamt, was ungeheuer belastend und beschämend war. Ich traf in den Wartezimmern mit dem Gros der Süchtigen Berlins zusammen, unter denen sich auffallend viele Ärzte befanden und auch Krankenhauspflegepersonal.

Bei einer dieser Untersuchungen stellte man fest, daß ich doch wieder rückfällig geworden war. Damit gab es eine Handhabe, mich zu einer Entziehungskur einzuweisen. Ich kam nach Wittenau, und alles war viel schlimmer, als ich es mir vorgestellt hatte. Süchtig zu sein galt als Schande, und behandelt wurde man als Mensch zweiter Klasse. Proper und nett angezogen, kam ich dort an. In der Aufnahme stürzten sich irgendwelche Megären auf mich, rissen mir die Kleider vom Leibe, steckten mich in eine Badewanne und tauchten mich mit meinem anständig frisierten Kopf erst mal unter Wasser und wuschen mir dann die Haare mit einem Seifenpulver. Die Anstaltskleidung, die ich nach dem Bad ausgehändigt bekam, war schauderhaft unkleidsam. Ich bekam ein rostbraunes kittelförmiges Kleid mit blauen Streifen – eine Farbzusammenstellung, die keinem Menschen stehen konnte.

Was sich die Pfleger teilweise mit den Patienten erlaubten, war haarsträubend. Morphinisten, als welche wir galten, frieren bei der Entziehung sehr, weshalb ihnen Wolldecken extra zugestanden werden. Es gab Krankenschwestern, die sie nachts wegnahmen und sich daran ergötzten, wie die Süchtigen bibberten und schnatterten.

»Ist Ihnen eigentlich bekannt«, habe ich einmal zu einer dieser Schwestern gesagt, »daß die Nazis ihre SS-Frauen für Ravensbrück aus der Schwesternschaft von Heil- und Pflegeanstalten requirierten, weil die bereits gelernt hatten, gewisse Menschen als Menschen zweiter Klasse anzusehen?«

Zu den Entzugserscheinungen gehörten auch schreckliche Hungergefühle. Ich habe mich darüber hinweggesetzt und trotz des Hungers wenig gegessen. Daraus wurde gefolgert, daß ich wohl doch nicht so stark medikamentenabhängig war. Jedenfalls haben sie mich relativ manierlich behandelt, zumal ich mich ganz bewußt unauffällig benahm.

Als ich nach drei Monaten entlassen wurde, hat Küpper sich sehr um mich gekümmert, und ich habe mich nach dieser grauenvollen Entziehungskur dann auch für längere Zeit von Drogen ferngehalten. Bevor Küpper nach München ging, um eine Opernregie zu übernehmen, bat er mich, ihn zu heiraten, und schwor hoch und heilig, er würde das Trinken lassen. Zwei Blitzehen hatte ich bereits hinter mir, und so stand mir nicht der Sinn danach, erneut zu heiraten. Ich lehnte ab, zumal ich an seinen Trockenheitsschwur nicht recht glaubte.

Als Zirkusärztin unterwegs

In meiner Praxis erreichte mich ein Anruf von Micaela Busch, die dem Schwedischen Nationalzirkus angehörte. Eine Tigerin aus der Gruppe des Dompteurs Huck, der unter dem Namen »Tarzan« in der Manege auftrat, hatte geworfen und das Junge nicht angenommen. Als ich dort ankam, war es bereits total aufgebläht. Ich habe mich erst mal hingesetzt und ihm den Bauch stundenlang behutsam massiert, dadurch wurden das sogenannte Kindspech und der erste Kot hinausbefördert. Dann habe ich India, wie sie später getauft wurde, in Decken gepackt und mit zu mir nach Hause genommen.

Uber den Rundfunk habe ich nach einer Amme gesucht. Aus Ostberlin meldete sich ein Blinder. Die Jungen seiner Hündin seien vor ein paar Tagen verkauft worden, die Mutter hätte noch ein Gesäuge. Ich holte mir das ziemlich magere Tier. Die Schäferhündin Lotte habe ich regelrecht mit bestem Fleisch, Lebertran und Eiern gepäppelt. Sie hat es mir damit gedankt, daß sie India über acht Wochen gesäugt hat. Sie hatte die Tigerin sofort angenommen. Der Trick dabei war, daß ich den Urin der Schäferhündin aufgefangen und India damit eingerieben habe, wodurch ihr ein Geruch anhaftete, der der Amme vertraut war.

Von Zeit zu Zeit kam der Blinde mit seiner Frau zu mir, um seinen Hund zu besuchen. Wenn er die kleine Tigerin im

Arm hielt, war er immer ganz selig. Das Opfer, das die Trennung von Lotte für ihn bedeutete, hatte sich gelohnt. Als India etwa ein Dreivierteljahr alt war und knapp zwei Zentner wog, gingen meine Assistentin und ich eines Abends mit ihr spazieren. Ein Mann, der aus einer Kneipe getorkelt kam, schwankte freudig auf uns zu. Anscheinend hielt er die Tigerin für einen Bernhardiner. Erst aus nächster Nähe erkannte er plötzlich, daß er einer Großkatze gegenüberstand. Voller Entsetzen schmiß er die dicke Aktentasche, die er bei sich hatte, hin und rannte weg, als ginge es um sein Leben.

Als wir zu Hause die Aktentasche öffneten, entdeckten wir, daß sie voller Lohntüten war.

Am nächsten Morgen meldete sich bei mir am Telefon ein freundlicher Polizist und erkundigte sich nach dem Hergang, den ich ihm schilderte. »Außerdem«, sagte ich, »möchte ich Sie darauf aufmerksam machen, daß sich in der Mappe Lohntüten im Wert von schätzungsweise zwanzig- bis fünfundzwanzigtausend Mark befinden. Der Mann kann die Aktentasche jederzeit bei mir wieder abholen.«

Als er ankam, sah man ihm das schlechte Gewissen förmlich an, das er wegen seines Leichtsinns hatte, sich mit den ihm anvertrauten Geldern derart vollaufen zu lassen. Auf den uns an sich zustehenden zehnprozentigen Finderlohn verzichtete ich und begnügte mich damit, daß er meiner Assistentin einen Hunderter gab.

Wenn India mit meinen Hunden spielte, war das köstlich. Beim Toben ließ sie es sich in ihrer Gutmütigkeit gefallen, von den Bullterriern an den Beinen den Korridor rauf und runter geschleift zu werden. Als sie etwas mehr als ein Jahr alt war, mußte ich sie auf polizeiliche Anordnung hin an den Berliner Zoo abgeben.

Als ich vom Ost-Zirkus Aeros ein sehr gut honoriertes Angebot erhielt, als Tierärztin die Sommertournee medizinisch zu betreuen, habe ich nicht lange gezögert und mir einen Stellvertreter für die Praxis gesucht.

Ein Zirkus ist ein eigener Staat für sich. Man bekommt dort eine ganz neue Einstellung zum Leben. Ganz andere Dinge werden wichtig: ob man mitten in der Stadt steht, auf Pflaster oder auf Gras, wie weit mein Wagen vom Toilettenwagen entfernt ist. Beim Fahren ist man sehr abhängig von der Gewandtheit des Traktorfahrers, der den Wagen zieht. Oft steht ein Zirkus nur einen oder zwei Tage an einem Ort.

Als erster kam der technische Troß mit den Hauptmasten des Chapiteaus und der Lichtanlage an, für die die »Osrams«, wie die Elektriker allgemein hießen, zuständig waren. Um das Chapiteau herum gruppiert wurden die Stallzelte.

Bei Aeros hatte ich außer den auftretenden Tiergruppen etwa zweihundert Tiere zu betreuen, die in der Tierschau gezeigt wurden.

Oberstes Gebot für einen Zirkustierarzt ist, kranke Tiere so zu therapieren, daß sie nach Möglichkeit nicht aus dem Programm gezogen werden müssen. Dies hat nichts mit Tierquälerei zu tun. Tier und Mensch sind bei diesen Vorführungen Partner, und auch das Tier braucht den Applaus. Bei Tigerinnen kann es durchaus vorkommen, daß sie nachts Junge werfen und tagsüber reizend zu den Kleinen sind – bis die Zirkusfanfare ertönt. Um mit in der Manege arbeiten zu können, versuchen sie dann, die Kleinen zu töten. Man muß sie ihnen wegen dieser Gefahr wegnehmen und mit der Flasche oder einer Amme großziehen.

Ganz besonders applaussüchtig sind Hunde, die artistische Kunststückchen vollbringen. Sie nach ihrer Nummer wieder aus der Manege zu bekommen ist für den Dresseur schwierig, weil sie gern im Sattelgang rasch umkehren, in die Manege zurückflitzen und schnell noch einen Salto oder einen anderen Trick vorführen, um einen Extrabeifall einzuheimsen.

Es gibt ganz selten einen Dresseur, Dompteur oder Artisten, der mit seinen Tieren nicht gut umgeht. Mit dem

Dompteur Charly J., der mit einer gemischten Gruppe aus Braunbären, Löwen, Tigern und Panthern sowie einem Kragen- und einem Eisbären arbeitete, bin ich allerdings einmal sehr aneinandergeraten. Sein Kragenbär, der immer die oberste Position der Tierpyramide einnahm, war so krank, daß ich für ihn ein Auftrittsverbot verhängen mußte. Am Abend sah ich staunend, daß er das Tier doch mit in die Manege einließ. Der kranke Kragenbär konnte trotz unschöner mehrfacher »Aufmunterung« durch die Peitsche einfach nicht das leisten, was von ihm gefordert wurde.

Nun ist es im Zirkus üblich, daß bei einem Patzer in der Tiergruppe – egal ob Pferde, Hunde oder Raubtiere – im Anschluß an die Vorstellung nachgeübt wird, um diese Nummer wieder einwandfrei vorführen zu können.

Ich lag bereits im Bett in meinem Wohnwagen, als ich Peitschengeknall hörte, das aus dem Chapiteau zu mir herüberdrang. In Windeseile zog ich mich an und eilte in die Manege. Tatsächlich trainierte Charly mit seiner Tiergruppe, insbesondere mit dem Kragenbären. »Was fällt Ihnen eigentlich ein!« schnauzte ich ihn an. »Ich habe den Bären gesperrt, und deswegen muß er jetzt sofort wieder in seinen Käfig zurück!«

»Nein!« brüllte er mich an. »Er bleibt, bis er einwandfrei auf der Spitze seiner Pyramide sitzt. Ich habe kein anderes Tier für die Position.« Ich wurde wütend. »Nehmen Sie von mir aus 'nen Dalmatiner oder Ihre Frau, aber ganz bestimmt nicht diesen Bären!«

Ich setzte mich durch, aber Charly war sehr böse auf mich. Da er eine ganz entzückende und obendrein sehr gescheite Frau hatte, unterhielt ich mich mit ihr über den Vorfall. »Ihr Mann stammt doch aus einer großen Dompteursfamilie, er arbeitet sonst so fabelhaft mit seinen Tieren. Ich versteh' ihn nicht, das hat er doch gar nicht nötig, mit einem Tier so unerfreulich aufzutreten. Können Sie nicht mit ihm reden?«

Das muß sie getan haben, denn zwei Tage später erschien Charly bei mir und zog sich als erstes das Hemd aus. »Könnten Sie mich bitte mal untersuchen?« sagte er und deutete in die Nierengegend.

Seine Nierenerkältung zu kurieren war weiter nicht schwierig. Was mich an seinem Besuch so freute, war die Tatsache, daß er damit zum Ausdruck brachte, daß er mich als Ärztin anerkannte. Es war der Beginn einer langen Freundschaft. Bei Aeros freundete ich mich auch mit Ursula Prey an, die mit zwei Schimpansen arbeitete. Ihr Weg zum Zirkus war über die Pestalozzi-Fröbel-Schule verlaufen. Als ausgebildete Kindergärtnerin war sie von der alten Frau Krone für die Betreuung ihrer Affenkinder engagiert worden. Von Ursula habe ich viel über Affen gelernt. Als ich Ursula einen Bullterrier schenkte, baute sie ihn in ihre Affen-Nummer ein. Die größere der beiden Äffinnen, Konga, marschierte mit zwei kleinen Becken, die sie zusammenschlug, auf der Bande entlang, und Niddi, die kleinere, ritt auf dem Hund. Konga hatten es besonders ältere Herren mit Glatze angetan, die in den vorderen Logen saßen. Es machte ihr einen Heidenspaß, ihnen mit einem der Becken kurz auf die Glatze zu schlagen.

Als der Zirkus ins Winterquartier ging, arbeitete ich wieder in meiner Berliner Praxis, doch als der Frühling kam, zog es mich erneut zu den wandernden Wagen.

Ich erlebte dort eine bemerkenswerte Sprungnummer, die von Hirschen, Rehböcken und Springböcken vorgeführt wurde. Das sah alles so leicht aus, aber solche Tiere zu dressieren gehört mit zu dem Schwierigsten, was es auf diesem Sektor gibt.

Ein altes Zirkuswort besagt: »Tigerdompteure werden alt, Löwendompteure sterben jung.« Der Grund hierfür resultiert aus dem unterschiedlichen Verhalten dieser Tiere in freier Wildbahn. Ein Löwe jagt nie allein; er tut dies entweder mit seiner Löwin oder in einer Gruppe. Das gibt ihm die Möglichkeit, bei einer verpatzten Jagd den »Fehler« wieder auszubügeln. Den Fangschlag, mit dem die Beute erlegt wird, gibt der Leitlöwe. Sowohl der männliche als auch der weibliche Tiger ist hingegen ein Einzeljäger und für seine Nahrungsbeschaffung allein verantwortlich. Hat er Pech oder macht er einen Fehler, so ist die Jagd für ihn zunächst beendet. Alle Löwendompteure, mit denen ich mich während meiner Zirkusjahre über dieses Thema unterhielt, haben übereinstimmend erklärt, daß sie auf die Zusammenarbeit mit dem Leitlöwen, den es in einer Gruppe gibt, angewiesen sind. Wenn sie mit ihm Probleme haben oder sich seine Feindschaft zuziehen, ist jede Weiterarbeit gefährlich.

Dompteure arbeiten besonders gern mit Löwen und Tigern, die aus dem Wildfang stammen, weil bei denen das Gefühl für die Fluchtdistanz noch voll ausgeprägt ist.

Als ich einem Kamel die Zähne raspeln mußte, weil sie ungleichmäßig abgekaut waren und scharfe Spitzen hatten, die dem Tier weh tun, griff ich zur üblichen Pferderaspel. Das Kamel ließ die Zahnbehandlung eine Weile ganz friedlich über sich ergehen, fand sie dann aber lästig und wollte nicht mehr so recht. »Na komm, noch ein bißchen«, redete ich ihm zu. Es schaute mich an, machte »bubbs«, und über mich ergoß sich der gesamte Panseninhalt, und ich stand da wie ein Wurzelpilz.

Ich weiß noch, der Kutscher stand neben mir und sagte: »Um Himmels willen, was machen wir jetzt mit Ihnen?«

»Wie wär's mit einem Schlauch und erst mal den Dreck wegspritzen?« regte ich an. Seither trage ich übrigens mein Haar nur noch kurz geschnitten.

Was ich an den Zirkusartisten immer bewundert habe, ist der Fleiß, mit dem sie ständig an sich und der Verbesserung ihrer Nummer arbeiten. Während der Vorstellung sieht alles ganz leicht aus, etwa der Abgang von Hochartisten, die sich ins aufgespannte Netz fallen lassen.

Bei uns kreuzte ein Journalist auf, der für seine Reportage das Gefühl erleben wollte, wie es ist, aus luftiger Höhe vom Standbrett der Trapezkünstler in die Manege zu blikken. Da sie gerade trainierten, haben zwei der Flieger ihm den Gefallen getan und sind mit ihm die Strickleiter hochgeklettert. Runter wollten sie das natürlich nicht tun und sprangen locker ab. Der wackere Zeitungsschreiber glaubte, ihnen unbedingt diese »leichte« Übung nachmachen zu müssen, und brach sich dabei ein Bein.

Was der Kapellmeister der Zirkusmusiker zum Gelingen einer Vorstellung beiträgt, kann man gar nicht hoch genug einschätzen. Er muß das Geschehen in der Manege immer genauestens verfolgen und entsprechend musikalisch reagieren. Wenn bei einer Dressurnummer ein Trick nicht auf Anhieb sitzt und daher wiederholt werden muß, ist es an ihm, die Panne musikalisch zu überspielen oder im rechten Moment einen Trommelwirbel zu bringen.

Bei einer Nachmittagsvorstellung im Hochsommer war es brütend heiß, und ich bedauerte die armen Musiker in ihren roten Fräcken, die sich halb zu Tode schwitzen mußten. In der Pause fiel mir auf, daß sich keiner von ihnen im Getränkezelt blicken ließ. Ich stieg auf ihre Empore:

»Was ist los? Warum kommt ihr denn nicht mit uns runter, einen trinken?«

»Schauen Sie doch ...«, sagte der Kapellmeister. Mit Ausnahme von ihm trugen sämtliche Musiker zum Frackoberteil nur Shorts. Daß sie sich in diesem komischen Aufzug nicht unter die Leute wagten, war zu verstehen. Nun wurde mir auch klar, warum sie bei keinem Tusch aufgestanden waren.

Ich hatte sehr häufig für Ost-Zirkusse gearbeitet, bis der Erlaß herauskam, dort keine Westartisten und sonstiges Westpersonal mehr zu beschäftigen.

Trotzdem wurde ich noch ein-, zweimal aufgrund des

guten Rufs, den ich mir bei den Zirkusleuten als Tierärztin erworben hatte, bei Notfällen gerufen. Das Problem des Passierscheins, der besorgt werden mußte, wurde sehr elegant gelöst. Ich ging zur sogenannten Roten Brücke, einem Backsteinbauwerk, das eine Grenzstelle im Grunewald darstellte. Ein Zirkusauto stand dort bereit und nahm mich auf. Überall, wo die Vopos uns anhielten, sprangen die Zirkusleute aus dem Wagen und drückten ihnen Butter, Wurst und ähnliches in die Hand. »Ach, das ist der Notfall«, wurde gemurmelt, und ich durfte weiterfahren.

So glücklich ich war, wenn ich mit meinem Zirkus durch die Lande rollte, so schlimm wurde es, wenn ich wieder in Berlin war. Meine Drogenabhängigkeit holte mich wieder ein, und ich machte erneut Bekanntschaft mit Wittenau. Ich hatte einen Hund, der sehr an mir hing, so daß er sich während des halben Jahres, das ich dort war, regelrecht zu Tode hungerte. Dies hat mich so belastet, daß ich nach dieser zweiten Entziehungskur das unternahm, was viele Suchtabhängige tun: einen Suizidversuch. Eine gute Freundin hat mich gerade noch rechtzeitig gefunden und in ein Krankenhaus gebracht. Mit meiner Tierarztpraxis ging es rapide bergab. Als mich die Kripo erneut verhaftete, war ich meine Zulassung als Tierärztin los und landete zum dritten Mal in Wittenau.

Fasching mit Irren

Rückblickend gehört die Zeit meiner Sucht zur dunkelsten meines Lebens, und es ist mir heute noch immer unverständlich, daß ich so tief abgleiten konnte.

Was mir und anderen Süchtigen am meisten gefehlt hat, war psychologischer Beistand in Form einer Anleitung zur Selbsthilfe und zum Persönlichkeitsaufbau.

Wir waren eingesperrt mit Idioten, verbrachten mit ihnen unsere Zeit und wurden allenfalls als billige Arbeitskräfte angesehen.

Über manchen der behandelnden Ärzte konnte ich nur den Kopf schütteln. Einer machte mit mir einen fabelhaften psychologischen Test. Es wurden mir Bilder vor die Nase gelegt, und ich sollte sagen, für was ich sie hielt.

Bei mir begann es so, daß ich beim ersten sagte: »Sieht aus wie Knidarien.«

Der gute Mann im weißen Kittel hatte offenbar von Nesseltieren noch nie etwas gehört und konnte mit dem Begriff nichts anfangen. Als ich merkte, daß ich bei ihm auf gehörige Wissenslücken stieß, ging ich dazu über, ihm reine Phantasiebegriffe, aus schönen griechischen und lateinischen Vokabeln zu bilden. Er hat alles fein säuberlich mitgeschrieben.

Das Testergebnis hat sich der Chef der Frauenabteilung angesehen und mich dann kommen lassen.

»Was soll das eigentlich sein?« fragte er.

»Ja«, sagte ich, »gedacht war das wohl ursprünglich als ein Test über mich; daraus ist ein Test über den Bildungsgrad Ihres Kollegen entstanden, und der erscheint mir nicht sonderlich gut.«

Der Chef nahm dies mit Humor auf und lachte.

Mit dem nächsten Direktor der Heilanstalt kam ich schlechter aus. Er hatte eine Aversion gegen mich, und ich lehnte ihn wegen seines Zynismus und seiner Taktlosigkeit ab.

Er traf mich, als ich auf dem Gelände spazierenging, kam mir entgegen, starrte mich an und sagte: »Haben Sie mich nicht erkannt?«

»Natürlich, Herr Professor!«

»Und warum haben Sie mich nicht gegrüßt?«

»Ich bitte sehr um Entschuldigung, Herr Professor, aber ich komme aus gesellschaftlichen Kreisen, wo Herren die Damen zuerst grüßen.«

Daß ihn so etwas enorm erzürnte, war mir egal.

Als ich in der Nähstube arbeitete, hatte ich nie Probleme, mein Wochensoll zu erfüllen, da ich manuell geschickt und flink bin. Irgendwann kam die sehr nette Leiterin der Nähstube mit einigen Metern schwarzen Leinenstoffes zu mir und fragte, ob ich nicht eine Idee hätte, was man daraus Nettes machen könne. »Zugarbeit – und bunte Kelimfäden so einziehen, daß ein Glencheck-Muster entsteht«, schlug ich vor.

Für eine Schwester, die ich sehr mochte, habe ich dann mit viel Liebe eine Couchdecke gemacht und sie ihr geschenkt. Diese Arbeit hat der Direktor gesehen und wollte prompt auch so eine haben. Als ich mich weigerte, hat er der Schwester ziemlich zugesetzt. Sie mußte ihm erklären, es täte ihr leid, aber es gäbe keine Handhabe, mich dazu zu zwingen, da ich mein Wochensoll immer erfüllte. Es freut mich noch heute, daß ich für ihn keine Decke gearbeitet habe.

Was ich auch besonders schätzte, waren die Anstaltsbesichtigungen durch Politik-Prominenz. Mit ein paar anderen sogenannten Renommierpatienten, meist süchtigen Ärzten, sollten wir heile Anstaltswelt mimen und vorführen, wie schön es ist, Tischtennis zu spielen. Als die Besuchergruppe kam, haben wir uns allerdings fürchterlich aufgeführt, geschrien und getobt und ihnen die Zelluloidbälle ins Gesicht geworfen. Über deren fluchtartigen Abgang haben wir uns köstlich amüsiert, obwohl wir hinterher wegen unseres Auftritts ziemlich schikaniert wurden.

Das Grauenhafteste, was ich erlebte, war das Faschingsfest in der Irrenanstalt. Menschen mit zerrissenen Gesichtern, Manisch-Depressive und Gott weiß was für Kranke mit bunten Käppchen auf den Köpfen, und dann sollten sie fröhlich tanzen. Es war makaber.

Am tiefsten erschüttert hat mich aber das Elend der Jungen und Mädchen auf der Kinderstation. An den Besuchstagen standen die gestörten Wesen an den Türen und riefen »Mama, Mama!« Leider war es aber so, daß die Kinder nur in der ersten Zeit nach ihrer Einlieferung regelmäßig Besuch bekamen. Dies ließ meistens bald nach, und die Eltern kamen dann allenfalls einmal im Monat oder zu den kirchlichen Feiertagen.

Als ich nach der Entlassung in meine Wohnung am Südwestkorso zurückkehrte, wurde ich bös überrascht. Die Bekannte, die sich erboten hatte, während meiner Entziehungskur dort zu wohnen, hatte sich ihrer wie ein Oktopus bemächtigt. Sämtliche Möbel, die ihr nicht gefielen, hatte sie in einem Zimmer zusammengestellt, und ich hauste dort zunächst wie in einer Rumpelkammer. Sie versuchte, mich aus meiner Wohnung zu verdrängen, und nun begann ein regelrechter Kampf. Nach einer ganz schlimmen Zeit raffte ich meine letzte Energie zusammen und erreichte, daß sie die Wohnung verließ. Besonders peinlich war es mir, zum Sozialamt gehen zu müssen, obwohl es unvermeidlich war. Da ich es beschämend fand, als Mensch mit gesunden Knochen der Allgemeinheit auf der Tasche zu liegen, habe ich dann jede Arbeit angenommen, die sich mir bot. Ich war von der Putzfrau bis zur Packerin in einem Kaufhaus so ziemlich alles, was man sich nur denken kann. Als ich dann schließlich eine Festanstellung als Nachtwache in einem Krankenhaus fand, konnte ich darangehen, mir wieder ein geordnetes Leben aufzubauen.

Ich kümmerte mich sehr um eine Dame, die mir in Wittenau angenehm aufgefallen war. Sie war eine ehemalige Opernsängerin, die ihre Stimme im Krieg durch Schwefeldämpfe verloren hatte. Ihr Zustand war mittlerweile so gut, daß mir eine Entlassung möglich erschien. Ich redete darüber mit der sehr vernünftigen Leiterin des Hauses, in dem ich zuletzt untergebracht war, da ich glaubte, daß es für uns beide hilfreich sein würde, wenn ich sie zu mir nähme. Über zwanzig Jahre hat sie bei mir gewohnt, bevor sie dann in ein Seniorenheim zog. Sie erkannte es hoch an, daß ich mit ihr all die Behördengänge durchstand, die erforderlich sind, um einen Menschen, der abgestempelt ist, wieder in den normalen Arbeitsprozeß einzugliedern. Man brauchte schon starke Nerven, um die Taktlosigkeit und das völlige Unverständnis von solchen Stellen verdauen zu können und nicht mutlos zu werden.

Mit meiner Arbeit im Krankenhaus war ich so lange ganz zufrieden, bis ich entdeckte, daß es auch dort Leute gab, die mir übelwollten. Jede Nachtwache bekam einen sogenannten Nachtwachenkasten, in dem die Betäubungsmittel eingeschlossen waren. Falls sie benötigt wurden, mußte die Entnahme in das Kontrollbuch eingetragen werden. Zu diesem Kasten hatten die Nachtschwester und die diensthabende Verordnungsschwester je einen Schlüssel. Eines Abends entdeckte ich, daß aus meinem Kasten fast das ganze Rauschgift verschwunden war. Ich vertraute mich einer jungen, intelligenten Schwester an, die noch auf der Station war, um die Medizinschränke zu reinigen und aufzuräumen. Sie verstand meine Panik, in die ich wegen dieser schlimmen Situation geraten war, sehr gut. Plötzlich hörte ich einen Freudenschrei. »Schauen Sie mal her, hier, hinter den großen Flaschen liegt alles, was Ihnen fehlt.«

Ich bestand nun darauf, daß der diensttuende Arzt sofort von dem Geschehen Meldung bekam. Wir wußten oder ahnten alle, welche Verordnungsschwester mir da was hatte anhängen wollen. Ich fand diese Handlungsweise so unglaublich infam, daß ich damit drohte, die Kriminalpolizei zu verständigen. Als ich am nächsten Morgen nach Hause fuhr und den ganzen Vorfall noch einmal überdachte, kam ich auf eine viel bessere Idee. Ich kaufte ein neues Vorhängeschloß für den Kasten und brachte den Zweitschlüssel unserer Personalchefin. Das klinikeigene Schloß habe ich gut verwahrt und jedesmal an dem Kasten angebracht, wenn ich einige Nächte abgelöst wurde. Daß ich mich mit meinem Verdacht nicht geirrt hatte, zeigte sich daran, daß diese Schwester mich von da an schikanierte, wo sie nur konnte, doch das nahm ich gelassen hin. Jedenfalls geriet ich nie wieder in den Verdacht, Rauschgift veruntreut zu haben.

Mein Ziel war, wieder praktizieren zu dürfen. Dies gelang mir nach Jahren durch die Hilfe eines Medizinaldirigenten des Gesundheitsamtes, der sich für mich verbürgte. Damit hat er mir eine unschätzbare Hilfe geleistet, denn einen Menschen, der so zu mir stand und mir vertraute, konnte ich nicht enttäuschen. So ist es mir gelungen, völlig und für immer drogenfrei zu bleiben.

»Übernehme Urlaubsvertretung«

Ich überlegte mir nun, was ich tun könnte, um wirtschaftlich wieder auf die Beine zu kommen, um wieder eine Praxis aufzubauen. Ich hatte nicht die geringsten Rücklagen, denn Sucht kostet viel Geld. Mit den Erlebnissen dieser Zeit mußte ich erst fertig werden, mußte sie überwinden, um wieder ein Mensch zu werden, der nicht mehr getrieben und gehetzt ist, sondern gelassen sein Leben lebt. Ich faßte den Entschluß, mich als tierärztlicher Vertreter zu bewerben. Im Jahre 1963 gab ich im Veterinärblatt eine entsprechende Anzeige auf, und bald nach Erscheinen kamen die ersten Reaktionen.

Mein erstes Engagement führte mich nach Mönchengladbach in eine Großtierpraxis. Dreimal die Woche mußte ich im Rahmen der Fleischbeschau im Akkord auch auf dem Schlachthof arbeiten. Es war Fließbandarbeit und ungeheuer anstrengend. Am ersten Tag habe ich gedacht, ich könne das nicht durchstehen. Durch die schlechte Luft, die von den Dampfkesseln herrührte, und den Blutgeruch war ich in jeder Pause auf der Toilette und erbrach mich. Die Metzgergesellen merkten wohl, wie dreckig es mir ging, und haben mir geholfen, wo es nur ging.

Von Mönchengladbach aus ging es weiter nach Karden an der Mosel zu einer entzückend gelegenen Praxis. Von den vorderen Fenstern hatte man einen Blick auf die Mosel, von den hinteren auf die Weinberge. Eines Abends rief mich spät eine verwitwete Bäuerin an und bat mich, nach ihren Schweinen zu sehen. Sie lägen alle in den Buchten und hätten Flecken. Ich tippte auf Rotlauf, fuhr hin und spritzte allen Tieren relativ hohe Dosen eines Medikaments. Als ich am nächsten Nachmittag wiederkam, waren die Schweine schon wieder auf den Beinen und fingen an zu fressen. Die Bäuerin, deren ganzer Reichtum die Schweine waren, war überglücklich. An einem der folgenden Tage bat sie mich in ihr Hinterzimmer und sagte: »Ich möchte Ihnen gern etwas Schönes kredenzen.« Der Bruderschaftswein aus ihrem Keller, zu dem sie mich einlud, war wirklich eine Köstlichkeit, aber für mich war es mehr, ein Zeichen der Anerkennung und Dankbarkeit, etwas, das ich in dieser Zeit ganz besonders nötig brauchte.

Als Tierarztvertretung wird man zwar hervorragend bezahlt, doch es ist ein merkwürdiges Leben, das man führt. Selten konnte ich länger als für acht oder zehn Tage in meine Berliner Wohnung zurückkehren, die meine Wittenauer Bekannte versorgte. Dann mußte ich wieder auf Achse.

In Niedersachsen vertrat ich eine Praxis, wo, wie üblich, die Schwiegermutter des Inhabers, der mit seiner Frau in Urlaub fuhr, dann das Hauswesen versah. Sie war eine notorische Frühaufsteherin und weckte mich grundsätzlich morgens um fünf, obwohl ich erst gegen sieben das Haus verlassen mußte. Das Essen, das sie mir vorsetzte, konnte gar nicht billig genug sein.

Eines Tages kam ich gegen Mitternacht erst von einer Geburt zurück und traf den Sohn des Hauses, der in Braunschweig studierte. Für ihn war der Tisch mit besonders leckeren Sachen gedeckt, die ich dort nie zu sehen bekommen hatte.

»Kommen Sie, Frau Doktor«, sagte er, »essen Sie doch einen Happen mit mir mit. Allein macht es keinen Spaß.«

Er war ein reizender, aufgeschlossener Junge, und wir unterhielten uns recht angeregt. Auf einmal ging die Tür auf, der alte Drachen schoß im Schlafrock herein, riß mir den Teller weg und schrie mich an: »Was fällt Ihnen ein, sich an dem guten Essen zu vergreifen! Das ist für das Kind, nicht für Sie!«

In diesen Wanderjahren habe ich die verschiedensten Praxen betreut. Manche Ärzte waren auf Pferde spezialisiert, andere wieder auf Rinder oder Schweine. Das Gute daran ist, daß jeder Tierarzt seinem Vertreter auch seine Geheimtips anvertraut. Dadurch hat sich mein Wissen enorm erweitert. Allmählich war ich soweit, daß ich sicher einen Kaiserschnitt bei einem Rind ausführen konnte, auch in der Schweinetherapie wußte ich bald gut Bescheid.

Sehr angenehm war, daß ich als vertretender Tierarzt immer meinen Hund mitnehmen konnte, so daß ich stets einen persönlichen Freund bei mir hatte. Anfangs war es eine englische Bulldogge, Pietsche, die leider nicht sehr alt wurde. Dann bekam ich in Berlin Schiwi, eine reizende kleine ungarische Hirtenhündin. Sie war dreizehn Monate alt und vom Vorbesitzer noch nie von der Leine gelassen und sicher übel mißhandelt worden. Morgens fuhr ich mit ihr in den Grunewald, damit sie genügend Auslauf bekam. Nach vier Wochen etwa war aus Schiwi, die nur aus Angst bestand, ein fröhlicher kleiner Kerl geworden. Leider bekam sie Zwinger-Husten, gegen den es zu der Zeit noch keine hochwirksamen Medikamente gab, und mir war klar, daß ihre Lebenserwartung nicht sehr hoch sein würde.

Ich nahm Schiwi mit nach Ostfriesland zu einer Vertretung. Wenn ich auf den weiten, einsamen Wegen durchs Moor von Hof zu Hof unterwegs war, fuhr ich ganz langsam und ließ sie neben dem Wagen herlaufen. Wenn ich im Rückspiegel ein anderes Auto sah, hupte ich kurz, machte die Beifahrertür auf, und schon saß die Hündin neben mir.

Allmählich wurde ich als vertretender Tierarzt bekannt und hatte Praxen, zu denen ich jedes Jahr fuhr. Eine meiner liebsten Stellen war in Ostfriesland, in Remels, wo ich oft einen jüngeren Kollegen zu vertreten hatte. Meistens war der Tierarzt selber noch da, brauchte aber Unterstützung für die Impfsaison, die viel Zeit und Kraft in Anspruch nahm. Bei ihm lernte ich auch künstlich besamen, was ich vorher nie gemacht hatte. Mir gelang das am Anfang mehr schlecht als recht, aber am Ende meiner Vertreterperiode im Jahre 1971 war ich schon zu einer recht guten »Besamungsquote« aufgerückt. In diesem Hause des ostfriesischen Tierarztes Roder und seiner reizenden Frau habe ich viel Erfreuliches erlebt. Beide Roders mochten mich wirklich gern und erkannten auch meine Arbeit und meinen Fleiß an.

Wenn ich zum Impfen unterwegs war in den Dörfern, die nicht zu Roders Praxisbezirk gehörten, kamen die Bauern oft und sagten: »Ach, würden Sie noch schnell unsere Ferkel mit Eisen impfen«, oder sie baten darum, einem Rind die Nachgeburt abzunehmen. Selbstverständlich wurden solche Arbeiten gesondert honoriert. Das Impfen wird mit dem Staat verrechnet. Ich hatte mir angewöhnt, in meine rechte Hosentasche immer das Geld zu stecken, das ich für Roder auf diese Weise zusätzlich verdiente.

Am Ende eines Monats sagte er zu mir: »Wissen Sie, ich habe einmal aufgeschrieben, was Sie mir so mitbringen von Ihrer Arbeit. Das sind in diesem Monat etwa eintausend Mark. Dieses Geld habe ich von Ihren Kollegen, die vorher hier vertreten haben, nie gesehen. «

Einen Kollegen um seine Honorare zu betrügen ist mir unbegreiflich, zumal man ja mit den Medikamenten arbeitete, die er einem anvertraute.

Eines Tages schickte mich Roder bei dichtem Nebel zu einem Bauernhof in Wiesmoor. Er beschrieb mir den Weg so: »Wenn Sie auf die Straße kommen, müssen Sie die Brücken über den Kanal zählen. Über die zwölfte Brücke geht ein Weg aufs Moor zu dem Hof.« Ich zählte also fleißig Brükken, fuhr aufs Moor und saß sofort fest. Nach langem Suchen fand ich schließlich doch den Hof.

Als ich zurückkam, sagte ich zu Roder: »Das ist überhaupt nicht die zwölfte Brücke, sondern . . .

»Doch«, meinte er, »Sie haben aber garantiert die Schleusen als Brücken mitgezählt.«

Na ja, so was muß einem ja gesagt werden.

Die Ostfriesen waren zunächst empört, daß auf einmal ein weiblicher Tierarzt zu ihnen kam, noch dazu »ne Fru aus dem Osten«, und schalteten auf stur. Ich wurde zu einem großen Hof geschickt. Der Bauer zeigte mir die erkrankte Kuh, und ich stellte sofort meine Diagnose. Es gibt bei Kühen Krankheiten, die man riechen kann. Ja, sagte ich, das ist das und das, und wir machen dies und dies.

»Nein, das erlaub' ich nicht.«

»Dann nicht«, sagte ich, nahm meine Tasche, warf sie ins Auto und fuhr davon. Der Hof lag etwa sechzehn Kilometer von Remels entfernt. Als ich in der Praxis wieder ankam, erzählte mir der Kollege, daß der Bauer bereits bei ihm angerufen hätte und wolle, daß er selbst rauskomme, weil es der Kuh schlechter ginge.

»Wieso, ich habe Ihnen doch die Frau Doktor geschickt.«

»Ja«, antwortete der Bauer, »die will ich aber nicht.«

»Ich will Ihnen mal was sagen«, hatte Roder erwidert, »ich schicke Ihnen die Frau noch einmal, und wenn Sie sich mit ihr nicht arrangieren, werden Sie wieder nur die Schlußlichter ihres Autos sehen. Sie zahlen dann für zwei Hausvisiten, von denen Ihre Kuh nichts hat.«

Das überlegte sich der Bauer, und als ich nach einer geraumen Weile wieder bei ihm eintraf, durfte ich die Kuh behandeln. Alles gelang mir gut, und von da an war das Eis gebrochen.

Mein Pech war, daß ich eines Tages mit dem Stiefel an einem lockeren Draht in einem Kuhstall hängenblieb und stürzte. Da ich die teure Revolverspritze schützen wollte, zog ich mir eine schwere Gelenks- und Mittelhandfraktur der linken Hand zu. Roder war entsetzt: »Hätten Sie doch lieber die Spritze kaputtgehen lassen und wären selber heil geblieben! Das wäre mir lieber gewesen.

Ich kam nach Westerstede ins Krankenhaus. Als man mir das Röntgenbild meiner Hand zeigte, bin ich beinahe in Tränen ausgebrochen und sagte mir, das wird wohl nie wieder werden.

Der Chirurg, der mich gipste, meinte: »Als Großtierpraktiker dürften Sie wohl schwerlich jemals wieder arbeiten können.«

Diese Diagnose war zum Glück falsch, denn meine Hand hat immer gut funktioniert und mir nie große Beschwerden gemacht. Kopfschmerzen bereitete mir allerdings die Frage, wie ich mit einer Hand das Auto von Remels nach Berlin zurückfahren sollte. Einer meiner Neffen schickte mir als Chauffeur ein Mädchen, das erst wenige Tage zuvor seinen Führerschein gemacht hatte. Auf jeden Fall hat sie mich heil in Berlin abgeliefert, obwohl mir bei ihrer Fahrweise unterwegs doch manchmal etwas mulmig wurde.

Eine Vertretung führte mich an den Niederrhein. Der Kollege rief mich Ende November an und fragte, ob ich ihn etwa vierzehn Tage vertreten könne, da er einen Fortbildungslehrgang besuchen wolle. Da die Vertretung dringend zu sein schien, fuhr ich sofort los. In der Gegend von Krefeld bekam ich Splitt in die Windschutzscheibe geschleudert, die zerplatzte. Durchfroren und schmutzig kam ich schließlich bei meinem Arbeitgeber an. Wir aßen zunächst einmal gut zu Abend. Hinterher setzten wir uns ins Wohnzimmer, und mein Kollege trank zu meinem Erstaunen eine Flasche Johannisbeersaft. Nachdem seine Frau zu Bett gegangen war, fragte ich ihn, wo denn sein Kursus stattfände. Er erklärte mir, er müsse leider für zwei Wochen wegen eines »kleinen Verkehrsunfalls« ins Gefängnis. Sein Problem war nur, daß seine Mutter in einer Woche ihren Geburtstag hatte, der in seinem Hause gefeiert werden sollte. Von den Folgen seines »kleinen Mißgeschicks« sollte natürlich kein Mensch etwas erfahren. So verlegten wir den Kurs nach Berlin, und meine Bekannte bekam den Auftrag, seiner Mutter zum Geburtstag ein Schmucktelegramm zu schicken. Für diesen Einfall war er mir sehr dankbar.

Als er dann kurz vor Weihnachten entlassen wurde und ich die Rückreise nach Berlin antrat, wurde ich von ihm und seiner Frau regelrecht mit Geschenken überhäuft.

Mit besonders freundschaftlichen Gefühlen denke ich an Doktor Specht in Wörrishofen zurück. Er war ein fröhlicher Mann und hatte eine reizende Familie. Spechts gingen in Urlaub, und ich wurde von dem Ehepaar Schmidt versorgt. Er war Schlesier, und wir tauschten Erinnerungen an die alte Heimat aus. Mit Frau Schmidt ergab sich eines Tages folgendes Gespräch.

Ich fragte sie: »Gibt es in der Nähe eigentlich eine Falknerei? Ich habe heute morgen einen Adler gesehen, und auch sonst gibt es sehr seltene Greifvögel hier.«

Sie antwortete fröhlich: »Sie müssen sich irren, das sind nur Raben.«

»Ich habe aber einen Weißkopf-Seeadler gesehen, der an sich in Amerika beheimatet ist. Also muß es hier doch eine Falknerei geben.«

»O nein, das war sicher eine Elster.«

Bald kam des Rätsels Lösung in Gestalt eines jungen

Falkners ins Haus, dessen Hund behandelt werden mußte. Er lud mich ein, seine Falknerei zu besichtigen, was ich mit großem Interesse tat. Er hatte auch Uhus zur Jagd abgerichtet. Eine Falknerei ist etwas Schönes. Das Getier, das die Greifvögel jagen, hat eine faire Chance. Das geschlagene Wild ist meist kränklich. So sorgen die Vögel für das biologische Gleichgewicht in den Wäldern.

Als das Ehepaar Specht aus Mallorca zurückkam, wurde ich gebeten, noch zwei Tage länger zu bleiben, da die beiden zu Hause noch etwas faulenzen wollten. Dafür hatte ich ja Verständnis. Dann wurde ich gefragt, ob ich denn auch gut mit den Kindern ausgekommen sei.

»Ja, blendend«, sagte ich.

»Das glaube ich«, sagte Fritz Specht. »Die Kleine war ganz hingerissen, daß Sie sie manchmal von Gehöft zu Gehöft mitgenommen und ihr alles mögliche erklärt haben. Bloß Frau Schmidt hat mir da so eine Schauergeschichte erzählt.«

Bei mir fiel der Groschen. Das Mädchen hatte mal in einer Bauernstube seine Buntstifte Buntstifte sein lassen und war in den Stall gekommen, wo ich gerade ein Kalb mit einem Kaiserschnitt holte. Hinterher hatte sie Frau Schmidt ganz begeistert erzählt: »Die Frau Doktor hat das Kalb aus der Taille gezogen und nicht aus dem Po.«

»Süß und treffend beobachtet«, konnte ich da nur sagen.

Zu Fritz Spechts Patienten, die er besonders »liebte«, gehörte eine Frau, die einen kerngesunden Hund hatte. Nur weil sie mal Oberschwester gewesen war, meinte sie, das Tier müßte laufend irgendwelche Spritzen gegen dies und das bekommen. Bevor Fritz in Urlaub gefahren ist, hatte er mir nur gesagt: »Spritz zwei Kubikzentimeter destilliertes Wasser, und dann ist die Frau glücklich. Obwohl wir's nicht teuer machen, hat sie ewig nichts mehr bezahlt. Sieh mal zu, daß du das Geld eintreibst.« Solche Aufgaben werden einem ja immer als Stellvertreter zugeschoben.

»Na schön«, sagte ich, »ich werde sehen, was ich tun kann.«

Also bin ich mit der entsprechenden Karteikarte zu ihr hin und bat sie darum, die Außenstände zu begleichen.

Da setzte sie eine weinerliche Miene auf und sagte: »Ich habe leider im Moment keinen Pfennig im Haus.«

Ich darauf: »Ich nehm' auch einen Scheck«, und kam mir dabei ziemlich ekelhaft vor, daß ich ihr überhaupt für den medizinischen Nonsens, den wir mit ihrem Hund veranstalteten, Geld abknöpfen mußte.

Als ich mich von ihr verabschiedete, bemerkte ich, daß in ihrem Korridor eine sehr schöne Abbildung der Nofretete hing, und ich sagte: »Ach, die Nofretete ist ja wirklich immer etwas, das man gerne sieht.«

Darauf sagte die kleine pummelige Frau mit Pagenkopf:

»Ach, wissen Sie, ich habe lange in Schweden gelebt und hatte das Bild schon damals mit dabei. Und da hat man gesehen, wie ungebildet diese Schweden sind. Die haben nicht einmal gewußt, daß das eine griechische Königin ist!« Als ich unten im Treppenhaus war, habe ich erst einmal kurz und laut gelacht, und meine Bedenken wegen des Schecks, den ich ihr abgenommen hatte, waren mit einem Mal verflogen.

Meine letzte Vertretung führte mich in die Schweiz nach Bütschwil unweit von Wil. Ich wurde von einem sehr liebenswerten Kollegen in seine Praxis eingeführt. Seine kleine, schmächtige Frau versorgte das Haus und hatte die Kinder fest im Griff. Sie machte die in der Schweiz sehr schwierige Buchführung und stellte einfache Medikamente wie Kalk- oder Zuckerlösungen selbst her. Die Bauern im Toggenburgischen sind sehr angenehm, weil Tiere und Ställe blendend sauber gehalten werden.

Anfangs hatte ich sprachliche Schwierigkeiten, aber ich hatte ja bereits gelernt, mit dem ostfriesischen Platt klarzukommen, und so gelang es mir schließlich auch mit dem Schwyzerdütsch.

Eines Nachts wurde ich zu einer Geburt auf einen Bauernhof gerufen, und man gab mir folgende Wegbeschreibung: »Sie fahren durch das Dorf bis zum Restaurant ›Schwarzer Adler‹. Da geht links ein schmaler Weg ab, auf dem Sie sehr vorsichtig fahren müssen. Rechts haben Sie eine Wand, links sind etwa dreihundert Meter Abgrund. Passen Sie auf, daß Sie nicht abrutschen. Sie fahren bergauf bis zu einem Bach. Fahren Sie in den Bach hinein und wenden Sie den Wagen. Stellen Sie ihn ans Ufer und gehen Sie von da ab zu Fuß weiter.«

Es goß in Strömen. Ich hatte meine schwere Instrumententasche zu schleppen und zog los. Die Bauern pflegen in solchen Fällen eine Laterne außen an ihren Hof zu hängen, damit man ihn leichter findet. Als ich da endlich ankam, sagte die Bäuerin zu mir: »Die Kuh steht noch eine Etage weiter oben, in der Unterkunft!«

Das hieß also weitere Serpentinen und weiterer Matsch und Regen bis zu der Unterkunft, wo ich das Kälbchen ans Licht der Welt bringen sollte.

Ich bin selten in meinem Leben ständig so durchnäßt gewesen wie in diesem Mai 1971.

Mein Kollege fragte mich mittags: »Wollen Sie sich nicht umziehen?«

»Wozu?« entgegnete ich, »ich komme um eins essen, fahre um zwei wieder los und bin dann nach kurzer Zeit genauso naß wie jetzt.«

Ich hatte in der dortigen Gegend vorwiegend mit Schwergeburten bei Rindern zu tun. Die Kälber werden im Mutterleib auf den abschüssigen Weiden oft so verlagert, daß man böse Steißgeburten hat.

Wenn die Arbeit getan war, servierte die Bäuerin einen

stark gesüßten Kaffee, in den sie einen kräftigen Schuß Kräuterschnaps hineingegeben hatte. Ich habe das als vorzügliches Mittel empfunden, um wieder schnell frisch zu sein.

Den Aufenthalt in der Schweiz habe ich sehr genossen, vor allem, weil mein Kollege sich mir gegenüber ungeheuer fair verhielt.

»Wenn Sie einmal an eine Kuh geraten, die ›gemetzgert‹ werden muß«, sagte er, »rufen Sie bei mir an. Meine Frau wird mich über Funk benachrichtigen, und ich fahre dann rein zufällig dort vorbei und ordne die Notschlachtung an, damit nicht Sie als fremder Arzt eventuell falsch beurteilt werden.«

Ich wurde auch oft auf Staatsgüter gerufen, und einer der Verwalter lud mich zur Gemsenjagd ein. Ich sagte zu, aber ich glaube, daß ich es nie fertigbringen würde, auf Gemsen zu schießen. Dazu habe ich sie zu oft in freier Wildbahn beobachtet.

Auf einem hochgelegenen Hof sah ich eines Tages einen Königsadler. Zunächst fiel mir der Terzel, das männliche Tier, auf. Es ist um ein Drittel leichter als das Weibchen. Er flog unentwegt auf Beutejagd. Wenn er etwas geschlagen hatte, zog er stets zu einer hohen Baumgruppe. Bald zeigte sich auch das weibliche Tier. Ich machte den Bauern auf die Adler aufmerksam und auf die Bäume, die sicherlich den Horst bargen. Er freute sich sehr und erzählte, daß der Förster schon lange danach suche. Er erkundigte sich, woher ich käme, und ich antwortete:

»Aus Berlin.«

Er starrte mich an und meinte: »Sie können mir doch nicht weismachen, daß Sie in Berlin gelernt haben, Greifvögel zu beobachten.«

»Nicht gerade dort«, lachte ich und erzählte ihm von meiner Heimat und meinen früh entwickelten ornithologischen Neigungen.

Die Zeit meiner Vertretungen ruft auch recht merkwürdige Erinnerungen wach. Eines Tages wurde ich zu neureichen Leuten mit entsprechend verwahrlosten Hunden geschickt. Empfangen wurde ich von einem livrierten Diener. Er zeigte mir die Pekinesen, und ich erklärte ihm: »Die Hunde sind derart verdreckt und so schlecht gehalten, daß man sofort für die armen Tiere etwas tun muß, zunächst mal ein Bad!«

Nachdem ich die Tiere versorgt hatte, die erhebliche Hautschäden aufwiesen, wurde ich in eine Art Aufenthaltsraum für das Personal gebeten und bekam eine Tasse Kaffee angeboten. Als ich mich mit dem netten Diener unterhielt, ging eine Tür auf, und auf einer Art Empore – die herrschaftlichen Räume lagen eine Etage höher – stand die Dame des Hauses im Negligé, sah hochmütig auf mich herab und fragte: »Sind Sie der Tierarzt?«

»Ja.«

»Wie heißen Sie?«

»Dr. Maria Gräfin von Maltzan, Freiin zu Wartenberg und Penzlin.«

Es ist nicht meine Art, meinen Namen mit den umliegenden Dörfern zu nennen, aber ihre überhebliche Art reizte mich dazu.

»Ach, wollen Sie nicht bitte zu uns heraufkommen?« fragte sie mit einem Male sehr liebenswürdig.

»Ich will Ihre Usance, Akademiker in den Dienerstuben zu empfangen, nicht durchbrechen. Ich fühle mich hier sehr wohl; außerdem muß ich gleich weiter.«

Alles in allem waren diese körperlich strapaziösen Reisejahre eine sehr schöne Zeit. Ich kam durch ganz Deutschland und konnte wieder Kontakt zu meiner Familie aufnehmen. In Köln besuchte ich meine Schwester Eva, die sich ein Siedlungshaus gekauft hatte und dort mit ihren jüngeren Söhnen lebte; die älteren waren bereits verheiratet.

Ich traf meine Schwägerin in München, wo sie mit ihrem

zweiten Mann, einem Baron Maltzan, lebte. Ihre älteste Tochter Alix heiratete in dieser Zeit einen Grafen Schulenburg, einen entfernten Vetter, dessen Vater in Niedersachsen einen schönen Besitz hatte. Beide sind mir besonders liebe Verwandte, die viel für mich getan haben und mit denen ich heute sehr befreundet bin.

Neuanfang in Berlin

In der Zeit, in der ich auf Landstraßen und Feldwegen von Gehöft zu Gehöft als Praxisvertretung unterwegs war, habe ich eisern Pfennig um Pfennig beiseite gelegt. Mittlerweile war daraus eine ganz nette Summe geworden, die es mir ermöglichte, mir entweder eine Praxis zu kaufen oder neu eine aufzubauen. In Berlin war die Tierarztpraxis meines verstorbenen, sehr bekannten Kollegen Freddy Wessel eine ganze Weile verwaist. Die Witwe hatte zwar versucht, sie gemeinsam mit einem jungen Kollegen weiterzuführen, aber das war nicht ganz gelungen. So hatte sie die Praxis im Verterinärblatt zum Kauf ausgeschrieben, und ich habe zugegriffen. Der Anfang war nicht leicht, weil nur wenige Patienten kamen, aber allmählich gelang es mir, sie erneut aufzubauen und mir einen guten Ruf zu erwerben.

Bei einer Trächtigkeitsuntersuchung einer Wasserbüffelkuh war mir diese im Zirkus Aeros mit ihren etwa achtzehn bis zwanzig Zentnern auf den rechten kleinen Zeh getreten. Jahrelang habe ich dieses verkrüppelte Glied in meine Schuhe gezwängt, aber allmählich war das nicht mehr zu ertragen. Ich entschloß mich, es mir abnehmen zu lassen. Ich rief Frau Dr. von Wohlgemut an, eine tüchtige Chirurgin, und bat sie, den kleinen Zeh zu amputieren.

Daraufhin sagte sie: »Kommen Sie doch erst mal vorbei und zeigen Sie mir ihn.«

»Ach wo, das ist doch Zeitvergeudung. Amputieren mit Tennisschlägerschnitt, und alles ist vergessen.«

»Na gut«, meinte sie, »dann kommen Sie morgen um zehn in die Klinik. Am Abend vorher dürfen Sie allerdings nichts essen.«

Nichts zu essen macht mir nichts aus, und von Trinken hatte sie kein Wort gesagt. So kam ich auf die famose Idee, in einer meiner Stammkneipen meinen Zeh im wahrsten Sinne des Wortes abzufeiern.

Am nächsten Morgen kam ich punkt zehn Uhr sauber gewaschen und ordentlich in das Krankenhaus. Als die Ärztin mit der Anästhesiespritze kam, meinte ich: »Ich glaube nicht, daß die Menge reicht.«

»Doch«, sagte sie, aber ich behielt recht und unterhielt mich weiterhin nett mit ihr. Dann verpaßte sie mir die zweite, wiederum ohne jeden Effekt. Nun griff sie verwundert zur nächsten »Zehner«, denn ich hatte schon zehn Kubikzentimeter bekommen, und ließ mich zählen. Ganz brav habe ich von eins bis zehn gezählt und dann mit Bube, Dame, König, As in guter schlesischer Kartenspielermanier weitergemacht. Dann war ich endlich eingeschlafen. Während der Operation muß ich anscheinend halb wach geworden sein, denn ich bekam noch zusätzlich Äther verabreicht. Als ich dann so gegen eins wach wurde, verlangte ich nach einer Taxe, die mich zu einer Freundin in die Nachodstraße brachte. Das Wetter war schön, ich lag auf dem Balkon in einem Liegestuhl, und mir war von dem Äther übel. Meine Freundin behauptet noch heute, ich hätte solche Wolken von Äther ausgestoßen, daß die Vögel von den Bäumen gefallen wären.

Wenn ich zwischen meinen Tierarztvertretungen kurz in Berlin war, rief ich immer Hans Hirschel an. Wir trafen uns zum Essen und ließen den Kontakt nie ganz abreißen. Als ich ihn Ende 1970 einmal anrief, war er sehr aufgeregt. »Maruska, komm bitte rasch her, ich glaube, Wally stirbt.«

Ich bin sofort in die Wilhelmsaue gefahren. Als ich dort ankam, war sie bereits tot.

»Mein lieber Hans«, sagte ich, »es nutzt nichts, die Formalitäten müssen erledigt werden. Nimm dir sämtliche Urkunden, die ihr habt, und wir fahren zunächst zu Grieneisen. Die kannst du mit der Beerdigung beauftragen.«

Als Wally Schulz unter der Erde war, fuhr Hans wenig später nach Königstein im Taunus zur Kur. Dort habe ich ihn auf dem Rückweg von meiner letzten Praxisvertretung in der Schweiz besucht. In den langen Gesprächen, die wir miteinander führten, merkten wir, wie nahe wir uns noch immer waren. Ich blieb noch etwas länger dort als ursprünglich beabsichtigt und nahm Hans dann in meinem Wagen mit nach Berlin.

Hans rief mich nun fast täglich mittags an und fragte, ob wir nicht gemeinsam zum Essen gehen könnten. Und das taten wir dann auch meistens.

Abends, als ich mit der Praxis noch kaum fertig war, rief er erneut an: »Maruska, kannst du nicht auf einen Sprung bei mir vorbeikommen?«

Das habe ich eine ganze Weile mitgemacht, doch dann habe ich ihm erklärt: »Hans, so geht das nicht mit uns weiter. Ich habe eine Praxis, die mich voll beansprucht«, woraufhin Hans eine gemeinsame Wohnung vorschlug, um das Problem zu lösen.

In der Knesebeckstraße haben wir bald eine sehr schöne Bleibe gefunden. 1972 heirateten wir zum zweiten Mal. Hans, ein eher leptosomer Typ, hatte während seiner Ehe mit Wally, die ihn regelrecht gemästet haben mußte, ziemlich zugenommen, was ihm Herzbeschwerden eingebracht hatte. Da es bei mir sehr viel Gemüse, aber wenig Fett gab, verlor er innerhalb von drei bis vier Monaten mindestens zwanzig Pfund und sah wieder blendend aus.

Da ich nicht gleichzeitig die Praxis versorgen und mittags für ihn kochen konnte, habe ich mir ein Weckersystem ausgeknobelt. Das funktionierte in etwa so: Morgens stellte ich alle Kochtöpfe auf die vier Herdplatten. Entsprechend den Garzeiten bekam Hans für jede Herdplatte einen Wekker auf den Schreibtisch, der ihm signalisierte, wann er die Herdplatten ein- oder ausschalten mußte, damit das Essen pünktlich um eins fertig war. Dieses System hat sich so bewährt, daß ich selbst heute noch danach verfahre.

Zu der Zeit hatte ich keine Katzen, sondern nur meinen Hund. Als Hans Andeutungen machte, er hätte gern wieder eine Katze um sich, habe ich ihm zum Geburtstag einen traumhaften europäischen Kurzhaarkater, den er Peter nannte, geschenkt. Ich selbst bekam dann zu Weihnachten von dem gleichen Züchter die Katze Deborah. Mit ihm habe ich mich später so arrangiert, daß ich die Kosten für einen teuren Deckkater trug und dafür den halben Wurf bekam.

Eines Tages rief er mich an und sagte, ich möge mir die mir zustehenden zwei kleinen Katzen abholen. Das habe ich auch getan. Kater Esra, den ich heute noch habe, und seine Schwester Empress waren einfach hinreißend. Als ich mit den beiden ankam, versteckte ich sie erst einmal vor Hans. Und dann habe ich mir überlegt, wann ein Mann relativ wehrlos ist. Als Hans in der Badewanne lag, bin ich hinein zu ihm mit den beiden Katzen auf dem Arm. Er saß in der Wanne in seinem Badeschaum, und ich sagte listig: »Sieh mal, diese hübschen kleinen Katzen bringen uns bestimmt eine Menge Geld ein.«

»Sag mal«, meinte er, »geht denn die Praxis so schlecht, daß wir die kleinen süßen Kerle nicht auch noch mit durchfüttern können?« Und damit hatte ich gewonnen.

Das nächste Tier, das ins Haus kam, war ein Affe. Es handelte sich um eine Frühgeburt, die statt fünfhundert nur zweihundertsiebzig Gramm wog. Das Dingelchen war zwölf Zentimeter lang und von seiner Mutter nicht angenommen worden. Ich habe das kleine Wesen inkubiert und mühsam aufgezogen.

Der kleine Winzling war ein Klammeraffe. Als ich ihn badete, fragte Hans: »Du, Maruska, ist das nun eigentlich ein Junge oder ein Mädchen?«

»Ich weiß es auch nicht, zu sehen ist jedenfalls nichts.« Als ich ihn eines Tages wickelte und säuberte, kam am vorderen Bauch ein kleiner Pint hoch und pinkelte. Da konnte ich sagen: »Falls mich nicht alles täuscht, ist es ein Knabe.« Der kleine Kerl war unheimlich süß, aber weil er eine Frühgeburt war, fror er sehr leicht. Obwohl ich grundsätzlich dagegen bin, Tiere anzuziehen, blieb mir nichts anderes übrig, als Denny einzukleiden. Ich hatte eine Freundin, die an sich für die Haute Couture arbeitete. Sie nähte mir für ihn kleine schicke Anzüge. Die Hose hatte hinten stets ein Loch für den langen Schwanz. Denny gedieh prächtig und war für jeden Schabernack zu haben. In einem Katzenkorb aus Peddigrohr nahm ich ihn mit in die Praxis.

Wenn wir nach Hause kamen, stürzte er sich auf meinen jungen Bullterrier, den er sehr liebte, griff sich als Steuerorgan dessen Schwanz, wodurch er auf zwei Beinen prima mitrennen konnte, um Hans zu begrüßen.

An vielen Abenden haben Hans und ich uns sehr intensiv über Politik unterhalten. Es war manches anders gekommen, als wir es uns einmal gewünscht hatten, und das große Vergessen griff um sich. Es erschütterte uns beide, hören zu müssen, daß nun endlich die Zeit gekommen sei, aufzuhören, über die Nazis zu reden. Irgendwann müsse man einsehen, daß diese Dinge der Vergangenheit angehören. Massenmord, ein Ding der Vergangenheit – es war für uns beide unfaßbar.

Hans war in den Jahren, in denen wir nicht zusammenlebten, als Laienrichter beim Entschädigungsamt tätig gewesen. Er sprach nur selten darüber, weil es ihn ungeheuer deprimierte, wie viele Nazis, die ihren Mitmenschen das

Leben zur Hölle gemacht hatten, lediglich als Mitläufer eingestuft wurden.

Was Hans und mir in unserer ersten Ehe nur sehr unvollkommen gelungen war, gelang uns jetzt: echt partnerschaftlich miteinander zu leben. Darum war ich zutiefst betroffen, als Hans im September 1975 an einem Herzinfarkt starb und diese unglaublich schöne und harmonische Zeit so schnell zu Ende war.

Schlage die Trommel und fürchte dich nicht

Nach dem Tod von Hans heftete sich das Pech buchstäblich an meine Fersen. Die Miete für meine Praxis wurde mir in einem Maß erhöht, daß ich sie kaum verkraften konnte, zumal nun auch noch die große Wohnung als Belastung hinzukam. Alle Bemühungen, in Berlin eine für mich passende kleinere Wohnung zu finden, mißlangen. So entschloß ich mich, mir im Südharz einen kleinen Hof zu kaufen, den ich glaubte, mit Hilfe meines Bausparvertrages und dessen, was ich als Rücklage besaß, finanzieren zu können. Ich war davon ausgegangen, daß die Belastung für Zins und Tilgung wesentlich niedriger sein würde als die Miete für eine Wohnung in Berlin. Das stimmte, aber als ich die rechtzeitig von mir gekündigte Wohnung in der Knesebeckstraße endlich los war, verlangte der Hauswirt von mir die komplette Übernahme der Renovierungskosten, obwohl ich sie völlig verwahrlost übernommen hatte.

Meine einzige Freude waren meine Tiere. Auf dem Hof im Südharz züchtete ich Katzen und war sehr erfolgreich damit. Nachdem mein kleiner Affe, den ich mit so viel Mühen aufgezogen hatte, Ende 1977 gestorben war, hatte ich nur noch Esra und meinen Bullterrier. In Berlin erkrankte er 1978 an Epilepsie, und zwar so schlimm, daß ich keine Möglichkeit sah, ihn zu heilen. Schweren Herzens habe ich ihn eingeschläfert.

Alle vierzehn Tage fuhr ich übers Wochenende zu meinen Katzen nach Westdeutschland, doch auch dort schlug das Schicksal zu. Eine ansteckende Anämie befiel meine Katzen, und alle mußten eingeschläfert werden. Gott sei Dank hatte ich meinen Kater Esra in Berlin gelassen.

Als mein Affe Denny gestorben war, hatte ich mir geschworen, mich nie wieder mit einem Affen zu belasten, weil diese Tiere sehr viel Zuwendung brauchen. Aber wie so oft, kam es völlig anders. Eine kleine schwarze Klammeräffin, die einmal zu meinen Patienten gehörte, wurde mir zum Kauf angeboten. Es handelte sich um ein etwa dreijähriges Tier, das ich längere Zeit nicht mehr gesehen hatte. Ausschlaggebend dafür, daß ich die Äffin übernahm, war ihr Zustand. Sie hatte schütteres Fell und stürzte sich gierig auf jedes Stück Obst, das ich ihr reichte. Auf meine Frage an den Vorbesitzer, ob das Tier denn ausreichend Obst bekommen hätte, meinte er lakonisch: »Ja, von Zeit zu Zeit.«

Die Kleine, die ich Texy taufte, ist ein hochintelligentes Tier, das mir eben aus diesem Grund so manchen Tort antat. Eines Sonntagmorgens war ich bei Nachbarn zum Frühstück eingeladen. Als ich runterkam, sah ich, daß das ganze Treppenhaus voller bunter Pillen lag, und als ich, Böses ahnend, in die Praxis kam, fand ich Texy in schlimmem Zustand. Sie war aus ihrem Spielzimmer entwischt und hatte sich über meine Apotheke hergemacht. Sie hatte wirklich von allem, was es gab, gefressen: Psychopharmaka, Herzmittel, Antibiotika, Cortison, kurzum alles hatte sie in sich hineingestopft, und es ging ihr elend. Sie erbrach sich dauernd, und wir packten sie ins Bett. Sie wollte aber unter keinen Umständen allein bleiben. Ich nahm sie also in mein Zimmer und legte sie in mein Bett. Das fand sie schon viel besser. Das einzige, was sie noch zu sich nahm, war Milch mit Cognac, das bekam ihr fabelhaft. Sie hat eine ungeheuer gute Natur. Nach Einnahme all dieser Tabletten war sie eigentlich am nächsten Tag schon wieder recht fit. Texy macht mir viel Freude, man kann mit ihr spazierengehen, sie ist immer fröhlich mit von der Partie. Noch heute jagt sie mich von einer Aufregung in die andere, aber das Tier hat so viel Charme, daß ich alle diese Dinge gern ertrage.

Eines Morgens war ich unterwegs, um einige Dinge zu erledigen. Als ich zurückkam, standen die Patienten vor meiner Tür Schlange, ich ging rein, fand meine Sprechstundenhilfe nicht, ging durch die ganze Wohnung und fand auch das Affenzimmer leer. Ich war entsetzt, weil ich mir ausmalte, was alles passiert sein könnte. Wenig später kam das junge Mädchen zurück und erzählte, sie hätte Texy sich in Krämpfen windend in ihrem Zimmer auf dem Fußboden gefunden. Da sie mich nicht erreichen konnte, hatte sie die Kleine in eine Decke gepackt und war mit ihr zu meinem Kollegen, Dr. Krieger, gefahren. Sofort rief ich bei ihm an und erfuhr, daß mein Affe am Tropf hinge und es ihm ganz leidlich ginge. Später fuhr ich zu Kriegers, um Texy abzuholen. Inzwischen gut erholt, hatte sie allerhand Unfug angestellt. Kriegers sind Affen nicht gewöhnt, und da Texy ganz munter war, hatten sie sie in dem einen Sprechzimmer gelassen und ihr gesagt: »Nun warte schön, sei lieb, wir kommen gleich wieder.« So kann man mit einem Hund reden, aber nicht mit einem Affen. Kaum war Frau Krieger, der Texy sehr zugetan war, denn sie war ja klug genug zu wissen, daß dieser Mensch ihr geholfen hatte, aus dem Zimmer, klinkte Texy die Tür auf und marschierte ins zweite Sprechzimmer, in dem die Kollegin arbeitete. Eine Behandlung wurde durch Texy jäh unterbrochen, denn sie setzte sich auf den Behandlungstisch, schob den Hund weg und wollte selber beachtet werden. Daraufhin hatte Frau Krieger mich angerufen und gebeten, Texy abzuholen. Als ich dann Texy wieder zu Hause hatte und mit ihr im Zimmer spielte, habe ich sehr vorsichtig versucht zu entdecken, was passiert sein könnte, und fand schließlich voller Entsetzen den ganzen langen Schwanz voller Einstiche. Ich nahm mir jetzt den

Lehrling vor, den ich damals hatte, und fragte: »Weißt du, wer den Affen gespritzt hat?« Der Lehrling wollte erst nichts sagen. Endlich kam heraus, daß die Sprechstundenhilfe, wenn ich nicht da war, dem Tier ein ziemlich hohes Hypnotikum verabreicht hatte, um es ruhigzustellen. Ich habe mich jedenfalls sofort von ihr getrennt. Nun aber entdeckte ich zu meinem Schrecken, daß das Tier durch die Gewöhnung an das Hypnotikum regelrecht süchtig geworden war. Es begann die schlimme Zeit der Entziehung. Ich habe über ein Jahr gebraucht, bis ich den Affen wieder normalisiert hatte. Dazu mußte ich die Lebensgewohnheiten des Tieres völlig umstellen. Früher steckten wir Texy abends ins Bett, morgens holte ich sie heraus und brachte sie in ihr Zimmerchen. Nun aber war es dringend nötig, zu dem Tier einen starken Kontakt zu halten. Wir haben Texy also jeden Nachmittag aus ihrem Zimmerchen ins Wohnzimmer geholt und uns intensiv mit ihr beschäftigt. In diesem schweren Jahr hat sie mich öfter ganz erheblich verletzt. An einem Abend, an dem ich eingeladen und ziemlich nobel gekleidet war, hatte Texy mich ins Gesicht gebissen, und zwar quer übers Auge, das dann blau-rot prangte. Zwar hatte ich alles sorgfältig weggeschminkt, aber während eines langen Abends verliert sich die Schminke; jedenfalls sah ich aus, als ob ich mich auf der Straße geprügelt hätte. Niemand hat so recht verstanden, daß ich alles versucht habe, diese schwere Zeit mit dem Tier durchzustehen. Aber ich stehe auf dem Standpunkt, daß ein Mensch für sein Tier verantwortlich ist.

Als ich nach Kreuzberg in die Oranienstraße zog, sah die Straße, vor allem auch das Haus, in das ich kam, noch recht ramponiert aus. Aber bald wurde die Renovierung des Hauses in Angriff genommen, es wurde ein Gerüst gebaut, und man fing an, die Fassade zu erneuern. Das Baugerüst hat meinem Affen große Freude gemacht: Texy ist mir etliche Male entwischt und bis zum Dach geklettert, von wo ich sie fröhlich keckern hörte.

Eines Tages klingelte ein junger Mann bei mir und fragte: »Ist Ihnen ein Affe entlaufen?«

»Ich habe nur einen«, sagte ich, »wir wollen mal sehen, wo er ist.«

Diesmal war Texy in der fünften Etage gelandet.

Der junge Mann sagte: »Der Affe sitzt auf dem Fensterbrett und unterhält sich mit Oma.«

»Hat Oma Angst?« fragte ich.

»Nein, Oma hat gesagt, er hat so ein reizendes Gesicht, sie findet ihn süß.« Texy hat mit großem Interesse zugeschaut, wie sich die alte Dame in ihrem Schaukelstuhl hin- und herbewegte.

Meine Praxis ist zwar nur klein, aber ich bin in diesem Viertel geachtet, und ich habe mich mit der sehr bunten Jugend, den Punks und Alternativen, großartig arrangiert. Wenn ich abends mit meinen Hunden nach Hause komme und die Gestalten, die ich so treffe, auch manchmal etwas seltsam aussehen, so habe ich doch das Gefühl, unter Freunden zu sein. Kreuzberg ist farbig und lebhaft, nicht zuletzt durch die Türken, die hier mit den deutschen Bürgern in bestem Einvernehmen leben. Türken und Deutsche respektieren einander, und so ist in diesem Viertel das zustande gekommen, was man sich überall wünscht: daß jeder den anderen achtet.

In meiner schlesischen Heimat gibt es das schöne Wort:

»Besser kurz gelebt und gut.« Dem habe ich nicht entsprochen, aber eins kann ich sagen: Ich habe mich keine Minute gelangweilt.

Bildquellennachweis

Filmpremiere »Versteckt« – Petra Gall, Berlin
Die Autorin mit Texy; die Autorin 1985; die Autorin heute – Ute Schendel, Frankfurt/M.
Die Autorin mit Denny – Pressefoto Quax, Berlin
Die Autorin mit Esra – Wolfgang Bera, Berlin
Die Autorin mit Zippora; die Autorin mit Blümchen – Thomas Machowina, Berlin

Alle übrigen Aufnahmen stammen aus dem Privatbesitz von Maria Gräfin von Maltzan.

Wibke Bruhns

Meines Vaters Land

Geschichte einer deutschen Familie

ISBN 978-3-548-36748-4
www.ullstein-buchverlage.de

August 1944: Der Abwehroffizier Hans Georg Klamroth wird als Hochverräter hingerichtet. Jahrzehnte später sieht Wibke Bruhns Filmaufnahmen von ihrem Vater während des Prozesses gegen die Verschwörer des 20. Juli. Der Anblick lässt sie nicht mehr los: Sie macht sich auf eine lange Suche nach seiner und auch ihrer eigenen Geschichte. Ein einzigartiges Familienepos.

»Eine faszinierende Mischung aus privater Chronik, zeitgeschichtlichem Report und persönlicher Identitätssuche.« *Der Spiegel*

»Eine eindrucksvolle, den Leser mitreißende Vatersuche.« *Frankfurter Allgemeine Zeitung*

US180

ullstein

Michael Degen
Nicht alle waren Mörder

Eine Kindheit in Berlin.
www.list-taschenbuch.de
ISBN 978-3-548-60051-2

Elf Jahre war Michael Degen alt, als seine Mutter und er beobachteten, wie ihre jüdischen Nachbarn abtransportiert wurden. Seine Mutter handelte schnell, nahm nur das Nötigste mit, und dann ging sie, mit dem Jungen an der Hand, an den Uniformierten vorbei. Es folgte ein Leben im Untergrund mit der ständigen Angst, entdeckt und deportiert zu werden. Aber in dieser Welt, die aus den Angeln gehoben war, gab es Menschen, die nicht fragten, sondern wortlos halfen.

»Ein ebenso anrührendes wie spannendes Stück deutscher Geschichte, das man atemlos verschlingt.« *TZ*

»Es fällt schwer, das Buch aus der Hand zu legen, so lebendig treten seine Darsteller aus der Erzählung hervor.« *Der Tagesspiegel*

»Ein lebendiger und spannend gehaltener Erzählfluss, der furios vorangetrieben wird.« *Die Welt*

List Taschenbuch

L258